Der inoffizielle Harry Potter Reiseführer

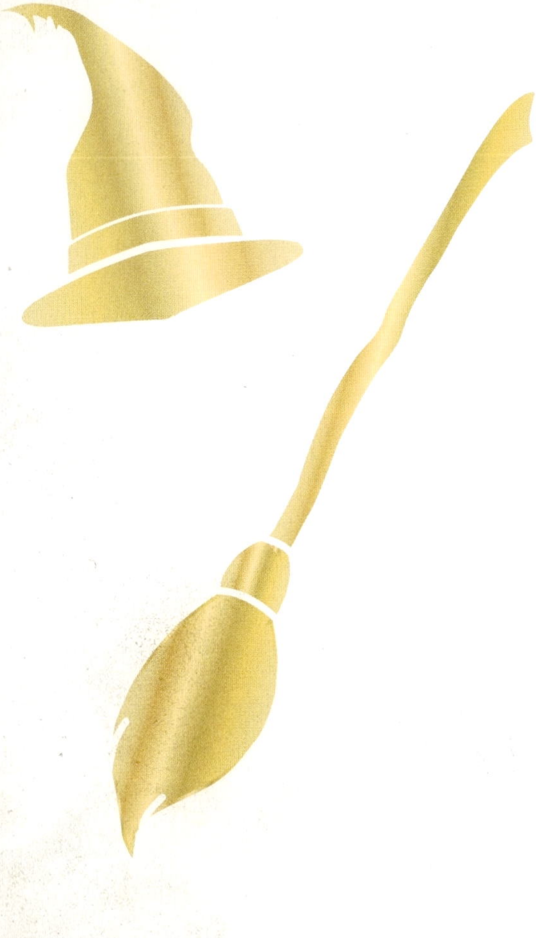

Antje und Annina
Gerstenecker

Der inoffizielle Harry Potter Reiseführer

Entdecke die magischen Schauplätze

BRUCKMANN

Inhalt

Die Top Ten ... 8
Vorwort ... 10
Special: Rufus Beck – Herr der Tausend Stimmen ... 12

Südwestengland

1 Beachy Head & Seven Sisters ... 19
2 Stonehenge ... 22
3 Avebury ... 23
4 Lacock ... 24
5 Bristol ... 30
6 Gloucester Cathedral ... 34
7 Die Cotswolds ... 38
8 Blenheim Palace ... 41
9 Oxford ... 42

Rund um London

10 Bourne Wood ... 53
11 Virginia Water ... 54
12 Windsor & Windsor Castle ... 57
13 Black Park Country Park ... 58
14 Swinley Forest ... 60
15 Martins Heron & Bracknell ... 61
16 Surbiton Railway Station ... 62
17 Hampstead Garden Suburb ... 63
18 Warner Bros. Studio Tour London - The Making of Harry Potter ... 64
19 Abbots Langley & Leavesden ... 68
20 Dartford Crossing ... 71
21 Lavenham – »Godric's Hollow« ... 72
Special: Die Welt der Potterheads ... 74

London

22 King's Cross ... 81
23 St Pancras International ... 85
24 Claremont Square ... 86
25 London Zoo ... 88
26 Leadenhall Market ... 90
27 St Paul's Cathedral ... 92
28 Millennium Bridge ... 94
29 Australia House ... 96
30 House of MinaLima ... 97
31 Picadilly Circus & Shaftsbury Avenue ... 99
32 Leicester Square ... 101
33 Trafalgar Square ... 102
34 Goodwin's Court ... 104
35 Cecil Court ... 105

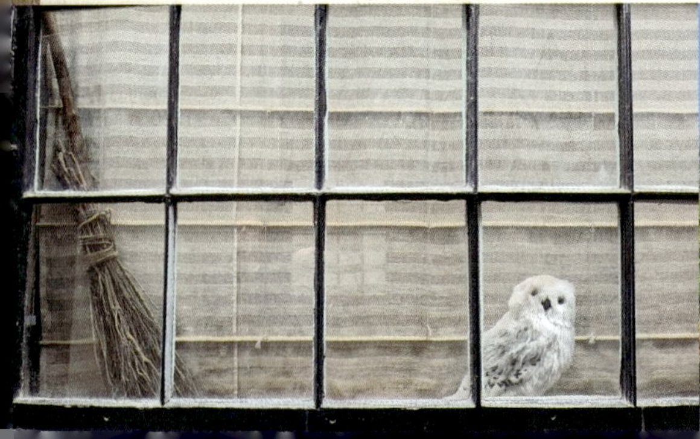

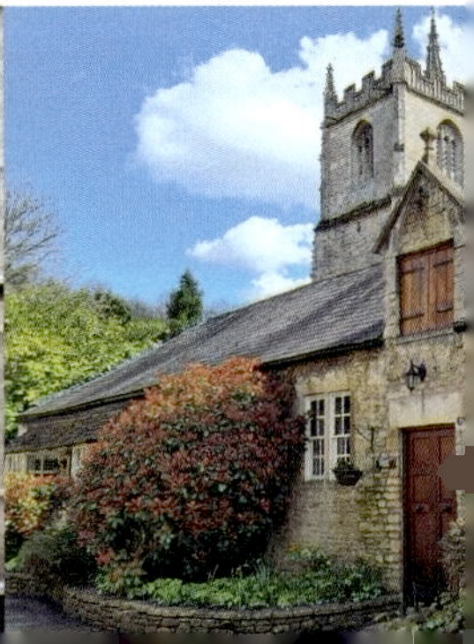

36 Brydges Place ... 106
37 Westminster ... 108
38 Borough Market ... 116

Nordengland

39 Hardwick Hall ... 123
40 Liverpool ... 125
41 Malham Cove ... 126
42 Grassington Moor ... 129
43 York ... 130
44 Goathland ... 133
45 Whitby ... 136
46 Durham ... 140
47 Alnwick Castle ... 146
48 Alnwick Garden ... 152
Special: Quidditch – Es lebe der Zaubersport! ... 154

Schottland

49 Der Weg in die Highlands ... 161
50 Rannoch Moor ... 162
51 Glen Coe ... 164
52 Glen Etive & Loch Etive ... 167
53 Clachaig Gully ... 170
54 Fort William ... 173
55 Steall Falls ... 174
56 Ben Nevis ... 178
57 Loch Linnhe ... 179
58 Der Jacobite Steam Train ... 181
59 Road to the Isles ... 184
60 Glenfinnan-Viadukt & Glenfinnan Monument ... 185
61 Loch Shiel ... 188
62 Loch Eilt ... 189
63 Morar & Loch Morar ... 191
64 Loch Arkaig ... 192
65 Mallaig & Isle of Skye ... 193
66 Black Rock Gorge ... 194
67 Scottish Owl Center ... 197

Edinburgh

68 Edinburgh Castle ... 201
69 The Elephant House ... 202
70 Victoria Street & Cockburn Street ... 203
71 Greyfriars Kirkyard ... 204
72 Greyfriars Bobby ... 206
73 J. K. Rowlings Handabdrücke ... 208
Special: J. K. Rowling – Die größte aller Hexen! ... 210
74 Balmoral Hotel ... 212
Special: Weitere fantastische Erlebnisse und wo sie zu finden sind ... 214

Drehort

← Goodwin's Court in London
↙ Castle Combe in den Cotswolds
↓ Blick auf das Städtchen Whitby

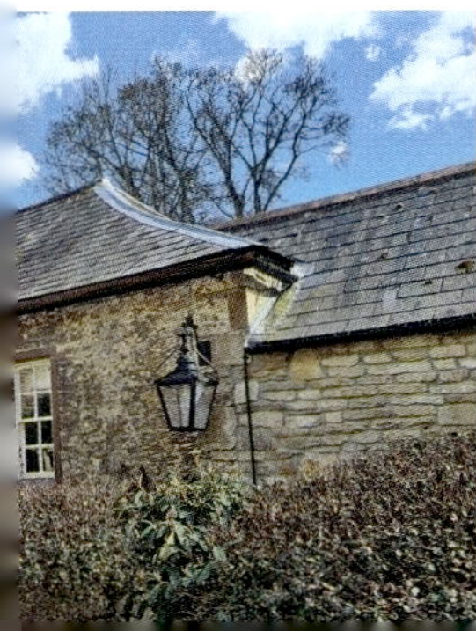

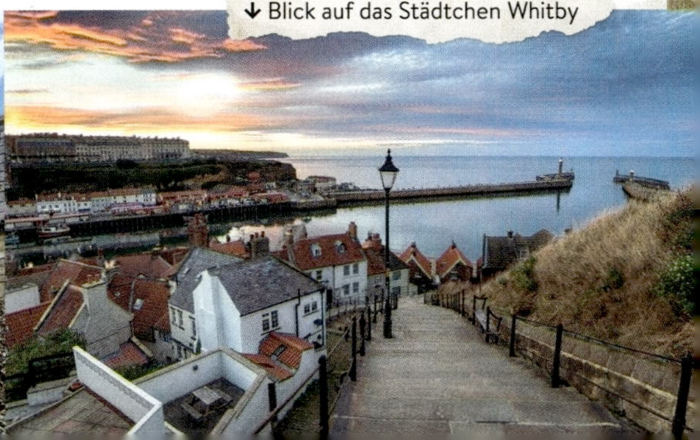

Die Top 10

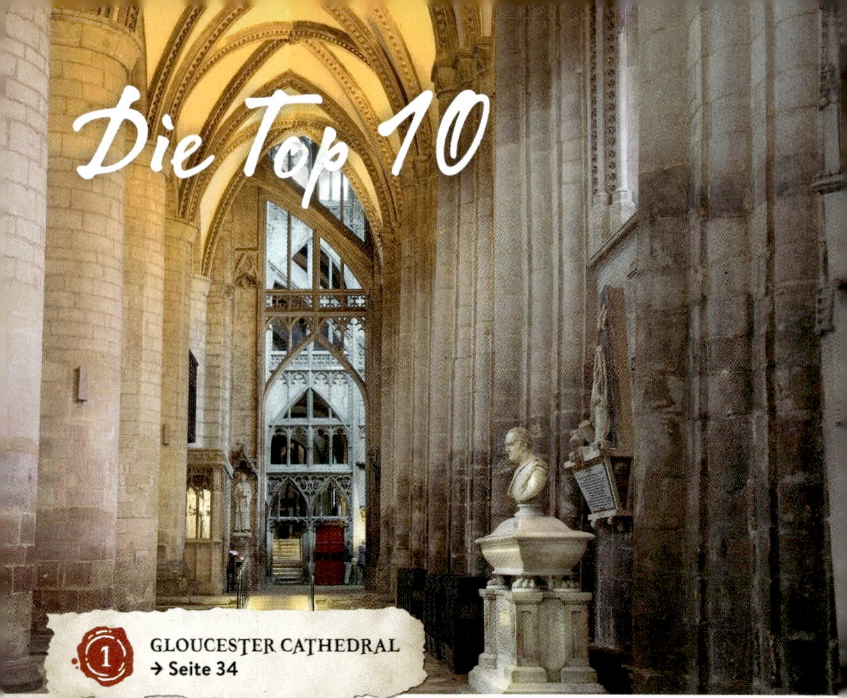

1 GLOUCESTER CATHEDRAL
→ Seite 34

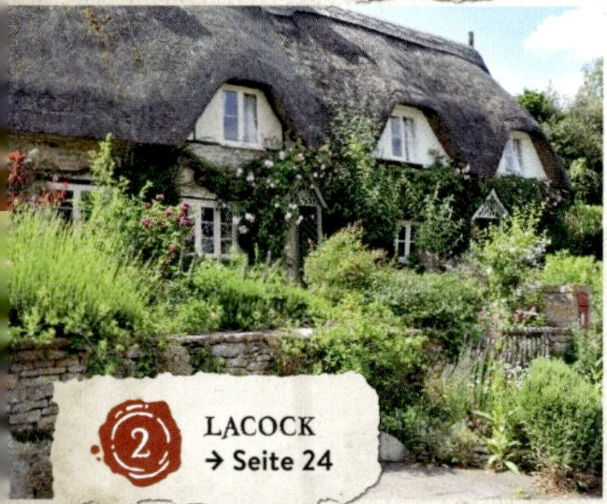

2 LACOCK
→ Seite 24

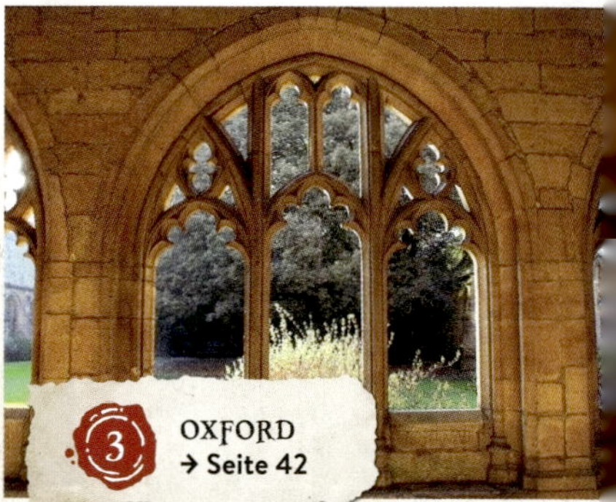

3 OXFORD
→ Seite 42

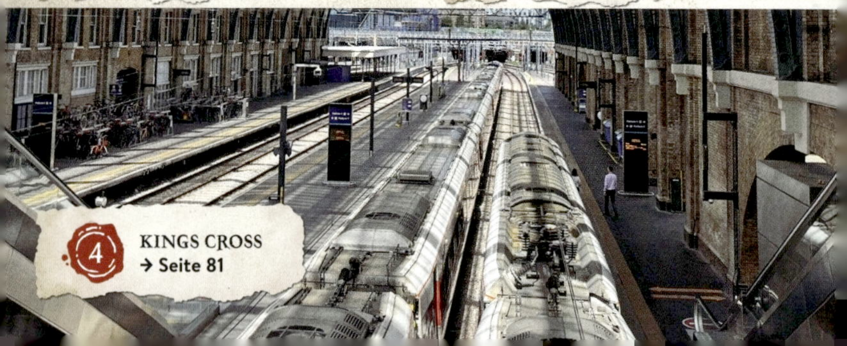

4 KINGS CROSS
→ Seite 81

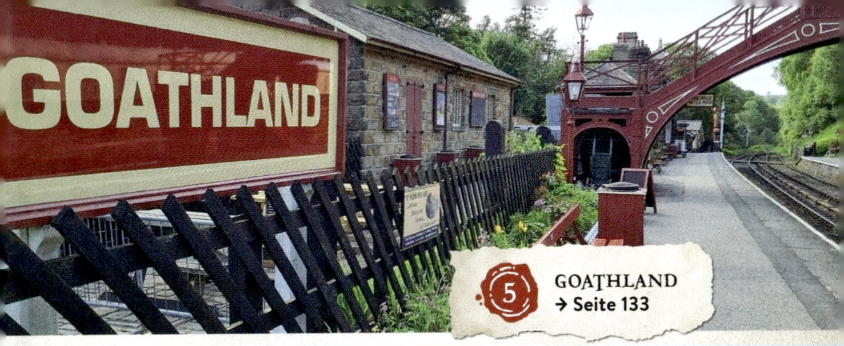

5 GOATHLAND
→ Seite 133

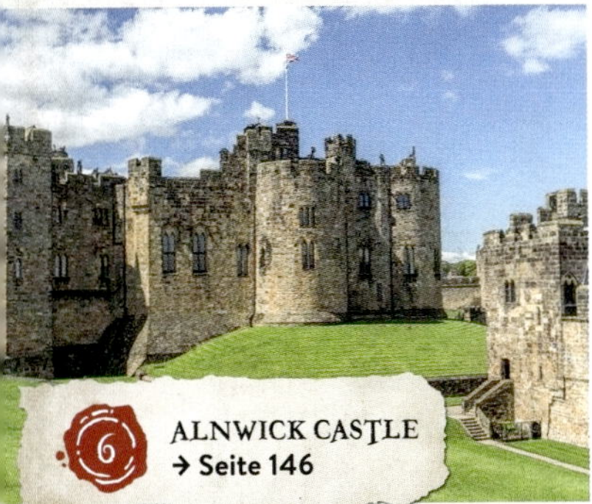

6 ALNWICK CASTLE
→ Seite 146

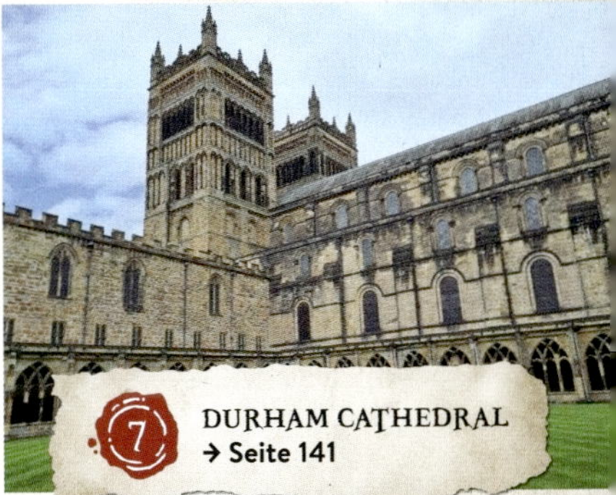

7 DURHAM CATHEDRAL
→ Seite 141

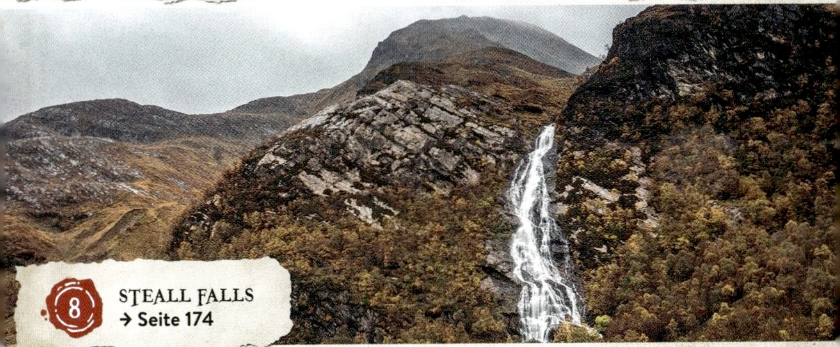

8 STEALL FALLS
→ Seite 174

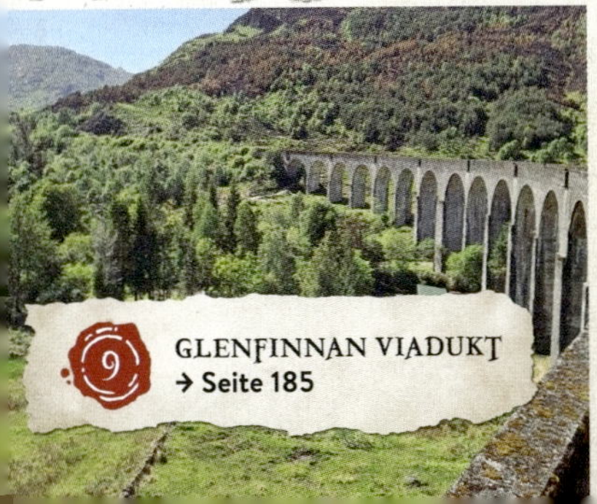

9 GLENFINNAN VIADUKT
→ Seite 185

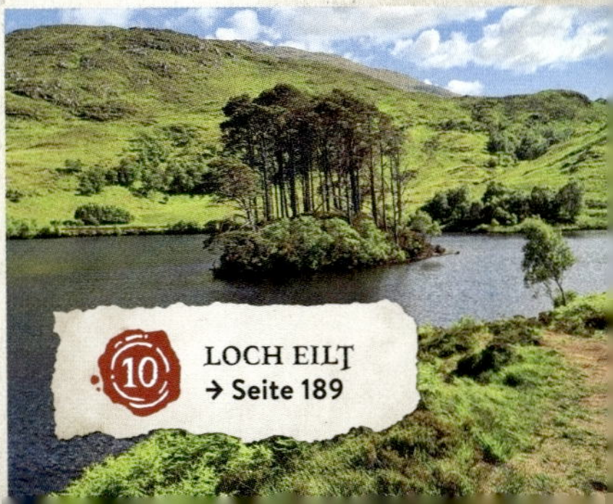

10 LOCH EILT
→ Seite 189

Vorwort

Die Geschichten von Harry Potter begleiten unsere Familie schon seit vielen Jahren. Erst die Bücher, dann die Filme und schließlich auch die von Rufus Beck vorgelesenen Hörbücher (siehe S. 12), die uns so manche lange Autofahrt wesentlich kürzer erscheinen ließen.

Da wir schon seit Langem gerne in Großbritannien unterwegs sind, haben sich unsere Wege auch immer wieder mit Orten gekreuzt, die mit dem berühmten Zauberschüler verbunden sind. Wir entdeckten zufällig Drehorte, wanderten durch die im Buch beschriebenen Landschaften oder schritten andächtig durch Burgen oder Kreuzgänge, die uns sehr an Hogwarts erinnerten.

Für die Recherche für dieses Buch besuchten wir nun ganz bewusst die über ganz Großbritannien verteilten Drehorte, tauchten immer tiefer in die Filme und Geschichten ein und genossen die atemberaubenden Landschaften und das Hogwarts-Feeling, das manche Orte so intensiv vermitteln.

Natürlich erhebt die Zusammenstellung der Filmlocations keinen Anspruch auf Vollständigkeit. Die Dreharbeiten liegen zum Teil schon mehr als zwanzig Jahre zurück. In dieser Zeit haben sich Landschaften gewandelt, Bäume und Büsche sind gewachsen oder wurden gefällt, Wohngebiete veränderten sich und lassen sich nicht mehr exakt rekonstruieren. Noch dazu kann die 3-D-Computergrafik inzwischen ganze Szenerien am Computer entstehen lassen oder derart umwandeln, dass die echten Hintergründe kaum mehr zu identifizieren sind.

Nichtsdestotrotz bieten heute immer noch viele Orte die Möglichkeit, ganz in die Welt der Harry Potter-Filme und -Bücher einzutauchen, die Gedanken schweifen zu lassen und die magische Umgebung zu genießen. Die Reise auf den Spuren der Drehorte führt euch kreuz und quer durch Großbritannien, unter anderem in die Metropole London, nach Oxford, durch die zauberhaften Cotswolds, nach Yorkshire, Nordengland und in die atemberaubenden Landschaften Schottlands.

Fans der Bücher und Filme werden sicher so einige Orte und Gegenden wiedererkennen. Wer mit der Materie nicht so vertraut ist, wird dennoch voll auf seine Kosten kommen und einige der schönsten Landschaften und der beeindruckendsten Gebäude Großbritanniens entdecken (und sich die Filme und Bücher vielleicht im Nachhinein ansehen bzw. lesen).

Dieses Buch haben wir für all diejenigen geschrieben, die sich auf die Spuren der Harry Potter-Filme begeben und ganz nebenbei zahlreiche Gegenden in Großbritannien aus einer ganz anderen Perspektive kennenlernen wollen. Bei der Recherche für dieses Buch waren wir überrascht, wie vielfältig unsere Entdeckungen vor Ort waren und wie viele Geschichten uns die Menschen erzählt haben. Auch mehr als 25 Jahre nach Erscheinen des ersten Harry Potter-Buches bewegen die Geschichten um den Zauberschüler die Menschen unvermindert – Kinder und Erwachsene gleichermaßen.

Wir wünschen euch eine magische Zeit voller zauberhafter Entdeckungen in Großbritannien.

Eure Antje und Annina

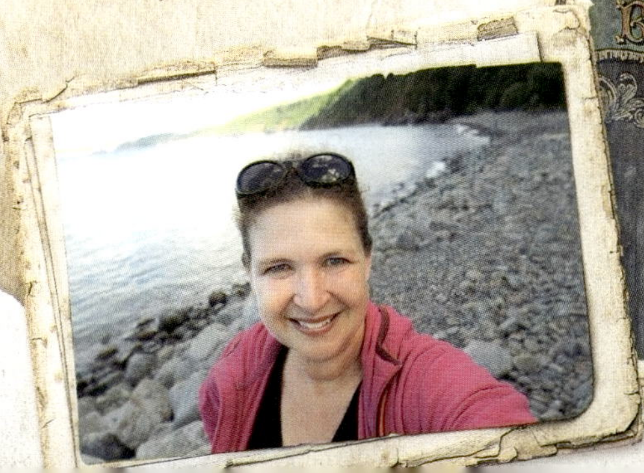

RUFUS BECK

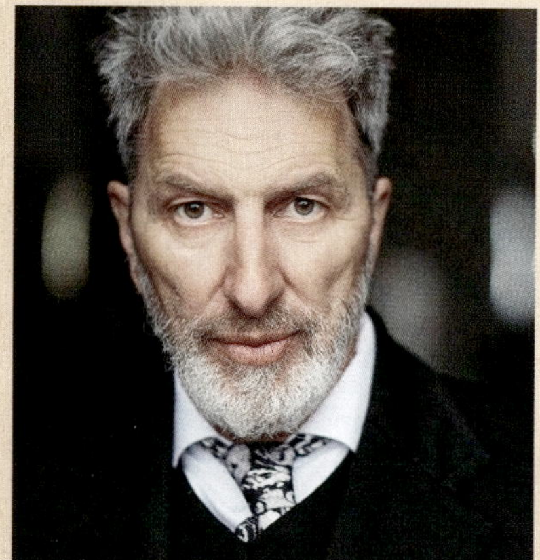

HERR DER TAUSEND STIMMEN

Rufus Beck ist Interpret und Produzent von mehr als 200 Hörbüchern und verzaubert als *die* Hörbuchstimme der *Harry Potter*-Romane. Der Stimmen-Magier verleiht jeder der vielen Figuren ihren ganz eigenen Charakter, indem er dafür verschiedene Dialekte und Akzente verwendet. Seine Hörbücher erhielten zahlreiche Muggel-Hörbuch-Preise, u. a. bekam er eine Goldene Schallplatte und sechs Platin-Schallplatten verliehen.

GIBT ES FÜR SIE EINE BESONDERE CONNECTION ZU DEN HARRY POTTER-ROMANEN ODER ZU EINEM DER PROTAGONISTEN?

Es gibt eine Verbindung, denn ich selber habe sehr lange Zeit im Internat verbracht. Ich weiß, wie es in einem Internat zugeht, dass man wirklich Freunde braucht und da auch Feinde hat, dass es verschiedene Häuser gibt.

Ich kenne das von meinem eigenen Leben. Ich habe das so ähnlich erlebt wie Harry Potter auch, nur dass ich keine magischen Fähigkeiten habe. Denn man lebt ja im Internat ohne Familie und muss versuchen, dort sprichwörtlich zu überleben.

WIE LANGE DAUERTEN DIE VORBEREITUNGEN FÜR DAS HÖRBUCH UND WIE LANGE DAS EINLESEN DER BÜCHER SELBST?

Ich habe mich ganz normal vorbereitet, so ein bis zwei Tage vorher. Ich habe das Buch natürlich gelesen und die Figuren hatte ich eigentlich so im Kopf und habe sehr viel improvisiert im Studio. Insgesamt hat das Einlesen der Bücher zehn Jahre gedauert. Eigentlich kam jedes Jahr ein Buch heraus, manchmal hat es eineinhalb Jahre gedauert, also zehn Jahre, bis der siebte Band fertig war. Wie lange insgesamt die Bücher dauern, kann man so nicht sagen, weil die ja unterschiedlich dick sind. Ich bin aber ein relativ schneller Leser und sehr fokussiert im Studio.

Ich liebe die Arbeit im Studio, denn da bin ich ganz allein auf mich gestellt. Ich konnte mir diese Figuren ausdenken. Manchmal habe ich sie auch vor Ort verändert, und manchmal wusste ich noch am Aufnahmetag selber nicht, wie eine neue Figur klingen wird. Ich habe dann einfach sehr auf mein Bauchgefühl vertraut.

HABEN SIE EINE LIEBLINGSFIGUR IN DEN HARRY POTTER-BÜCHERN, DER SIE BESONDERS GERNE IHRE STIMME GELIEHEN HABEN. GAB ES AUCH EINE BESONDERS NERVIGE FIGUR?

Harry Potter, die Hauptfigur, hat eigentlich eine ganz normale Stimme. Er muss nicht besonders charakterisiert werden, es ist wie im Theater. Den König müssen die anderen spielen.

Die Nebenfiguren, die sogenannten kleineren Figuren, die sind sehr spannend in Harry Potter. Mad Eye Moody zum Beispiel. Oder eine Figur wie Hagrid, der eine extrem tiefe Stimme hat. Ich habe mir dazu genau vorgestellt, wie so eine Figur ausschauen könnte. Ich habe gedacht, das ist so ein Harley Davidson-Motorradfahrer mit Riesenrauschebart, drei Meter groß und unglaublich kräftig. Hagrid ist eine besondere Figur, weil er eine Kinderseele hat, aber ausschaut wie so ein Hells Angels-Rocker. Er ist eine sehr liebenswerte Figur, der ich – so hoffe ich – auch die richtige Stimme gegeben habe. Sehr rauchig, ein bisschen norddeutsch.

Eine nervige Figur ist natürlich Dobby, weil er sich so unglaublich selbst bemitleidet. Er hat eine masochistische Ader und eine sehr, sehr hohe Stimme. Beim Hören dieser Figur muss man schon manchmal das Radiogerät oder zu Hause den CD-Player leiser stellen, weil diese Figur einem wirklich sprichwörtlich auf die Nerven geht.

SIE GEBEN DEN MEISTEN CHARAKTEREN EINE GANZ EIGENE STIMME, WAR ES NICHT SCHWIERIG, DIE STIMMEN UND DIE SICH WEITERENTWICKELNDEN FIGUREN AUSEINANDERZUHALTEN?

Ja, das war schwierig, sonst könnte das ja jeder machen. Aber das ist eine Begabung oder ein Talent, das mir der liebe Gott gegeben hat. Manchmal musste ich nach ein paar Jahren, wenn auf einmal eine alte Figur wieder auftauchte, kurz in meinem Archiv nachhören. Wie hat der nochmal geklungen? War das jetzt fränkisch oder war das ein Wiener Dialekt oder war das etwas Schweizerisch-alemannisches? Aber letztendlich haben die Figuren sich dann auch weiterentwickelt, wie wir uns als Menschen oder Muggels auch weiterentwickeln. Wir werden älter, wir werden reifer und wir haben mehr Erkenntnisse, und das habe ich versucht, mit den Stimmen zu machen.

HABEN SIE SELBST SCHON DEN EINEN ODER ANDEREN DREHORT AUS DEN HARRY POTTER-FILMEN BESUCHT, SIND SIE SELBST EIN POTTERHEAD?

Ich muss gestehen, ich habe noch nie einen Harry Potter-Film gesehen. Ich habe diese Figuren und die Geschichten in meinem Kopf und die Hörbücher sind ja Jahre vor den Filmen entstanden. Ich hatte mal die Anfrage, ob ich eine der Figuren aus den Harry Potter-Filmen synchronisieren möchte. Aber da sind wir nicht zusammengekommen, weil die Figur, die ich da synchronisieren sollte, sich von der Machart unterschied, wie ich sie bei den Hörbüchern gesprochen habe.

In den Hörbüchern gibt es ja die verschiedensten deutschen Idiome und Dialekte, und im Englischen – also in den Filmen – scheint das nicht so der Fall zu sein. Die wollten so eine ganz normale Stimme haben. Dann musste ich leider absagen.

HÖREN SIE SELBST GERNE HÖRBÜCHER? WELCHES HÖRBUCH WÜRDEN SIE FÜR EINEN ROADTRIP MIT DER FAMILIE WÄHLEN?

Das erste Buch von Harry Potter, der *Stein der Weisen*, ist mein Lieblingsbuch. Es ist ganz wunderbar. Joanne K. Rowling musste sich da sehr kurzfassen. Das war das erste Buch, und man muss sehr schnell in die Geschichte hineingezogen werden. Man könnte sagen, es gibt drei Akte: die Introduktion, also die Einführung – Wer ist Harry Potter, wo lebt er, was ist sein Problem? Dann beginnt das Abenteuer Hogwarts in diesem Internat – Was und wie läuft das in diesem Internat? Wer sind die Freunde, wer sind die Feinde, was sind die Herausforderungen? Und dann natürlich ein sogenanntes Happy End. Harry muss irgendwann mal wieder zurück zu den Dursleys, zu dieser verrückten Familie. Das ist ein wunderschönes Buch, sehr, sehr komisch, sowohl für Erwachsene als auch für Kinder. Es ist mein Lieblingsbuch.

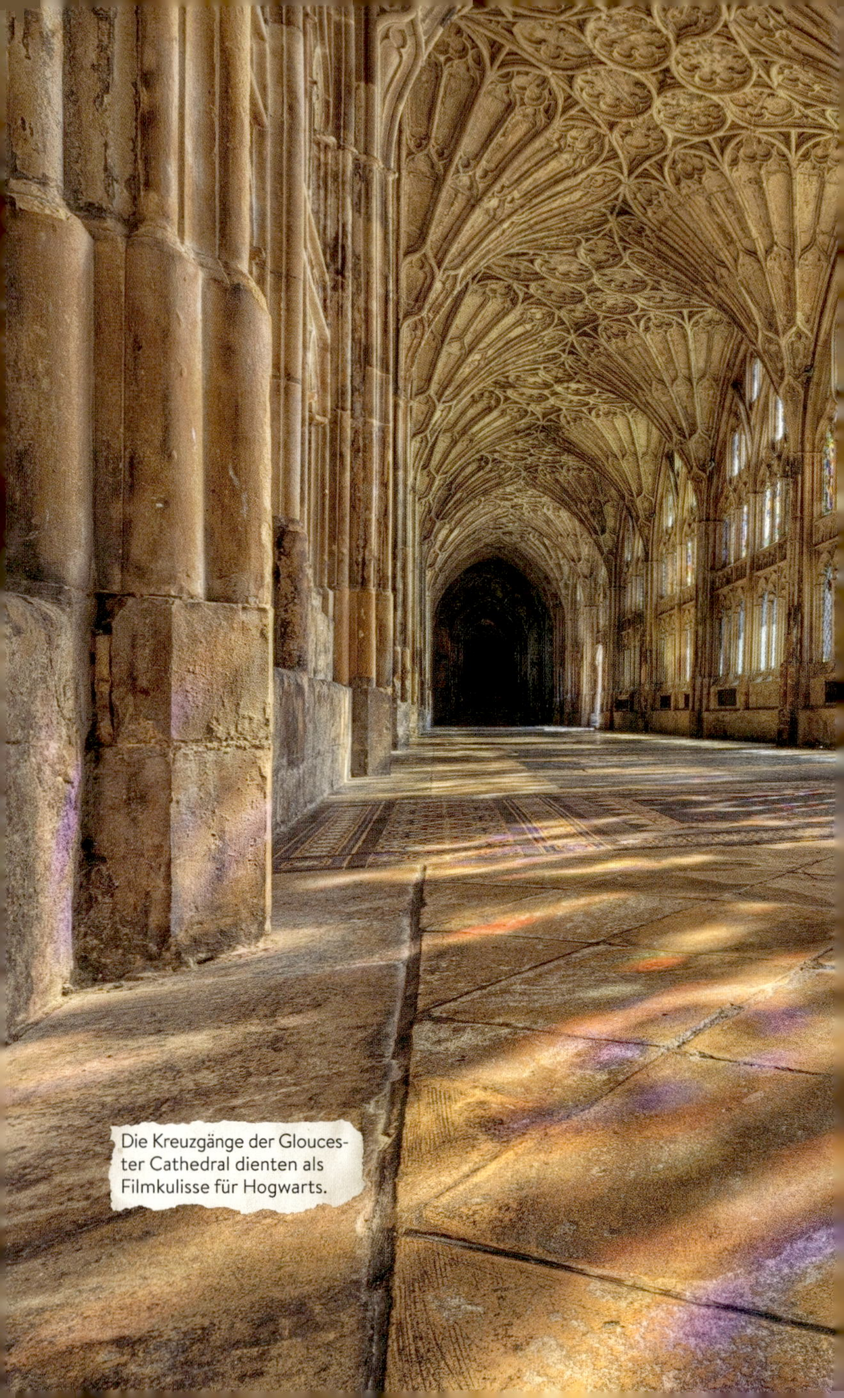

Die Kreuzgänge der Gloucester Cathedral dienten als Filmkulisse für Hogwarts.

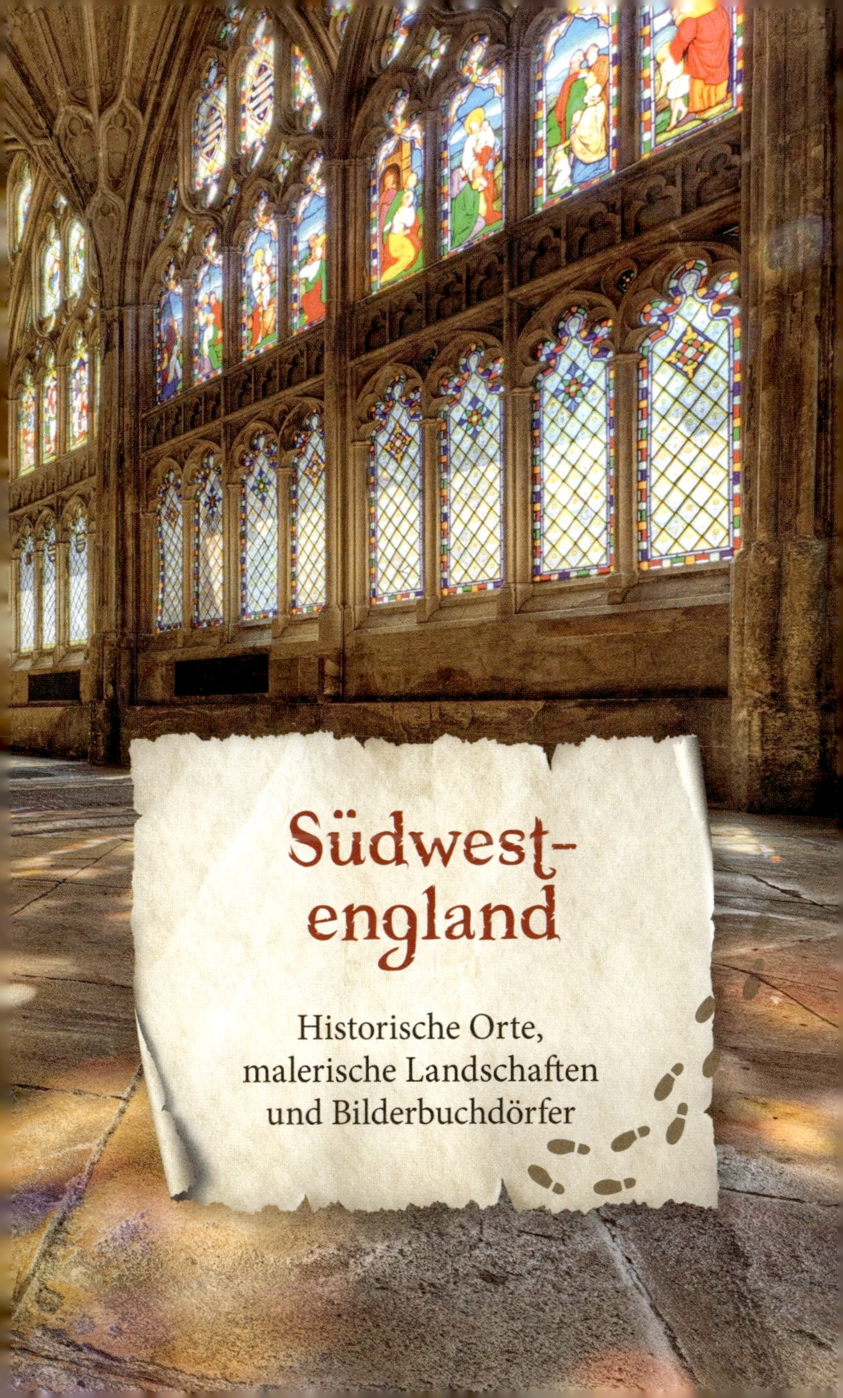

Südwest-england

Historische Orte,
malerische Landschaften
und Bilderbuchdörfer

Der Südwesten Englands hat jede Menge Magisches für Potterheads und England-Fans gleichermaßen zu bieten. Nicht nur einige der wichtigsten Drehorte für die Korridore, Klassenzimmer und Räume der Hogwarts-Zauberschule, sondern auch das Elternhaus von Harry Potter und den Austragungsort der Quidditch-Weltmeisterschaft gilt es hier zu entdecken. Am besten erkundet ihr dieses wundervolle Fleckchen Erde im Rahmen eines Roadtrips von der spektakulären Südküste, über die malerischen Cotswolds zu den pulsierenden Städten.

Magisch

WEIL

In Südwestengland könnt ihr die bekannten Hogwarts-Indoor-Drehorte und Harry Potters Heimat erkunden – noch dazu ist die Landschaft traumhaft schön und die kleinen Dörfer wirken wie aus einem Bilderbuch entsprungen.

DIE 3 MUST DOS:

Oxford ★ Gloucester Cathedral ★ Lacock

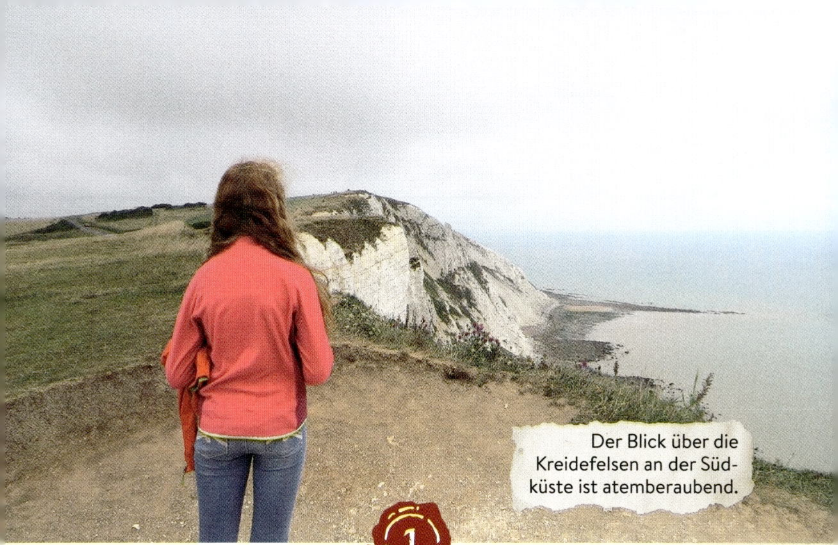

Der Blick über die Kreidefelsen an der Südküste ist atemberaubend.

1

Beachy Head & Seven Sisters

Die beeindruckende Kreidefelsformation »Seven Sisters« ist im vierten Teil *Harry Potter und der Feuerkelch* deutlich im Hintergrund zu sehen, als Harry gemeinsam mit Hermine, den Weasleys sowie Cedric Diggory und seinem Vater über einen Portschlüssel zur Quidditch-Weltmeisterschaft reist.

Das Treffen der Zauberer beim Portschlüssel wurde in Ashridge Wood, einem Wald bei Newbury, auf Kamera gebannt. Er diente auch als Drehort für weitere Szenen der Quidditch-Weltmeisterschaft – als Ausflug für Potterheads ist das Waldstück eher zu vernachlässigen, da es nur bedingt zugänglich ist. Das andere Ende der Reise mit dem Portschlüssel liegt an der Südküste Englands. Die karge, wildromantische Landschaft oberhalb der Klippen bei Beachy Head wurde auch zum Austragungsort des Quidditch-Turniers auserkoren.

INFO

Beachy Head & Seven Sisters können ganzjährig besucht werden. Der Eintritt ist frei, das Parken ist gebührenpflichtig.

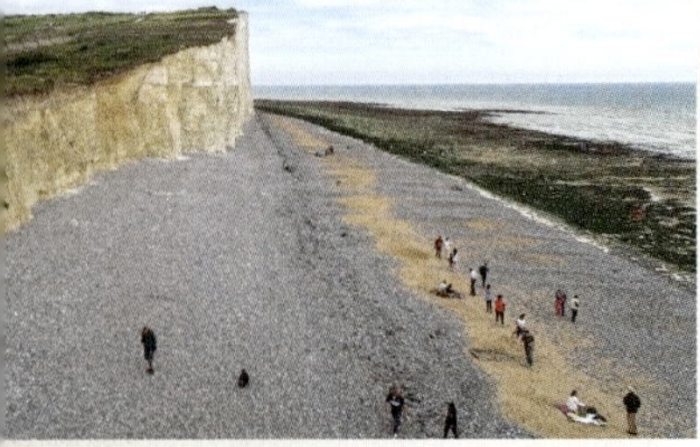

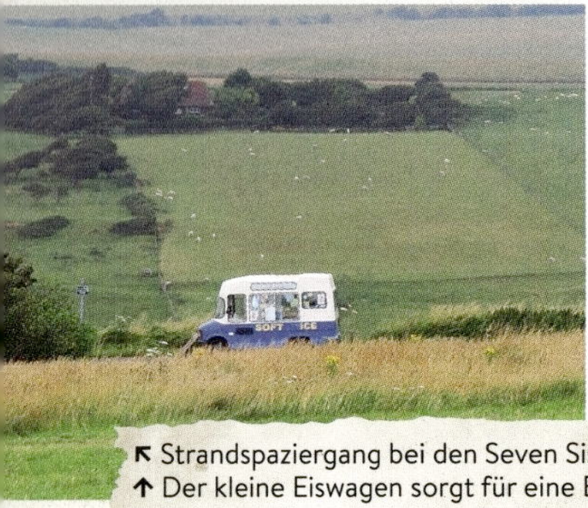

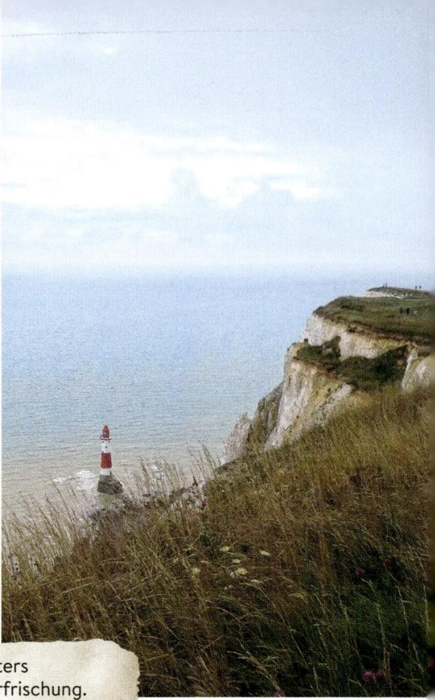

↖ Strandspaziergang bei den Seven Sisters
↑ Der kleine Eiswagen sorgt für eine Erfrischung.
→ Beliebtes Fotomotiv: Leuchtturm vor Beachy Head

Wanderung zum Aussichtspunkt Beachy Head

Eine Wanderung auf den Klippen solltet ihr euch auf keinen Fall entgehen lassen – wer die wilde Natur liebt, wird begeistert sein! Auf der einen Seite der atemberaubende Blick auf das tosende Meer, auf der anderen Seite die raue, karge und hügelige Landschaft. Hier seid ihr eins mit der Natur und könnt euch in Gedanken die Zeltlandschaft des Quidditch-Turniers vorstellen. Parkt auf dem Beachy Head-Parkplatz und folgt dem Wiesenweg, der an den Klippen entlangführt in westlicher Richtung. Seid jedoch vorsichtig und nähert euch keinesfalls dem Klippenrand, der an vielen Stellen überhängend und sehr instabil ist. Die bis zu 162 Meter hohen Klippen sind die höchsten Kreidefelsen Englands. Dagegen wirkt der 44 Meter hohe rotweißgestreifte Leuchtturm, den ihr unterhalb von Beachy Head sehen könnt, fast wie aus dem Zwergenland.

Spukt es auf den Klippen?

Die ikonischen Felsformationen haben auch eine düstere Seite. Zahlreiche Bilder, Briefe und Nachrufe gedenken auf den Klippen der Menschen, die sich von dort hinabgestürzt haben. Immer wieder ist zu hören, entlang der Klippen seien helle Erscheinungen zu sehen und der Geist eines schwarz gewandeten Mönchs treibe hier sein Unwesen. Er soll die Besucher an den Klippen zum Sprung in den Tod verführen, oder sie gar hinabstoßen. Es heißt, der Mönch sei während der Zeit von Heinrich VIII., der die Klöster auflösen ließ, selbst die Klippen hinabgestürzt worden und dürste seither nach Rache – ein Grund mehr, Abstand vom Klippenrand zu halten.

Seven Sisters

Wenn ihr die Seven Sisters gerne von unten betrachten möchtet, folgt der Straße entlang der Küste für etwa zehn Minuten bis zum National Trust-Parkplatz »Birling Gap and the Seven Sisters«. Schon allein die Fahrt auf dem schmalen Sträßchen ist purer Genuss. Rundherum erstrecken sich weite Wiesenlandschaften und immer wieder bietet sich ein atemberaubender Blick auf das Meer. Unten angekommen, bietet die Aussichtsterrasse einen hervorragenden Blick auf die Kreidefelsen. Je nach Gezeiten ist es auch möglich, unterhalb der Felsen ein Stück am Strand entlangzugehen. Achtet jedoch auf die rückkehrende Flut und auf mögliche Sperrungen aufgrund von Felsabbrüchen oder Wetter.

Direkt beim Parkplatz betreibt der National Trust ein schönes Café und einen Laden. Hier kann man sich nach der Wanderung stärken.

TIPP

BELLE TOUT LIGHTHOUSE

Eine wahrhaft magische Unterkunft bietet das Belle Tout Lighthouse auf den Klippen. Hier können die Gäste in gemütlich eingerichteten, komfortablen Zimmern im Leuchtturm übernachten und den unglaublichen Ausblick auf das Meer genießen. Ganz oben befindet sich der Lantern Room, der einen unschlagbaren 360-Grad-Blick bietet. 6 verschiedene Zimmer stehen zur Verfügung – jedes individuell und liebevoll ausgestattet. Ein perfekter Ausgangspunkt für Wanderungen oder einfach nur zum Genießen der einzigartigen Atmosphäre.

DZ inkl. Frühstück und VAT ab 210 £, www.belletout.co.uk

2

Stonehenge

Faszinierend und mystisch zugleich: Stonehenge gehört zu den berühmtesten Sehenswürdigkeiten in Großbritannien und der Anblick ist so beeindruckend, dass der Steinkreis alltäglich für Staus auf der A303 sorgt, die direkt an den Steinkreisen vorbei in Richtung Westen führt. Wer die Steinkreise aus nächster Nähe betrachten möchte, muss den Umweg über das Besucherzentrum nehmen. Es empfiehlt sich, vorab einen Zeit-Slot zu buchen, um lange Wartezeiten zu vermeiden *(www.english-heritage.org.uk/visit/places/stonehenge, Stonehenge, Near Amesbury, Wiltshire, SP4 7DE, Online-Preise: ca. 27 £/Erwachsene, 16 £/Kinder).*

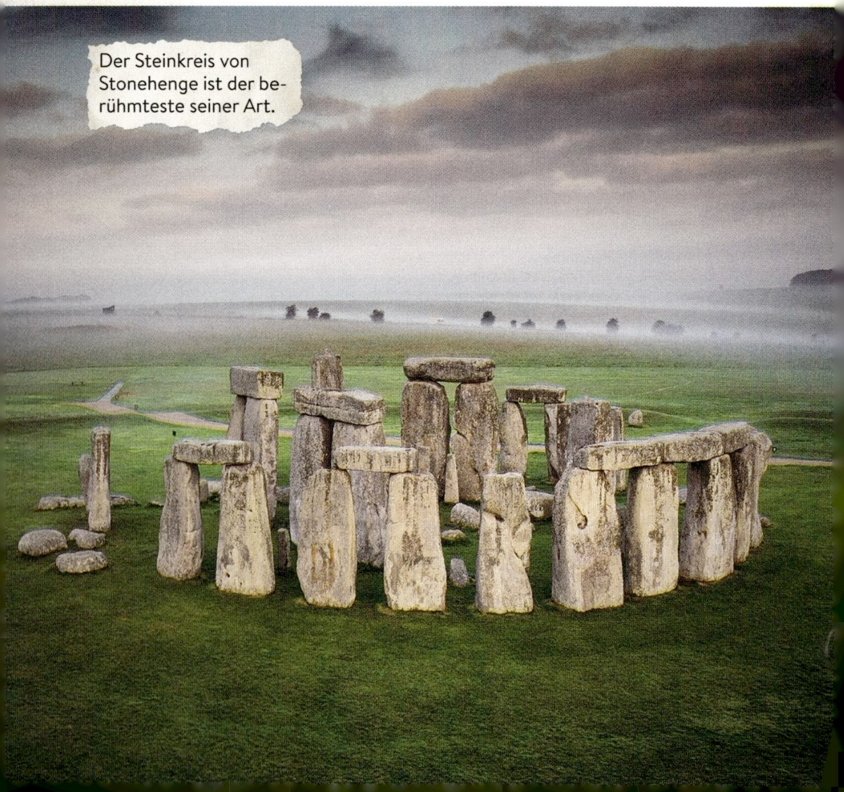

Der Steinkreis von Stonehenge ist der berühmteste seiner Art.

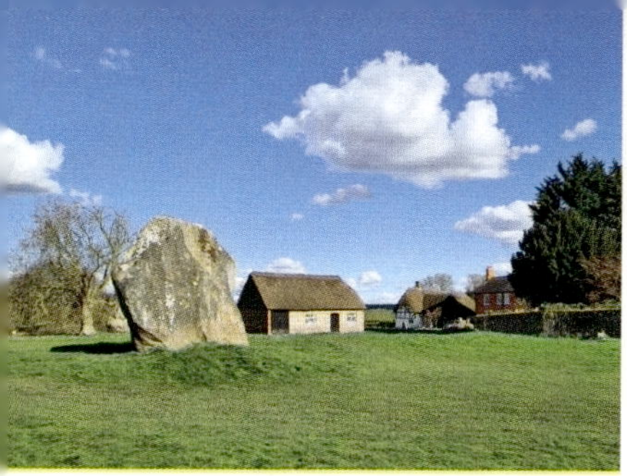

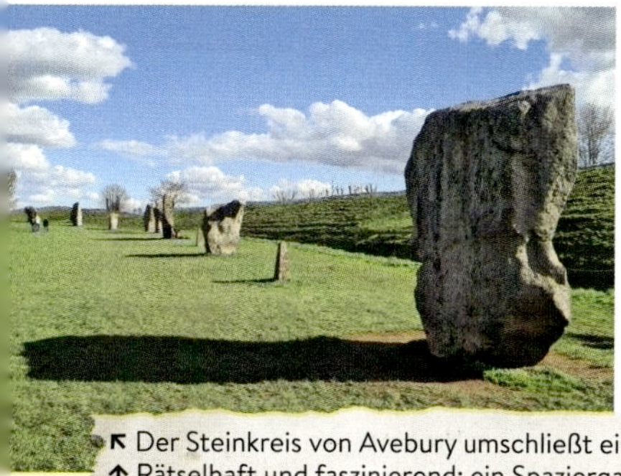

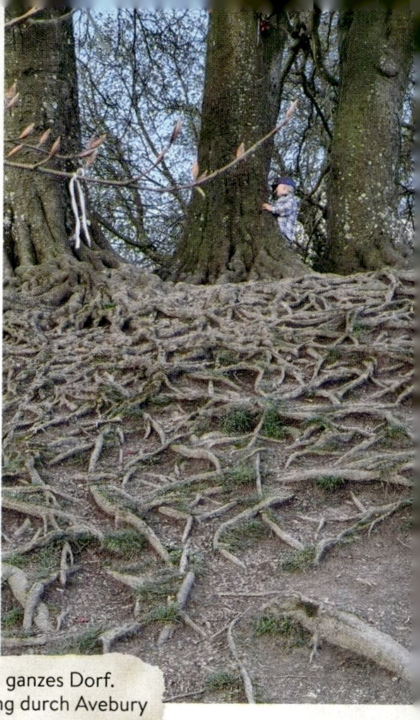

↖ Der Steinkreis von Avebury umschließt ein ganzes Dorf.
↑ Rätselhaft und faszinierend: ein Spaziergang durch Avebury
→ Wurzeln oder doch eine Teufelsschlinge?

3

Avebury

Ganz in der Nähe, aber weit weniger bekannt, sind die Steinkreise von Avebury. Sie mögen vielleicht nicht ganz so spektakulär sein, dafür kann man sie aber in aller Ruhe auf sich wirken lassen. Der Durchmesser des größten Steinkreises, der sowohl einen Teil des Dorfes als auch die anderen beiden Steinkreise umschließt, beträgt mehr als 400 Meter. Wenn ihr einen Spaziergang entlang des äußeren Steinkreises macht, kommt ihr auch an einer Stelle mit beeindruckend verflochtenen Wurzeln vorbei – Potterheads erinnert das sicher an die Teufelsschlinge aus *Harry Potter und der Stein der Weisen*. Die Steinkreise können kostenlos besichtigt werden, das Avebury Manor (Herrenhaus) samt Garten werden vom National Trust verwaltet *(ca. 7 £/Erwachsene, ca. 4 £/Kinder, www.nationaltrust.org.uk/visit/wiltshire/avebury).*

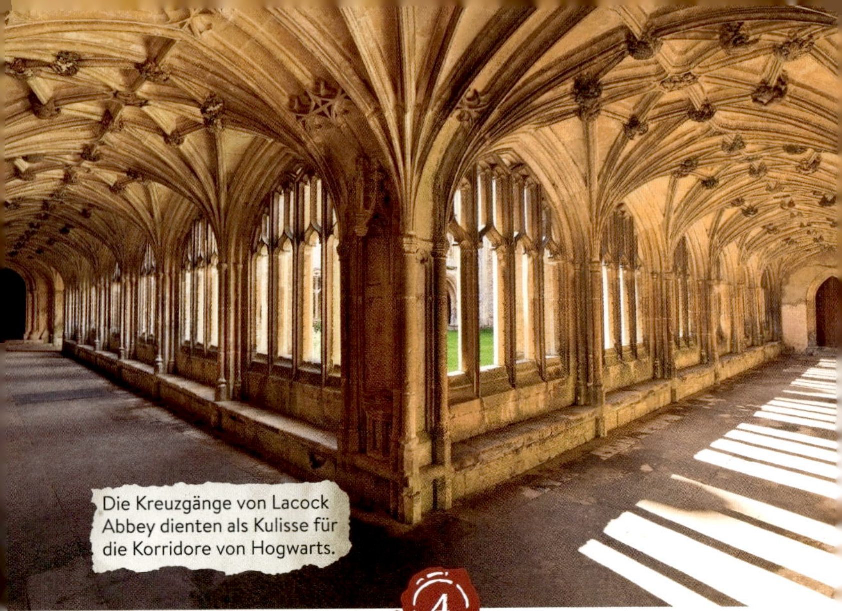

Die Kreuzgänge von Lacock Abbey dienten als Kulisse für die Korridore von Hogwarts.

4

Lacock

Ganz in der Nähe des Städtchens Bath liegen das malerische Dörfchen Lacock und die gleichnamige Abtei, die auf eine achthundertjährige Geschichte zurückblicken kann. Anfangs als Nonnenkloster gegründet, wurde sie später während der Tudor-Zeit zu einem Familienwohnsitz umfunktioniert. 1835 fertigte der damalige Eigentümer und Fotopionier William Henry Fox Talbot hier das älteste erhaltene Papiernegativ an – es zeigt eines der Erkerfenster von Lacock Abbey.

Es könnte auch durchaus sein, dass ihr hier eine königliche Begegnung macht. Das Anwesen der britischen Königin Camilla liegt ganz in der Nähe und sie ist ein vertrautes Gesicht im Dörfchen Lacock.

Beliebte Filmlocation

Heute gehören die Abtei und der größte Teil des Dorfes dem National Trust, der sich um den Erhalt der historischen Gebäude kümmert. Lacock ist ein beliebtes Ausflugsziel und diente als Filmkulisse für mehrere Harry Potter-Filme und für zahlreiche weitere Film- und Serienproduktionen, darunter auch *Fantastische Tierwesen: Grindelwalds Verbrechen* und die Kultserie *Downton Abbey.*

Hogwarts-Feeling in den Kreuzgängen

Für Potterheads führt der erste Gang erst einmal durch den Park zur Lacock Abbey. Wenn ihr durch den Torbogen geht, führt eine Treppe hinauf zum Eingang des Herrenhauses, das besichtigt werden kann und auf jeden Fall einen Besuch lohnt. Die Räume des Herrenhauses dienten allerdings nicht als Filmlocation für die Harry Potter-Filme. Nach dem Rundgang folgt ihr einfach dem Weg zu den Kreuzgängen. Die ausladenden Gänge mit den beeindruckenden Deckengewölben vermitteln echtes Hogwarts-Feeling – sie dienten bei mehreren Harry Potter-Filmen als Kulisse für die Korridore und Klassenzimmer der berühmten Zauberschule und versetzen euch direkt in die Szenerie.

Unvergessliche Filmszenen

Hier schleicht Harry im ersten Teil der Filme mit seinem Tarnumhang ›unsichtbar‹ durch die Gänge und begegnet Mrs Norris, der Katze von Hogwarts Hausmeister Argus Filch. Auch die Szenen, in der Harry im zweiten Teil Lockharts Klassenzimmer verlässt und die geheimnisvolle Stimme hört und an späterer Stelle den Hauselfen Dobby mit einer List aus der Leibeigenschaft der Malfoys befreit, wurden hier gedreht.

Hogwarts Klassenzimmer

Tatsächlich braucht es nicht viel Vorstellungskraft, um sich hier gedanklich direkt nach Hogwarts zu beamen und in die Welt der Zauberschüler und -schülerinnen einzutauchen. Auf eurem Rundgang werdet ihr noch einige weitere Filmlocations entdecken. Im kleinen »Warming Room«

TIPP

BATH

Ganz in der Nähe von Lacock liegt die zauberhafte Stadt Bath, die ihr euch nicht entgehen lassen solltet. Bekannt ist Bath für seine Thermalquellen, das Römische Bad, die Kathedrale und natürlich die Autorin Jane Austen, die berühmte Tochter der Stadt. Ihr ist ein kleines Museum samt Teestube gewidmet. Auch wenn Harry Potter hier nicht gedreht wurde, kommen Filmfans auf ihre Kosten und können auf den Spuren der Netflix-Serie *Bridgerton* die Stadt erkunden (www.visitbath.co.uk).

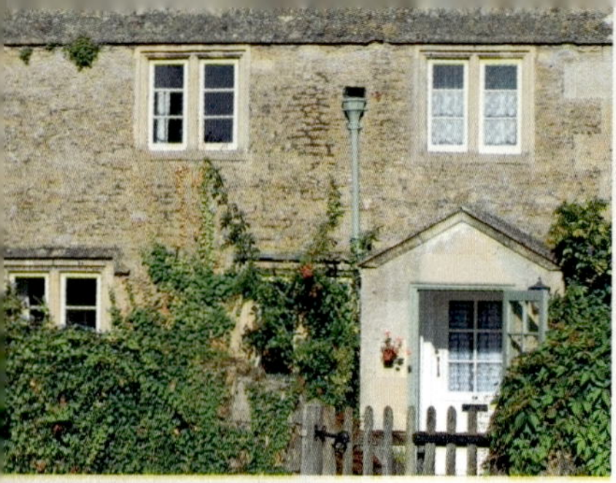

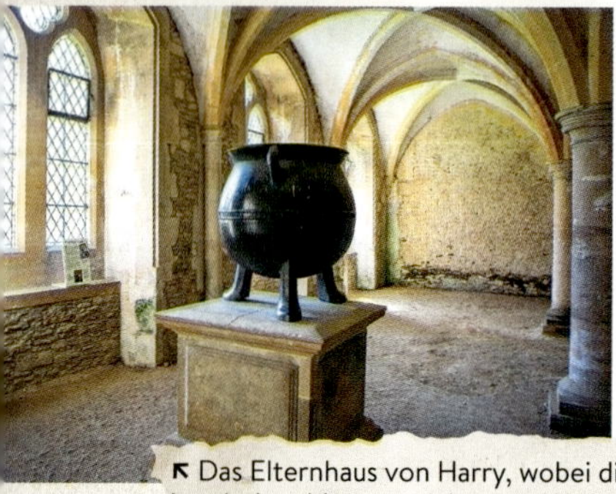

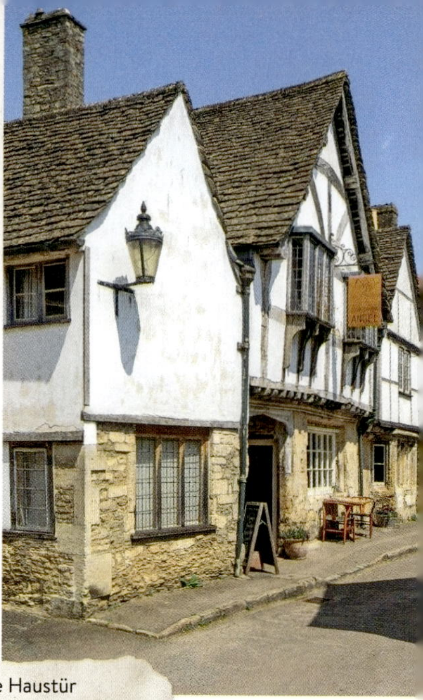

↖ Das Elternhaus von Harry, wobei die Haustür inzwischen blau gestrichen wurde.
↑ Der riesige Kessel im Klassenzimmer von Prof. Quirrell
→ Das kleine Hotel Sign of the Angel stammt aus dem 15. Jahrhundert.

wurden die Szenen im Klassenzimmer von Professor Quirrell im Fach »Verteidigung gegen die dunklen Künste« gedreht. Hier holte Professor McGonagall den Kapitän des Quidditch-Teams Oliver Wood aus dem Unterricht, um ihm Harry als neuen Sucher der Mannschaft vorzustellen. Die Sakristei diente als Klassenzimmer von Professor Snape und im Kapitelhaus entdeckte Harry den Spiegel Nerhegeb. Durch die Aufnahme aus verschiedenen Perspektiven und mit Weitwinkelobjektiven wirken die Räume in den Filmen allerdings um einiges größer.

Der beeindruckende Riesenkessel, der so sehr an einen Zauberkessel erinnert, war tatsächlich schon lange vor dem Harry Potter-Filmteam in der Lacock Abbey zu finden. Um 1500 in Flandern hergestellt, wurde er in der Lacock Abbey vermutlich zum Kochen verwendet. Er ist ursprünglich also kein Filmrequisit, auch wenn er schließlich von der Filmcrew dankbar als solches genutzt wurde und im Klassenzimmer von Professor Quirrell in den Filmen zu sehen ist.

Der Park von Lacock

Einst galten die groß angelegten Gärten mit exotischen Pflanzen als wichtiges Statussymbol der Reichen. Pflanzenjäger wurden in die ganze Welt geschickt, um Samen seltener exotischer Pflanzen nach England zu bringen. So verfügt auch Lacock noch heute über einen beeindruckenden Park mit zahlreichen exotischen Pflanzen. Durch den Park gelangt ihr in wenigen Minuten zum nahe gelegenen Dörfchen Lacock.

Filmlocations in Lacock

Hier scheint die Zeit stillzustehen – nur die zahlreichen geparkten Autos lassen darauf schließen, dass wir keine Zeitreise gemacht haben. Im Dorf gibt es mehrere kleine Geschäfte, Cafés und Restaurants. Vor vielen Türen bieten die Einwohner kleine Basteleien, Marmeladen, Kekse, Kuchen oder Dekorationen zum Kauf an. Bezahlt wird auf Vertrauensbasis in einer kleinen Geldkassette daneben.

Harry Potters Elternhaus

Biegt nach rechts in die East Street und am Ende des Sträßchens einmal mehr nach rechts in die Church Street ab. Ihr geht nun genau auf die Kirche zu und seht links davon das Haus, das in den Filmen als Elternhaus von Harry Potter zu sehen ist, so zum Beispiel in *Harry Potter und der Stein der Weisen*, als Hagrid Harry erzählt, was mit seinen Eltern passiert ist. Lord Voldemort verlässt das Haus durch dasselbe Gartentor, das sich noch immer dort befindet. Allerdings wurde die Tür inzwischen

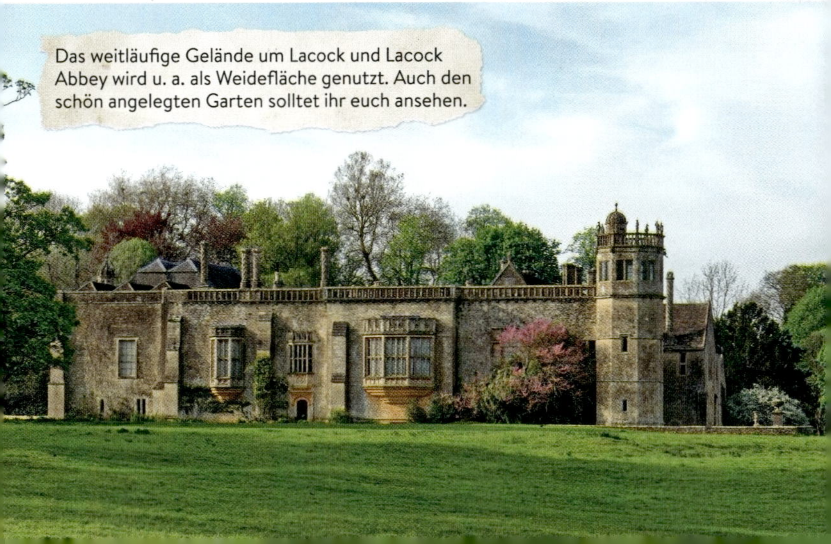

Das weitläufige Gelände um Lacock und Lacock Abbey wird u. a. als Weidefläche genutzt. Auch den schön angelegten Garten solltet ihr euch ansehen.

neu gestrichen und auch die Bepflanzung des Gartens hat sich mit den Jahren verändert. Das Haus ist in Privatbesitz und kann leider nicht besichtigt werden.

Budleigh Babberton

Für *Harry Potter und der Halbblutprinz* verwandelte sich Lacock in »Budleigh Babberton«, die Heimat von Horace Slughorn. Harry und Professor Dumbledore kommen dort auf der Kreuzung zwischen der Church Street, der West Street und Cantax Hill an. Im Film ist an dieser Stelle ein Denkmal zu sehen. Tatsächlich steht auch eines ganz in der Nähe, doch dieses ist im Film nicht zu sehen. Stattdessen bauten die Filmemacher kurzerhand ein eigenes Denkmal und platzierten es in der Mitte der Kreuzung.

Sign of the Angel

Zu der Kreuzung gelangt ihr, wenn ihr der Church Street wieder zurück folgt und links an der Kirche vorbei geht. Rechter Hand befindet sich die kleine Bäckerei und ein paar Häuser weiter seht ihr – ebenfalls auf der rechten Seite – das kleine Hotel Sign of the Angel. Es ist im Film *Harry Potter und der Halbblutprinz* zu sehen, während Harry und Professor Dumbledore hier die Straße entlang gehen.

Horace Slughorns Haus

Am Ende der Church Street biegt ihr nach rechts in die Straße Cantax Hill ab und überquert den kleinen Bach. Danach seht ihr auf der linken Seite das Haus, das im Film *Harry Potter und der Halbblutprinz* Horace Slughorn gehört. Auch dieses Haus kann nicht besichtigt werden und befindet sich in Privatbesitz.

INFO

Eintritt für Lacock Abbey, Garten und das Fox Talbot Museum:
20 £/Erwachsene, 10 £/Kinder, 50 £/Familie. Öffnungszeiten: i. d. R. von 10–17 Uhr. Bitte die aktuellen Zeiten vorab auf der Website des National Trust prüfen. Parkmöglichkeiten gibt es direkt vor Ort (5 £). An Wochenenden und Feiertagen kann das Parkplatzangebot knapp werden, daher solltet ihr möglichst früh vor Ort sein (www.nationaltrust.org.uk/visit/wiltshire/lacock).

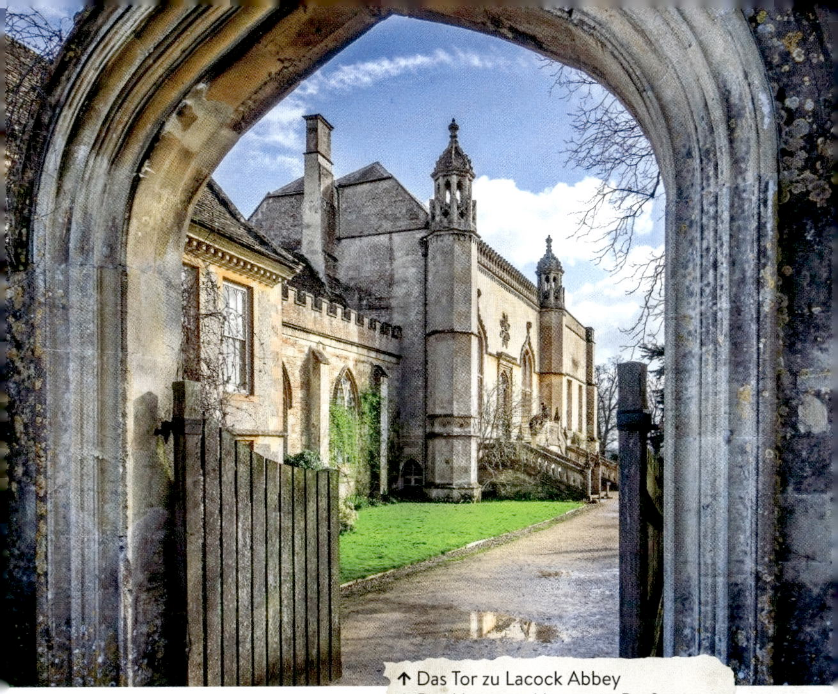

↑ Das Tor zu Lacock Abbey
↓ Das Haus von Hogwarts-Professor Horace Slughorn

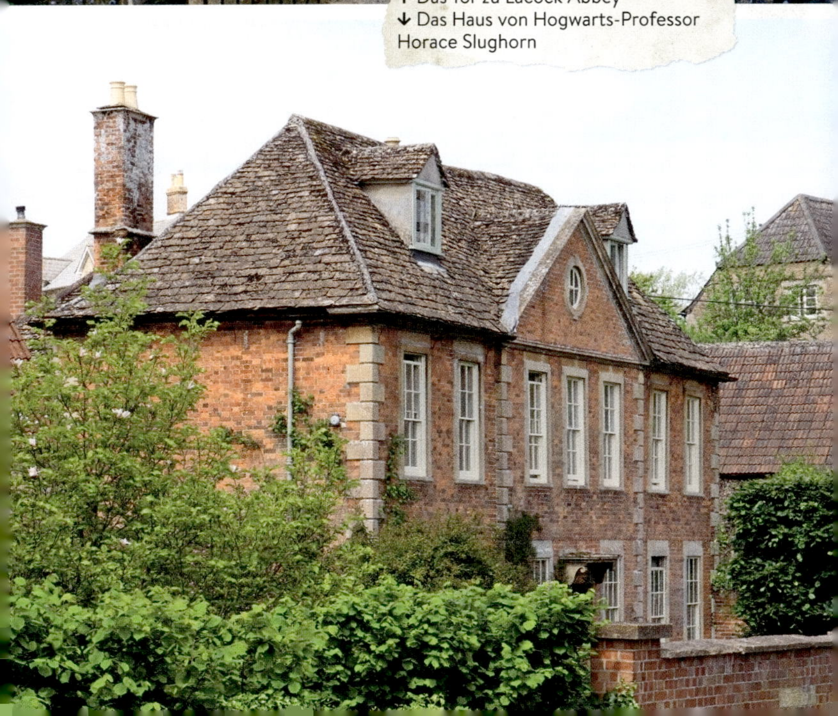

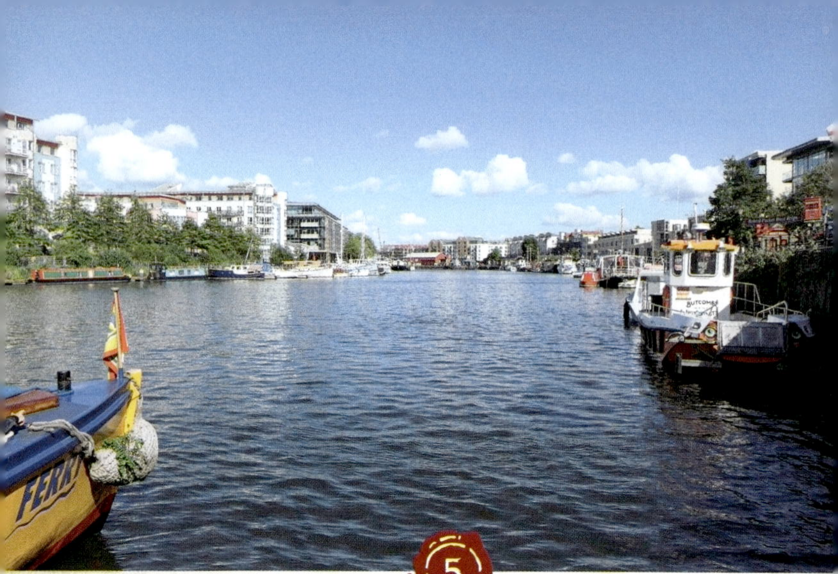

5

Bristol

Joanne K. Rowling ist in Yate, einer kleinen Stadt in der Nähe von Bristol, geboren. Nach ihrer Geburt zog ihre Familie nach Winterbourne um, ein Dorf, das im Norden direkt an die Stadt Bristol grenzt. In einem Interview erzählte die Autorin, dass damals eine Familie Potter in ihrer Straße gelebt hatte. Ihr gefiel der Name und so wurde er auch zum Nachnamen desjenigen Zauberschülers, der bald in der ganzen Welt berühmt werden sollte.

In *Harry Potter und der Stein des Weisen* fällt der Name der Stadt, als Hagrid ganz am Anfang des Films berichtet, Harry sei beim Flug auf dem Motorrad von Godric's Hollow nach Little Whinging über Bristol eingeschlafen.

Tatsächlich wurden keine Szenen aus den Filmen in Bristol gedreht – und doch können Potterheads dort einige Requisiten entdecken.

Bristol Blue Glass

Ganz unscheinbar wirkt die Glasbläserei Bristol Blue Glass von außen – doch hinter den Kulissen des kleinen Ladens verbirgt sich Großes. James Adlington führt hier die Familientradition der Glasbläserei fort. Eigentlich hatte er Elektrotechnik studiert, doch nach einigen Jahren merkte er, dass ihn sein Erbe nicht unberührt ließ. Schon als Kind gab ihm der Großvater sein Wissen über die Glasbläserei weiter – und auch die Rezeptur für das berühmte blaue Glas.

Heute stellt er nicht nur kunstvolle Gläser, Kugeln und Schalen her, sondern fertigt auch zahlreiche Spezialproduktionen für berühmte Kinofilme an. So stammen auch die Glaskelche aus den Harry Potter-Filmen aus der Glasbläserei in Bristol. Einige Exemplare können in der kleinen Ausstellung im Ladengeschäft besichtigt werden. Die britischen Royals setzen ebenfalls auf das Können der Blue Glass-Manufaktur und bestellen regelmäßig Sonderanfertigungen. Es gibt kaum einen Palast in königlicher Hand, in dem nicht Gläser aus Bristol zu finden sind.

Wer mag, kann den Glasbläsern bei ihrer schweißtreibenden Arbeit in der Werkstatt, die sich gleich hinter dem Shop befindet, zuschauen – der Eintritt ist frei. Wer eigene Kreationen herstellen möchte, ist hier ebenfalls richtig und kann für ca. 38 £ die Glasbläserkunst ausprobieren *(Bristol Blue Glass, 357–359 Bath Road, Arno's Vale, Bristol, BS4 3EW, www.bristol-glass.co.uk).*

↖ Am Hafen von Bristol
↓↘ In der Glasbläserei wurden Kelche für die Harry Potter-Filme gefertigt.
→ Outdoor-Restaurant in der Altstadt von Bristol

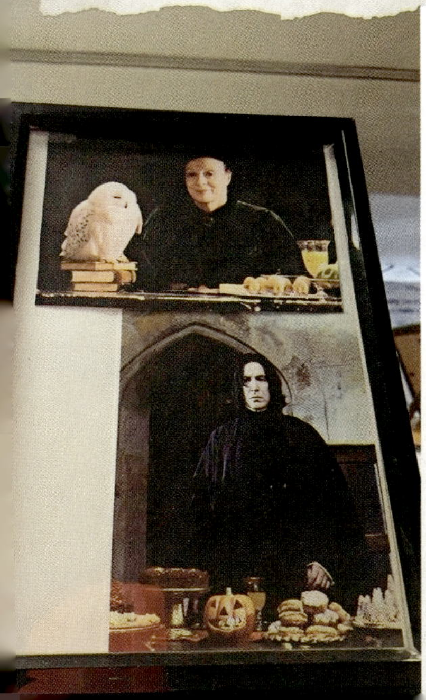

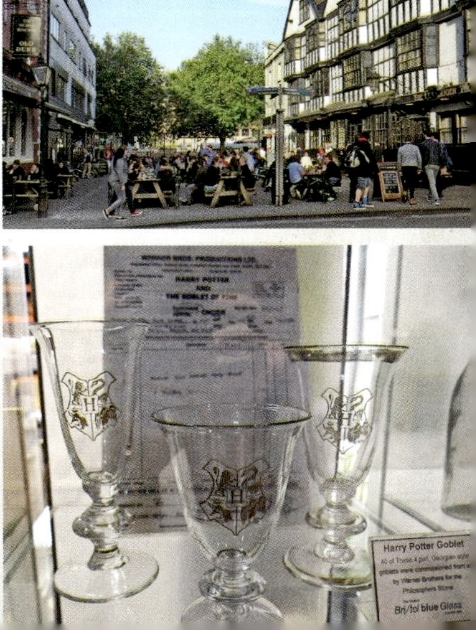

Sehenswertes in Bristol

Allein für die Glasbläserei nach Bristol zu reisen wäre viel zu schade. Die quirlige Stadt am River Avon hat viel zu bieten und es lohnt sich, hier etwas mehr Zeit einzuplanen – oder sogar einige Tage hier zu verbringen. Ein Bummel durch die Altstadt oder entlang des Hafens, eine Tour auf den Spuren des Streetart-Künstlers Banksy oder ein Ausflug in die Umgebung – eine Übersicht über die wichtigsten Sehenswürdigkeiten und Events gibt die Website des Tourismusverbandes www.visitbristol.co.uk.

Der Hafen von Bristol

Der River Avon verbindet Bristol mit dem Bristol-Kanal zwischen England und Wales. Der Fluss ist schiffbar und verschafft Bristol echte Seefahrer-Atmosphäre inklusive kreischender Möwen. Entlang des Flusses gibt es zahlreiche Cafés und Restaurants. Hier zeigen auch viele Straßenkünstler und -künstlerinnen ihr Können und es lässt sich wunderbar viel Zeit vertrödeln. Ein Wassertaxi verbindet die beiden Flussseiten miteinander und bietet gleichzeitig die Möglichkeit, die Stadt aus einer anderen Perspektive zu erkunden.

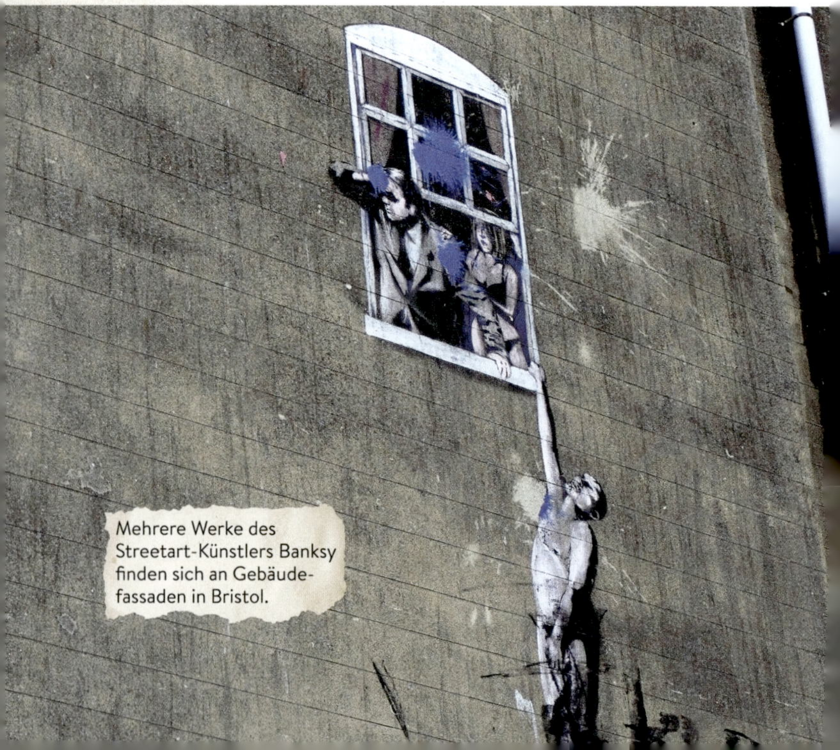

Mehrere Werke des Streetart-Künstlers Banksy finden sich an Gebäudefassaden in Bristol.

Die SS Great Britain

Im Hafen von Bristol liegt das Museumsschiff SS Great Britain, das einen Besuch lohnt. Es war einst das erste Schiff aus Eisen mit Propellerantrieb, das den Ozean überquerte. Das Dampfschiff wurde in Bristol gebaut und startete am 26. Juli 1845 zu seiner Jungfernfahrt von Liverpool nach New York. Die SS Great Britain sollte, was den Komfort betraf, eine neue Dimension der Passagierschifffahrt einläuten. Doch bereits ein Jahr später lief sie auf eine Sandbank auf und die Reederei musste Konkurs anmelden.

In Folge wurde sie als Schiff für Auswanderer nach Australien eingesetzt. Später diente sie für militärische Einsätze, wurde zu einem Windjammer umgebaut und transportierte Kohle. Nach einem Brand endete das Schiff auf den Falkland-Inseln und geriet dort in Vergessenheit. 1970 wurde die »Great Britain« wieder zurück in ihren Heimathafen nach Bristol überführt. Nur noch ein Wrack – aber die Menschen säumten in Massen die Flussufer, um den historischen Moment ihrer Rückkehr live zu erleben.

Heute liegt sie wieder an der Stelle, an der sie einst gebaut wurde. Aufwendig restauriert, dient sie fortan als Museumsschiff und als beliebtes Ausflugsziel für Familien und ganze Schulklassen. Mit viel Liebe zum Detail hat man sie wieder so hergerichtet, wie sie in ihrer Prachtzeit ausgesehen hat. Die Kabinen wurden originalgetreu ausgestattet, ebenso wie die Küche, die Toiletten, Bäder, Aufenthaltsräume, Fracht- und Maschinenräume. Kleine Bordkarten erinnern an die ersten Passagiere, erzählen ihre Geschichte und lassen die Vergangenheit aufleben. Mutige können sich als Matrosen ausprobieren und hoch auf die Masten klettern – natürlich entsprechend gesichert *(Eintritt: ab 22 £/Erwachsene, ab 13,50 £/ Kinder (5–16 Jahre), Kinder bis 4 Jahre haben freien Eintritt. Die Tickets am besten vorher online buchen: www.ssgreatbritain.org).*

Auf Banksys Spuren

Der weltweit wohl berühmteste Streetart-Künstler Banksy stammt aus Bristol und natürlich hat er seiner Heimatstadt einige großartige Werke beschert. Viele Streetart-Künstler und -Künstlerinnen sind in seine Fußstapfen getreten, und so gibt es in Bristol jede Menge zu entdecken. Am besten geht das auf einer organisierten Tour, denn einige der Kunstwerke sind gar nicht so leicht zu finden. Die wichtigsten Spots sind auf der Website von Visit Bristol *(www.visitbristol.co.uk)* aufgelistet und können kostenlos besichtigt werden – es sei denn, sie wurden kurzfristig übermalt.

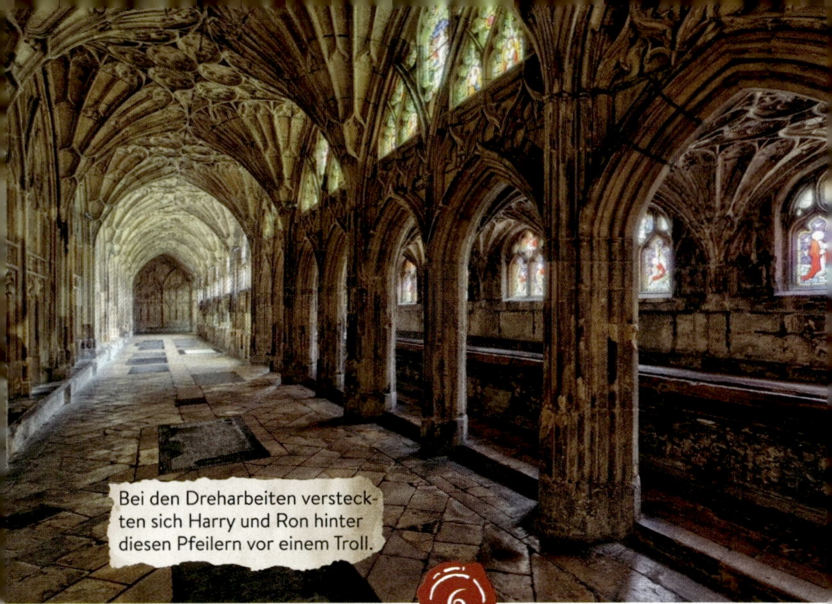

Bei den Dreharbeiten versteckten sich Harry und Ron hinter diesen Pfeilern vor einem Troll.

6

Gloucester Cathedral

Ihr wollt einmal durch die Korridore von Hogwarts flanieren? Dann nichts wie auf zur Gloucester Cathedral. Die im 14. Jahrhundert errichteten Kreuzgänge, deren kunstvolles Fächergewölbe als ältestes seiner Art gilt, dienten tatsächlich nicht nur als Drehort für die Hogwarts-Korridore, sondern auch für die Waschräume und den Eingang zum Gryffindor-Haus.

Um die Kreuzgänge in eine Zauberschule zu verwandeln, deckte die Filmcrew die in den Boden eingelassenen Grabplatten ab und ersetzte die Heiligenscheine der Figuren auf den kunstvollen Glasfenstern temporär durch Papierhüte.

Für einige Szenen in den Waschräumen flutete das Filmteam den Boden des östlichen Korridors. Obwohl entsprechende Vorkehrungen getroffen wurden und der Boden mit einer wasserfesten Unterlage ausgestattet wurde, sind noch heute einige Spuren des Wassers zu sehen. Allerdings so unauffällig, dass man schon ganz genau hinsehen (oder einen Mitarbeiter der Gloucester Cathedral fragen) muss. Außerdem wurde eine Tür für die Dreharbeiten braun gestrichen und das ist bis heute so geblieben, vielleicht, so wird gemunkelt, weil sich hinterher niemand mehr erinnern konnte, welche Farbe die Tür ursprünglich hatte. Ups …

Die Chance, jemanden zu finden, der in den Harry Potter-Filmen mitgespielt hat, ist in Gloucester ziemlich hoch. Viele der Schülerinnen und Schüler der nebenan liegenden Schule waren bei den Dreharbeiten als Statisten mit dabei.

Die Tür zum Gryffindor-Gemeinschaftsraum

Zum Kreuzgang gelangt ihr, wenn ihr am Eingang der Gloucester Cathedral direkt geradeaus geht und den hinteren Teil der Kirche durchquert. Dort führt eine schmale Öffnung direkt in den Kreuzgang. Sobald ihr diesen betretet, seht ihr links eine große Holztür. Diese ist meist geöffnet, da sich dahinter ein weiterer Eingang zu den Kreuzgängen verbirgt. Hier befand sich bei den Dreharbeiten der Eingang zum Gryffindor-Gemeinschaftsraum mit dem Portrait der »Fetten Dame«. Schaut auch nach oben und bewundert die filigranen Fächergewölbe, die dem Kreuzgang eine einzigartige Atmosphäre verleihen.

Hier standen Ron und Harry

Geht dann geradeaus weiter. Ungefähr in der Mitte des Korridors erreicht ihr eine Tür und könnt einen weiteren Drehort entdecken. Links von der Tür standen Harry und Ron an ihrem ersten Schultag im Film *Harry Potter und der Halbblutprinz* auf den Steinbänken.

Auf den Spuren des Trolls

Wenn ihr nun weitergeht, folgt ihr dem Weg des Bergtrolls in *Harry Potter und der Stein der Weisen* – seid also auf der Hut! Die Zauberschüler und -schülerinnen flüchteten durch die Tür auf der rechten Seite – die

TIPP

GLOUCESTER UND GLOUCESTER DOCKS

Obwohl Gloucester nicht am Meer liegt, kann man doch Hafenatmosphäre schnuppern. Die historischen Gloucester Docks wurden neu gestaltet und laden zum Bummeln und Shoppen ein. Hier findet ihr auch das Designer-Outlet Gloucester Quays mit zahlreichen Läden, Cafés und Restaurants (www.gloucesterquays.co.uk).

normalerweise in den Klostergarten führt – in ihre Gemeinschaftsräume, um sich vor dem stinkenden Riesen in Sicherheit zu bringen.

Die Waschräume

Zurück im Kreuzgang, biegt ihr am Ende des Korridors nach rechts und seht wiederum rechts hinter den Säulen die Waschräume. Hier versteckten sich Harry und Ron vor dem vorbeikommenden Troll auf seinem Weg zur Mädchentoilette.

Blutige Schrift an der Wand

Am Ende des Korridors geht ihr nun genau auf die Wand zu, auf der sich in *Harry Potter und die Kammer des Schreckens* der mit Blut geschriebene Schriftzug »Die Kammer des Schreckens wurde geöffnet« befindet.

Die Mädchentoilette der Maulenden Myrte

An dieser Stelle biegt ihr einmal mehr nach rechts ab und erreicht den östlichen Korridor. Hier wurde die Szene aus *Harry Potter und der Stein der Weisen* gedreht, in welcher die Maulende Myrte die Mädchentoilette flutet. Seid nett zu ihr, ihr wisst ja, wie sie ist!

← Der Waschraum in den kunstvoll verzierten Kreuzgängen
→ Die beeindruckende Gloucester Cathedral

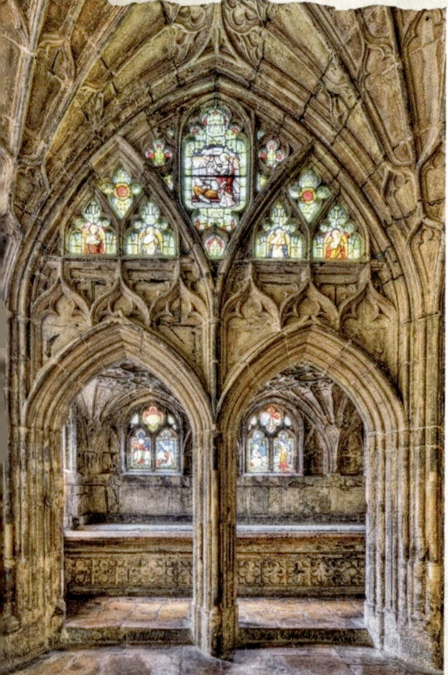

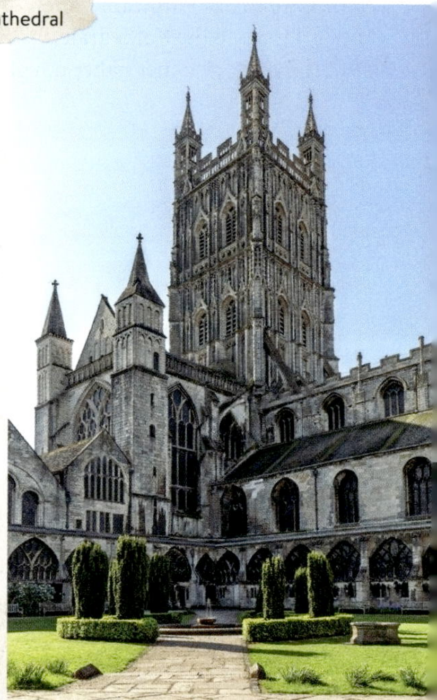

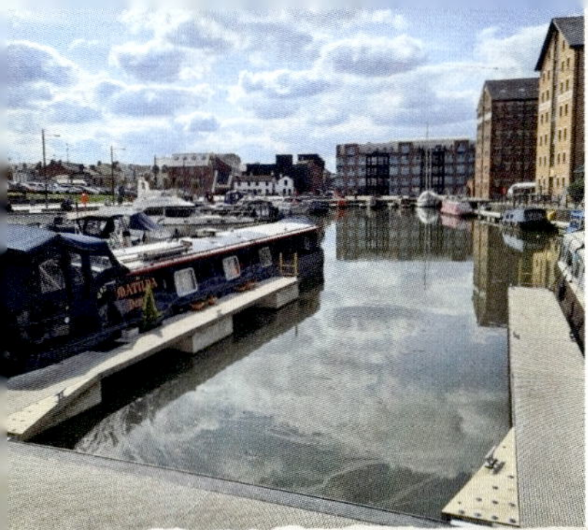

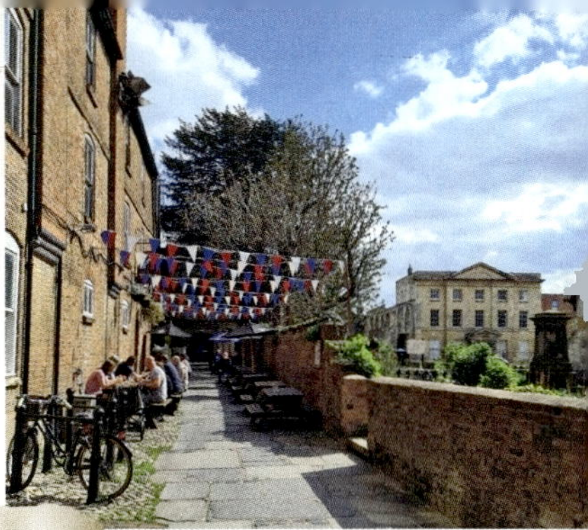

← Hafenatmosphäre an den Gloucester Docks
→ Verstecktes Pub in der Altstadt von Gloucester

Hogwarts-Feeling pur!

Wendet euch nun rechter Hand und genießt den Gang durch den magischen Korridor – stellt euch vor, ihr wandelt hier mit wehendem Umhang und Zauberstab entlang, um euch herum ein wildes Gewusel von Zauberschülern und -schülerinnen. Es fällt wahrlich nicht schwer, sich vor Ort gedanklich in die Welt von Hogwarts hineinzuversetzen. Genau hier führt Professor McGonagall ihre Schützlinge entlang, als sie zum ersten Mal mit dem Hogwarts Express in der Schule ankommen.

Auch wenn das Filmteam nur eine Drehgenehmigung für die Kreuzgänge erhielt und die Kathedrale selbst nicht für Dreharbeiten genutzt wurde, lohnt es, sich hier näher umzuschauen.

INFO

Der Eintritt in die Gloucester Cathedral ist frei, man freut sich jedoch über Spenden. Es werden regelmäßig Führungen angeboten, die direkt am Eingang gebucht werden können. Eine Führung dauert 50 Minuten und kostet 6 £, für Kinder 2 £. Eine Führung durch die Krypta dauert 25 Minuten und kostet 4 £, für Kinder 1,50 £. Es gibt jedoch keine expliziten Harry Potter-Führungen. Den Kreuzgang könnt ihr auch sehr gut auf eigene Faust besichtigen. Die freundlichen Mitarbeiter stehen gerne für Fragen zur Verfügung (www.gloucestercathedral.org.uk). Es gibt keine Parkmöglichkeiten direkt an der Gloucester Cathedral. Der Weg zu nahe gelegenen Parkhäusern/-plätzen ist ausgeschildert. Tipp: Achtet bei eurem Besuch darauf, dass sonntags und an kirchlichen Feiertagen keine Führungen angeboten werden.

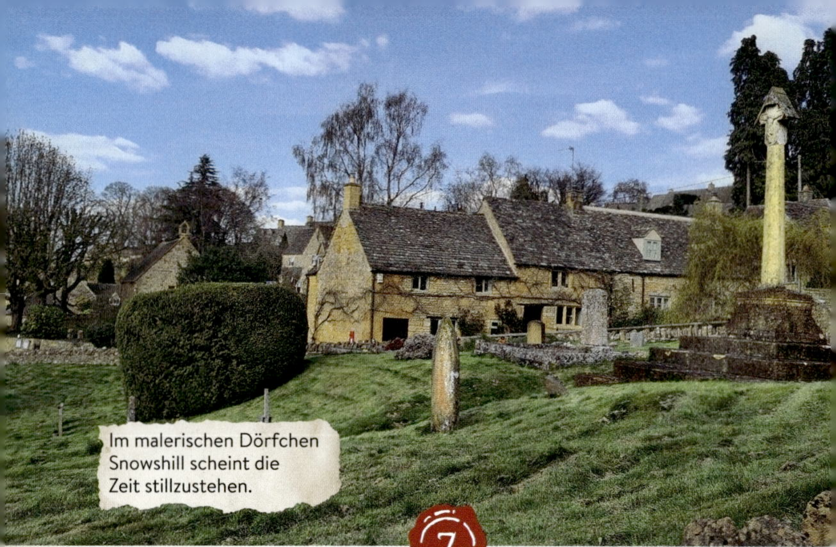

Im malerischen Dörfchen Snowshill scheint die Zeit stillzustehen.

7

Die Cotswolds

Eine liebliche Landschaft mit sanften grünen Hügeln, romantische Steinhäuser, beeindruckende Herrenhäuser, zauberhafte Gärten – die Cotswolds vereinen alles, was wir vermutlich als ›typisch englisch‹ betrachten würden.

Wenn ihr auf den Spuren von Harry Potter in England unterwegs seid, führt euch euer Weg zu einigen Locations wie Gloucester, Lacock oder Oxford, die allesamt am Rande der Cotswolds liegen – es gibt also gleich mehrere gute Gründe, einen Abstecher in diese traumhafte Region zu machen oder sogar ein paar Tage lang die Gegend zu erkunden. Hier ein paar Dörfer, die einen Besuch lohnen:

Castle Combe

In den Cotswolds gibt es allerdings so viele zauberhafte Dörfer, dass es gar nicht so einfach ist, sich zu entscheiden, welches man besuchen möchte. Absolut idyllisch ist das Dörfchen Castle Combe, das nur 20 Fahrminuten von Lacock entfernt liegt. Hier solltet ihr unbedingt durch die historischen Sträßchen bummeln (genau genommen gibt es nur zwei) und auf der Wiese vor dem gleichnamigen Herrenhaus verweilen, in dem sich heute ein charmantes Luxushotel verbirgt *(DZ/Frühstück ab 250 £, www.exclusive.co.uk/the-manor-house).*

Ampney Crucis

In der Nähe von Cirencester liegen die Ampneys, drei Dörfer, die nach dem gleichnamigen Bach benannt sind, der hier fließt. Das größte davon ist Ampney Crucis – eines der weniger von Touristen frequentierten und doch sehr charmanten Dörfchen. Am Rande des Dorfes, direkt am Bach Ampney, liegt das sehr empfehlenswerte The Crown, gleichzeitig Pub, Restaurant und Landhotel *(www.crownampneybrook.co.uk)*. Die Räumlichkeiten sind ansprechend renoviert worden und das Essen ist sehr gut. Noch dazu gibt es einen schönen Biergarten. Zum Restaurant gehört auch das Boutique Hotel Wild Thyme & Honey *(DZ ab 150 £, www.wildthymeandhoney.co.uk)*.

Bourton-on-the-Water

Als das Venedig der Cotswolds wird das – für Cotswolds-Verhältnisse – große Dorf mit den zahlreichen Brücken oft bezeichnet. Es ist auch wirklich sehenswert, jedoch vor allem an den Wochenenden völlig überlaufen. Besucht das Dorf, wenn möglich, unter der Woche und am frühen Morgen oder am Abend.

The Slaughters

Die beiden kleinen Dörfer Upper Slaughter und Lower Slaughter sind absolut zauberhaft und längst nicht so überlaufen wie manch anderes Dorf in den Cotswolds. Dafür sorgt schon das sehr begrenzte Parkplatzangebot. Während Lower Slaughter idyllisch am Flüsschen Eye liegt, befindet sich Upper Slaughter etwa eine Meile entfernt auf einem Hügel. Beide

TIPP

ÜBERNACHTEN BEI DEN RENTIEREN

Gegenüber des Restaurants The Crown in Ampney Crucis lebt die einzige Rentierherde in den Cotswolds und die beleuchteten Tannenbäume vermitteln ganzjährig Weihnachtsfeeling. Im Dezember und an ausgewählten Terminen führen die Besitzer Andrew und Claire Besucher zu der Herde und erzählen alles über Rentiere und deren Haltung. Wer mag, kann hier auch übernachten – ein kleines Ferienhaus für vier Personen mit Blick auf die Rentiere kann gemietet werden, ein zweites ist in Planung *(www.cotswoldreindeerherd.co.uk)*.

TIPP

DRAGONFLY LABYRINTH

Ganz in der Nähe gibt es ein schönes Labyrinth, in dem es nicht nur den richtigen Weg zu finden, sondern gleichzeitig auch noch Rätsel zu lösen gilt – da werden Erinnerungen an das Trimagische Turnier wach! *(The Dragonfly Maze, Rissington Rd, Bourton-on-the-Water, Cheltenham, GL54 2BN, www.thedragonflymaze.com)*

lohnen einen Besuch und bieten zahlreiche herrliche Fotomotive. Ein schöner Rundweg verbindet die beiden Dörfer.

Broadway

Broadway ist ein absolutes Schmuckstück – und auch entsprechend gut besucht. Dennoch verteilen sich die Menschenmassen hier ganz gut – wenn man erst einmal einen Parkplatz gefunden hat. Mehrere Cafés, Restaurants und Shops laden zum Erkunden ein – es lohnt sich, hier ein bisschen durch die Straßen zu bummeln.

Snowshill

Absolut idyllisch liegt das kleine Dörfchen Snowshill nur wenige Minuten von Broadway entfernt in der Hügellandschaft. Wenn ihr in Broadway seid, lohnt es sich, einen kleinen Abstecher hierher zu machen und die Ruhe zu genießen. Das gleichnamige Herrenhaus und der Garten werden vom National Trust verwaltet. Früher lebte hier der begeisterte Sammler Sir Charles Wade, dessen Fundstücke hier zu sehen sind. Unglaublich, was für Dinge aus aller Welt er hier zusammengetragen hat *(13 £/Erwachsene, 6,50 £/Kinder).*

← Lower Slaughter bietet eine wundervolle Kulisse am Flüsschen Eye.
→ Bourton-on-the-Water ist ein beliebtes Ausflugsziel.

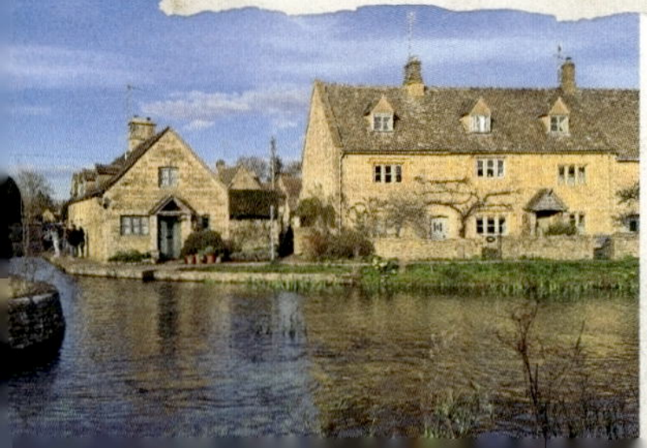

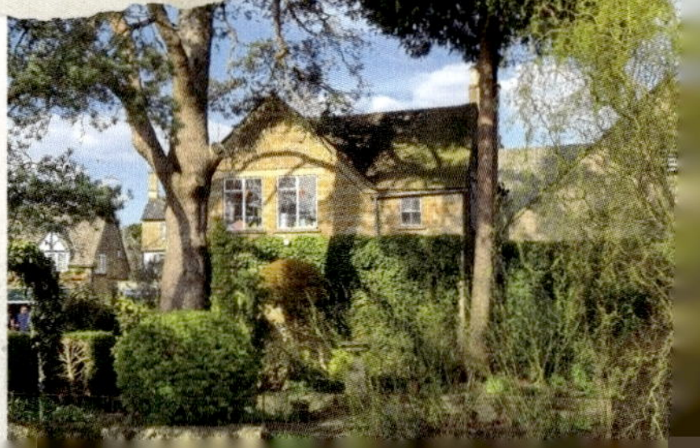

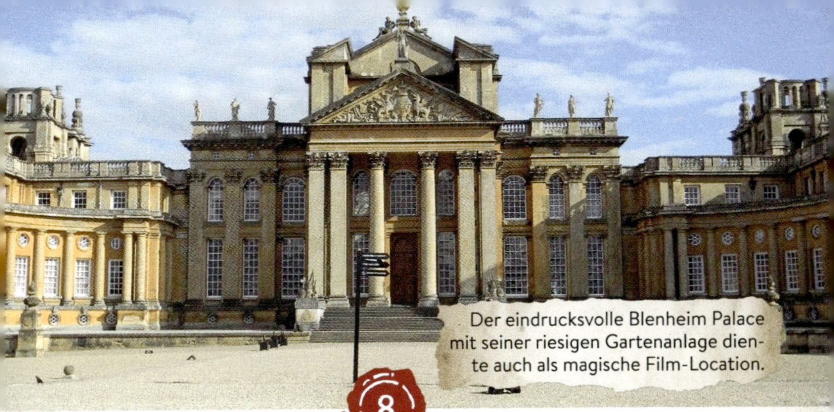

Der eindrucksvolle Blenheim Palace mit seiner riesigen Gartenanlage diente auch als magische Film-Location.

8

Blenheim Palace

Der beeindruckende Blenheim Palace in der Nähe von Woodstock in der Grafschaft Oxfordshire gehört zu den größten und bekanntesten Schlössern Großbritanniens. Winston Churchill wurde hier 1874 als Nachfahre des ersten Besitzers John Churchill, dem späteren Duke of Marlborough, geboren.

Hier gibt es jede Menge zu entdecken und ihr solltet viel Zeit einplanen, um den Palast und die weitläufigen Gartenanlagen zu erkunden. Auch für Familien hat Blenheim Palace viel zu bieten – im Garten gibt es einen schönen Spielplatz und sogar ein Labyrinth.

Snape wird von James Potter verspottet

Potterheads finden hier den Harry Potter-Baum mit einem markanten Loch in der Mitte des Stammes. Hier wurden die Szenen für *Harry Potter und der Orden des Phönix* gedreht, als Harry in Severus Snapes Geist eindringt. In der Rückblende wird der junge Snape an dieser Stelle von James Potter und seinen Freunden verspottet.

INFO

Palast, Park und Garten: ab 38 £/Erwachsene, ab 22 £/Kinder, ab 99 £/Familien, Park und Garten: ab 28 £/Erwachsene, ab 13,50 £/ Kinder, ab 80 £/Familien (Blenheim Palace, Woodstock OX20 1PP, www.blenheimpalace.com)

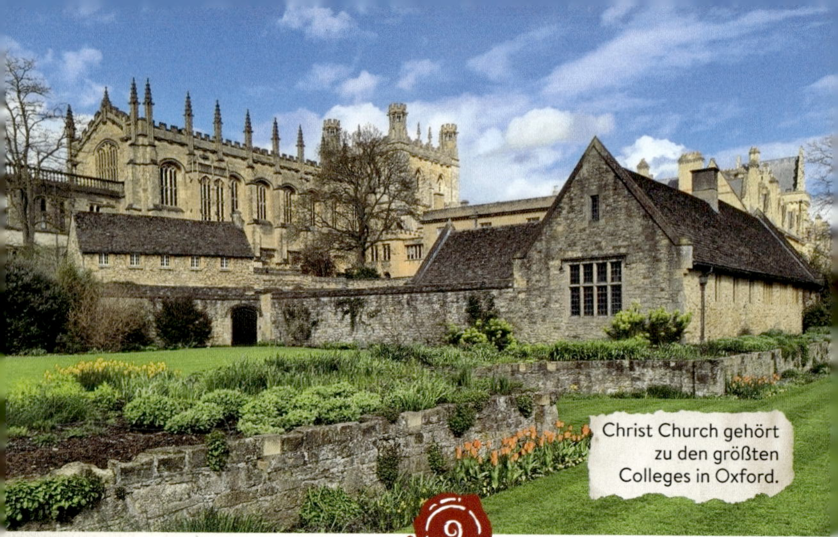

Christ Church gehört zu den größten Colleges in Oxford.

9

Oxford

Für Potterheads ist ein Besuch in Oxford ein MUSS. Nach London kann die Universitätsstadt die meisten Drehorte für die Harry Potter-Filme nachweisen. Joanne K. Rowling kam als Jugendliche des Öfteren nach Oxford, wurde jedoch später an der Universität nicht angenommen und studierte schließlich in Exeter. Dennoch diente Oxford erkennbar als Inspiration für viele Aspekte der Bücher und viele der Traditionen des Studentenlebens wurden in die Welt von Harry Potter integriert – auch, wenn Hogwarts eine Schule für Kinder und keine Universität ist.

Inspiration für Hogwarts

Die Universität von Oxford existiert seit dem 12. Jahrhundert und besteht aus 39 Colleges. Die Studenten und Studentinnen der einzelnen Colleges bilden traditionell eine enge Gemeinschaft, während zwischen den einzelnen Institutionen Rivalitäten herrschen – ähnlich wie auch bei den vier Hogwarts-Häusern. Die Umhänge der Zauberschüler und -schülerinnen ähneln den schwarzen Umhängen, die traditionell von den Studenten und Studentinnen getragen werden, ebenso wie die Innenräume und der Speisesaal in Hogwarts große Ähnlichkeit mit den Colleges in Oxford haben. Als Sprache der Wissenschaft ist Latein in den Universitäten tief verwurzelt und so verwundert es nicht, dass Joanne K.

Rowling die Sprache in den Harry Potter-Büchern auch als Grundlage für Zaubersprüche verwendet.

Der Hogwarts-Speisesaal

Ursprünglich wollte das Filmteam die Speisesaal-Szenen von Hogwarts in einem der Colleges in Oxford drehen, doch keines erteilte dafür eine Drehgenehmigung. So wurde der Speisesaal kurzerhand in den Warner Bros. Studios in London nachgebaut und alle Szenen dort gedreht.

Wer die Harry Potter-Drehorte in Oxford erkunden möchte, kann dies im Rahmen einer der geführten Touren tun, die von mehreren Veranstaltern angeboten werden. Dabei solltet ihr darauf achten, welche Locations im Rahmen der Tour besucht werden, die Touren unterscheiden sich diesbezüglich sehr. Selbstverständlich könnt ihr die meisten Locations aber auch auf eigene Faust besuchen.

Auf Harry Potters Spuren durch Oxford

Startet euren Stadtrundgang auf den Spuren von Harry Potter durch Oxford am besten an der Ecke Cornmarket Street/Broad Street und folgt der Cornmarket Street, die eine Fußgängerzone und eine der größten Einkaufsstraßen in Oxford ist, bis zur Ship Street. Schaut euch das uralte und äußerst schiefe Fachwerkhaus auf der linken Seite, in dem aktuell ein Hutladen untergebracht ist, genauer an – erinnert es nicht an Ollivanders Laden für Zauberstäbe oder an eines der anderen verwunschenen Geschäfte in der Winkelgasse?

Magische Süßigkeiten und Harry Potter-Souvenirs

Folgt der Cornmarket Street ein wenig weiter – nach einigen Metern seht ihr auf der rechten Seite das House of Wonders, einen Laden mit einem sehr umfangreichen Sortiment an Harry Potter-Artikeln. Hier findet ihr

↓ Magische Süßigkeiten in einem Souvenirgeschäft
→ Der alte Hutladen könnte auch in der Winkelgasse sein.

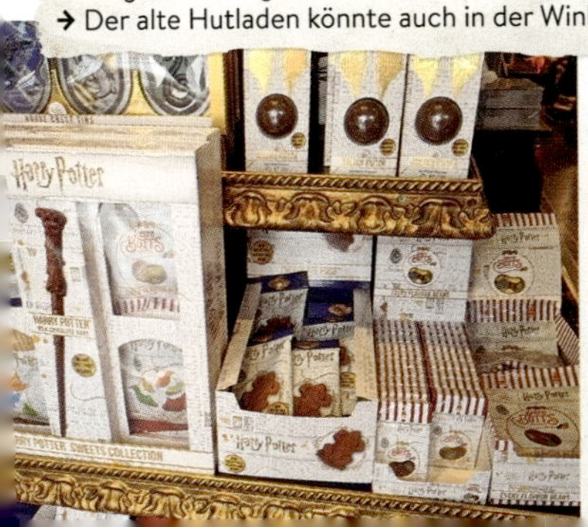

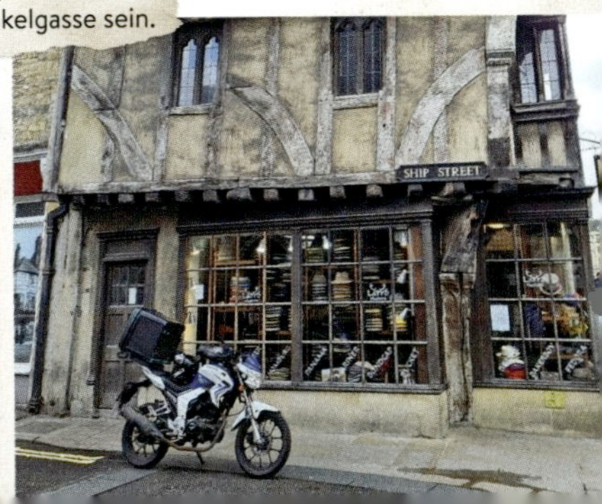

auch sämtliche Süßigkeiten, die im Hogwarts Express an die Zauberschüler und -schülerinnen verkauft werden.

Zauberhafte Kuchenkreationen

Geht noch ein kleines Stück weiter und biegt dann links in die Market Street ab. Dort liegt nach etwa 50 Metern auf der rechten Seite der Eingang zum Covered Market. In dem geschäftigen, überdachten Markt gibt es über 50 Geschäfte und Cafés, witzige Dekorationen, Feinkost- und Geschenkartikel. Besonders das Schaufenster des Cake Shops solltet ihr genauer unter die Lupe nehmen, dort finden sich immer wieder neue Kuchenkreationen aus der Harry Potter-Welt.

Radcliffe Square

Verlasst den Covered Market an einem der Ausgänge an der High Street und folgt der Straße nach links bis zur »University Church St Mary the Virgin«. Vor der Kirche zweigt eine idyllische, schmale Gasse nach links ab, die St Mary's Passage, die euch direkt zum Radcliffe Square führt, in dessen Mitte sich die gleichnamige Bibliothek befindet. Die Namensähn-

← In Oxford gibt es viele magische Geschäfte.
↙ Ein echtes Kuchenkunstwerk!
→ Rund 50 Geschäfte reihen sich im Covered Market aneinander.

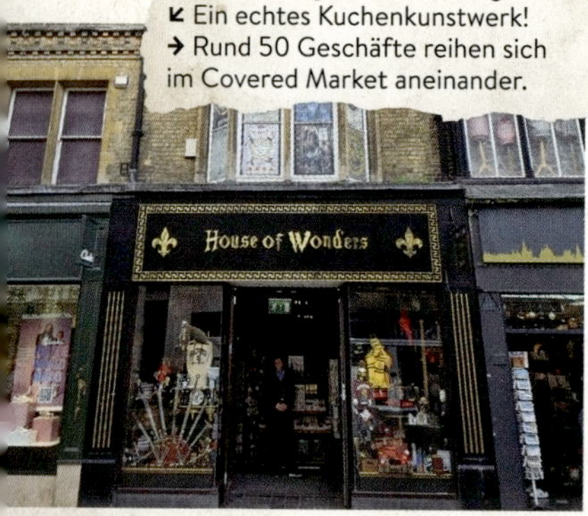

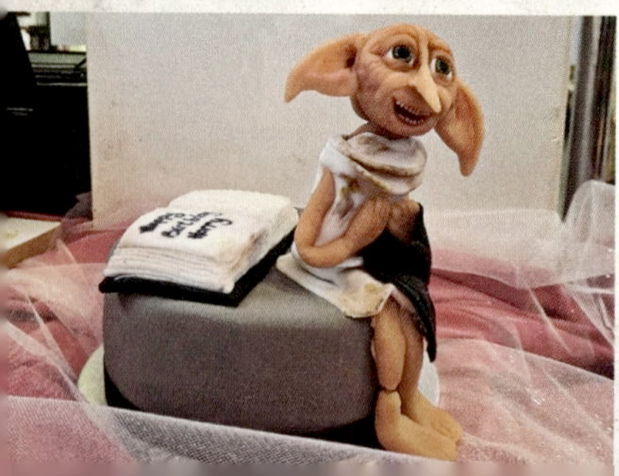

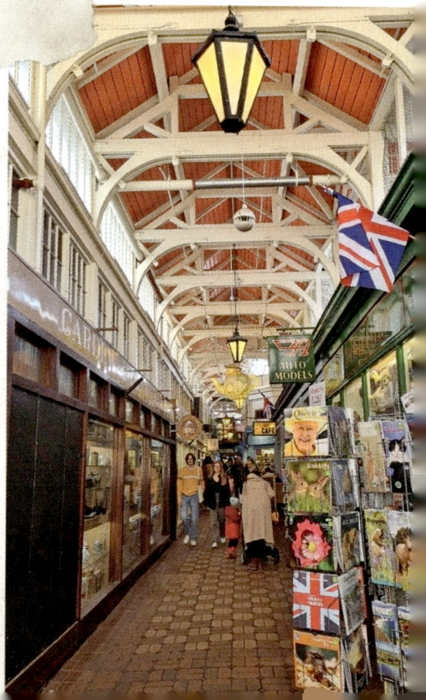

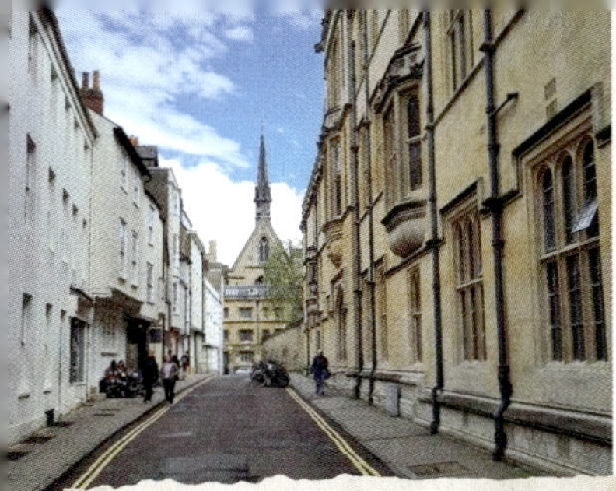

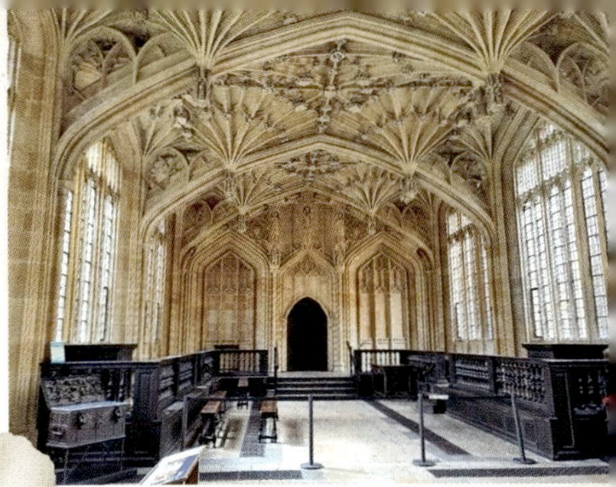

← In den schmalen Straßen von Oxford gibt es viel zu entdecken.
→ Die Divinity School diente u. a. als Drehort für den Hogwarts-Krankenflügel.

lichkeit mit dem Harry Potter-Darsteller Daniel Radcliffe ist übrigens reiner Zufall. Benannt ist der Square nach dem ehemaligen, berühmten Studenten der Universität von Oxford, John Radcliffe. Am gegenüberliegenden Ende des Radcliffe Square befinden sich die Divinity School und die Bodleian Library.

Divinity School

Die Divinity School wurde zwischen 1427 und 1483 erbaut und ist für ihren spätgotischen Perpendicular Style, die Gewölbedecke und die beeindruckenden großen Fensterkonstruktionen bekannt.

In den Harry Potter-Filmen diente ihre berühmte Lobby als Kulisse für den Hogwarts-Krankenflügel und für die Szene, in der Professor McGonagall versucht, dem peinlich berührten Ron das Tanzen für den Weihnachtsball beizubringen. Direkt vor dem Eingang zur Divinity School befindet sich eine Statue, die Potterheads vermutlich an den Hausgeist von Gryffindor, den fast kopflosen Nick, erinnert.

Bodleian Library / Duke Humfrey´s Library

Die Duke Humfrey´s Library ist der älteste Lesesaal der Bodleian Library. Er diente als Drehort für die Hogwarts-Bibliothek.

INFO

Die Divinity School kann besichtigt werden. Da sie bis heute für Veranstaltungen und Prüfungen genutzt wird, ist sie jedoch nicht immer zugänglich. Es empfiehlt sich, vorab die Tickets für einen Zeit-Slot zu buchen, um Wartezeiten zu vermeiden (2,50 £/Person).

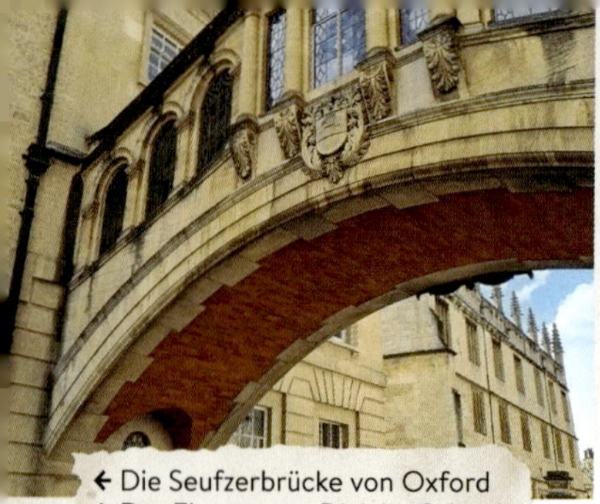

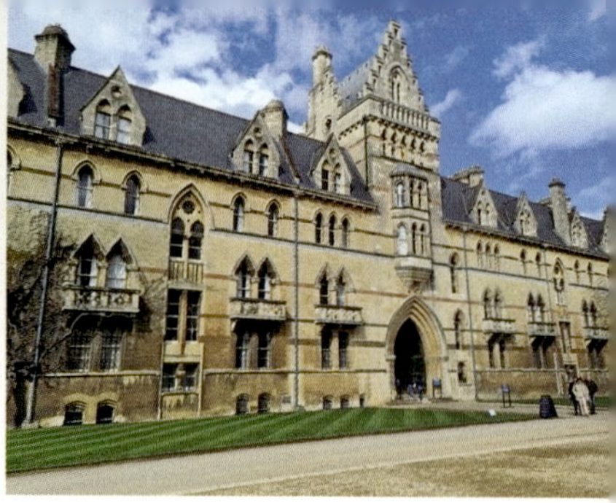

← Die Seufzerbrücke von Oxford
→ Der Eingang zur Divinity School und Bodleian Library

Die Bodleian Library und die Duke Humfrey's Library können nur im Rahmen einer geführten Tour besucht werden. Aufgrund der großen Nachfrage solltet ihr die Tour vorab buchen (je nach Länge der Tour ab 10 £/Person). Das Fotografieren in der Duke Humfrey's Library ist nicht gestattet *(Bodleian Libraries, Broad Street, Oxford OX1 3BG, www.bodleian.ox.ac.uk).*

»Bridge of Sighs« und Halley House

Wenn ihr vom Radcliffe Square aus der Catte Street ein kurzes Stück folgt, erreicht ihr nach wenigen Schritten eine der berühmtesten Sehenswürdigkeiten der Stadt, die Hertford Bridge, auch genannt die »Seufzerbrücke«. Sie verbindet die beiden Teile des Hertford College. Ob die Studenten und Studentinnen so oft seufzten oder ob sie aufgrund ihrer angeblichen Ähnlichkeit mit der gleichnamigen Brücke in Venedig so genannt wurde, ist nicht überliefert. Jedoch ähnelt sie von der Form her eher der Rialtobrücke als der Seufzerbrücke in Venedig. Auf jeden Fall ist die Außenansicht der Brücke ein beliebtes Fotomotiv in Oxford – der Gang über die Brücke ist ausschließlich den Studierenden des Hertford College vorbehalten. Besonders schön ist die Brücke bei Dunkelheit, wenn sie erleuchtet ist. Eine Besichtigung des Hertford College ist leider nicht möglich.

Wenn ihr unter der Brücke hindurch geht und der New College Lane folgt, entdeckt ihr nach wenigen Metern auf der linken Seite ein beigefarbenes Haus. Ein unscheinbares Schild weist darauf hin, dass hier Edmond Halley, der Entdecker des Halleyschen Kometen, residierte. Folgt ihr dem charmanten Sträßchen weiter geradeaus, gelangt ihr direkt zum New College.

New College

Auch das New College diente als Drehort für mehrere Szenen in den Harry Potter-Filmen. Der Name ist allerdings ziemlich irreführend, denn das New College wurde bereits 1379 gegründet. Es ist eines der größten Colleges in Oxford und verfügt über beeindruckende Räumlichkeiten und schöne Gärten.

Faszinierend ist ein Blick in den mittelalterlichen Speisesaal des New College, der eine große Ähnlichkeit mit dem Hogwarts-Speisesaal aufweist. Bis heute nehmen die Studierenden hier ihre Mahlzeiten ein – außerhalb der Essenszeiten kann er besichtigt werden.

In den Kreuzgängen wurde die Szene für *Harry Potter und der Feuerkelch* gedreht, in der seine Mitschüler und Mitschülerinnen die »Potter stinkt«-Buttons tragen. Hier streiten sich Harry und Ron und Harry verrät Cedric Diggory, dass es in der ersten Prüfung im Trimagischen Turnier um Drachen geht.

Im Innenhof der Kreuzgänge verwandelt Alastor »Mad-Eye« Moody Draco Malfoy in ein Frettchen – und Professor McGonagall verwandelt ihn wieder zurück, nicht ohne Mad-Eye Moody darüber aufzuklären, dass Zauberei nicht zum Verwandeln von Schülern und Schülerinnen eingesetzt werden darf. Also wirklich!

The Turf Tavern

Wenn ihr das New College wieder durch den Eingang verlasst, durch den ihr es betreten habt, findet ihr wenige Meter weiter auf der rechten Seite die St Helens Passage, eine sehr schmale Gasse, die zwischen den Backsteinmauern der Häuser hindurchführt. Fast ist man versucht, den einen oder anderen Backstein zu berühren, um zu sehen, ob sich hier nicht der Eingang zur Winkelgasse öffnet. Am Ende der Gasse führt der Weg nach rechts geradewegs zu einem der altehrwürdigsten Pubs in Oxford. Der älteste Teil der Turf Tavern lässt sich auf das Jahr 1381 zurückdatieren. Das Pub bietet die perfekte Mischung aus uriger Gemütlichkeit und einem

INFO

Das New College kann besichtigt werden (8 £/Erwachsene, 7 £/Kinder, 25 £ Familien). Die Website informiert über aktuelle Öffnungszeiten und Schließzeiten (New College, Hollywell St, Oxford OX1 3BN, Zugang für Besucher ausschließlich über die New College Lane, www.new.ox.ac.uk).

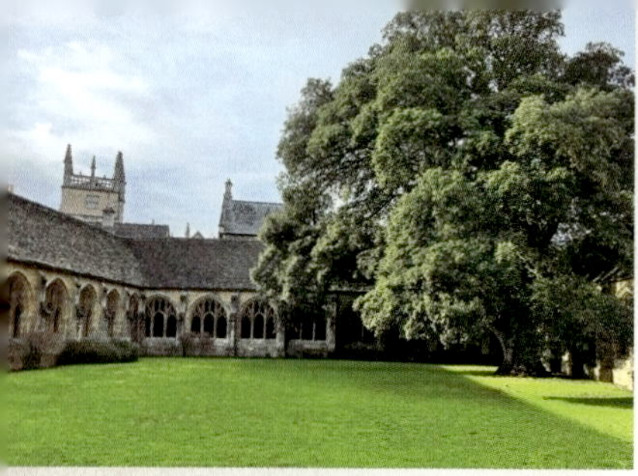
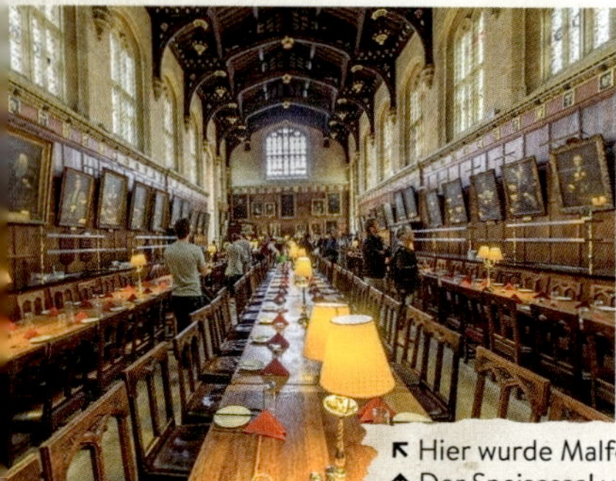
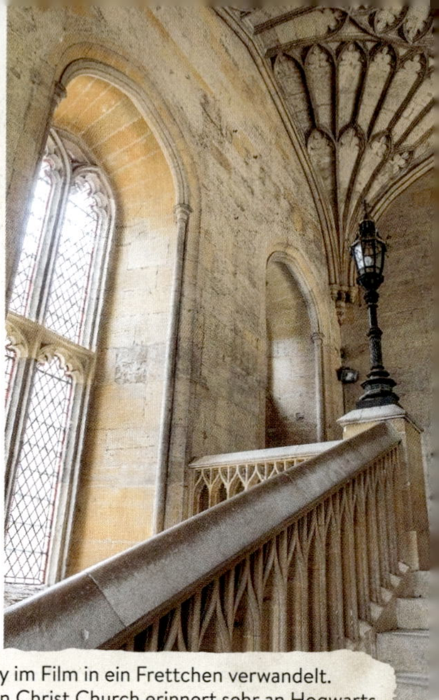

↖ Hier wurde Malfoy im Film in ein Frettchen verwandelt.
↑ Der Speisesaal von Christ Church erinnert sehr an Hogwarts.
→ Auf dieser Treppe empfängt Prof. McGonagall die Neulinge.

lauschigen Biergarten inmitten der Altstadt. Obwohl das Pub so versteckt liegt, kann es eine beeindruckende Liste illustrer Namen auf seiner Gästeliste verzeichnen. Von Elizabeth Taylor über Ernest Hemingway bis hin zu Bill Clinton gaben sich zahlreiche Prominente hier die Ehre. Auch die Filmcrew der Harry Potter-Filme war hier während der Dreharbeiten in Oxford oft zu Gast, und so finden Potterheads hier den einen oder anderen Hinweis auf jene Zeit *(Turf Tavern, 4 Bath Pl, Oxford OX1 3SU, www.greeneking-pubs.co.uk/pubs/oxfordshire/turf-tavern).*

Jede Menge Souvenirs ...

Es lohnt sich, die St Helens Passage weiter zu erkunden – die kleine kopfsteingepflasterte Gasse ist wirklich hübsch. Sie mündet in die Holywell Street, die mit ihren pastellfarbenen Häusern ebenfalls ein schönes Fotomotiv bietet. Geht nach links weiter und folgt bei der Straßenkreuzung der Broad Street. Hier findet ihr zahlreiche Läden, die Harry Potter-Merchandise-Artikel verkaufen, ebenso wie die typischen Oxford-Hoodies.

Christ Church

Biegt am Ende der Broad Street nach links wieder in die Cornmarket Street ab, die euch direkt zu einer weiteren Harry Potter-Filmlocation führt: das Christ Church College. Es beeindruckt durch seine weitläufige Anlage und den markanten Tom Tower, der schon von Weitem zu sehen ist. Der Eintrittspreis beinhaltet eine gut gemachte und sehr umfangreiche Multi-Media-Tour, die viele Informationen über das College und auch über die Harry Potter-Drehorte gibt.

Wichtig für alle Potterheads ist hier der Treppenaufgang bei der großen Halle mit der beeindruckenden gotischen Deckenwölbung. Hier empfängt Professor McGonagall ihre Zauberlehrlinge in *Harry Potter und der Stein der Weisen* – und hier werden Harry und Ron in *Harry Potter und die Kammer des Schreckens* von Filch erwischt, als sie zu spät nach Hogwarts zurückkehren, weil sie den Hogwarts Express verpasst haben. Dies ist auch der Ort, an dem Harry das Gespräch zwischen Dumbledore und Tom Riddle beobachtet.

Die Tudor Great Hall diente als Vorlage für den Nachbau des Filmsets für den Hogwarts-Speisesaal. Das Set des Speisesaals wurde allerdings um einiges größer nachgebaut. Die Bilder an den Wänden inspirierten die Filmemacher zudem, die Mitglieder der Filmcrew in den sich bewegenden Portraits zu verewigen. In den Kreuzgängen wurde die Szene gedreht, in der Hermine Harry den Pokal zeigt, den sein Vater als Sucher des Quidditch-Teams gewann.

Wer Christ Church besichtigt, stößt immer wieder auf Alice im Wunderland. Tatsächlich liegt der Ursprung von Lewis Carrolls Kinderbuch genau hier. Alice Liddell, die Tochter des Dekans von Christ Church, Henry Liddell, inspirierte den Autor zu seiner Geschichte über Alice im Wunderland. Der kleine Laden, in dem die echte Alice einst Süßigkeiten kaufte, ist noch immer da – gegenüber von Christ Church …

INFO

Für die Besichtigung von Christ Church empfiehlt es sich, die Tickets vorab online zu buchen. Damit spart ihr etwa 2 £ pro Ticket und könnt sicherstellen, dass ihr das College auch wirklich zur gewünschten Zeit und ohne Anstehen besichtigen könnt. Die Website gibt Auskunft über die Tage, an denen Christ Church nicht – oder nur teilweise besichtigt werden kann. Die Tour mit dem Audioguide kostet bei der Online-Buchung ab ab 20 £/Erwachsene, ab 17 £/Kinder (*Christ Church, St. Aldate´s, Oxford, OX1 1DP, www.chch.ox.ac.uk*).

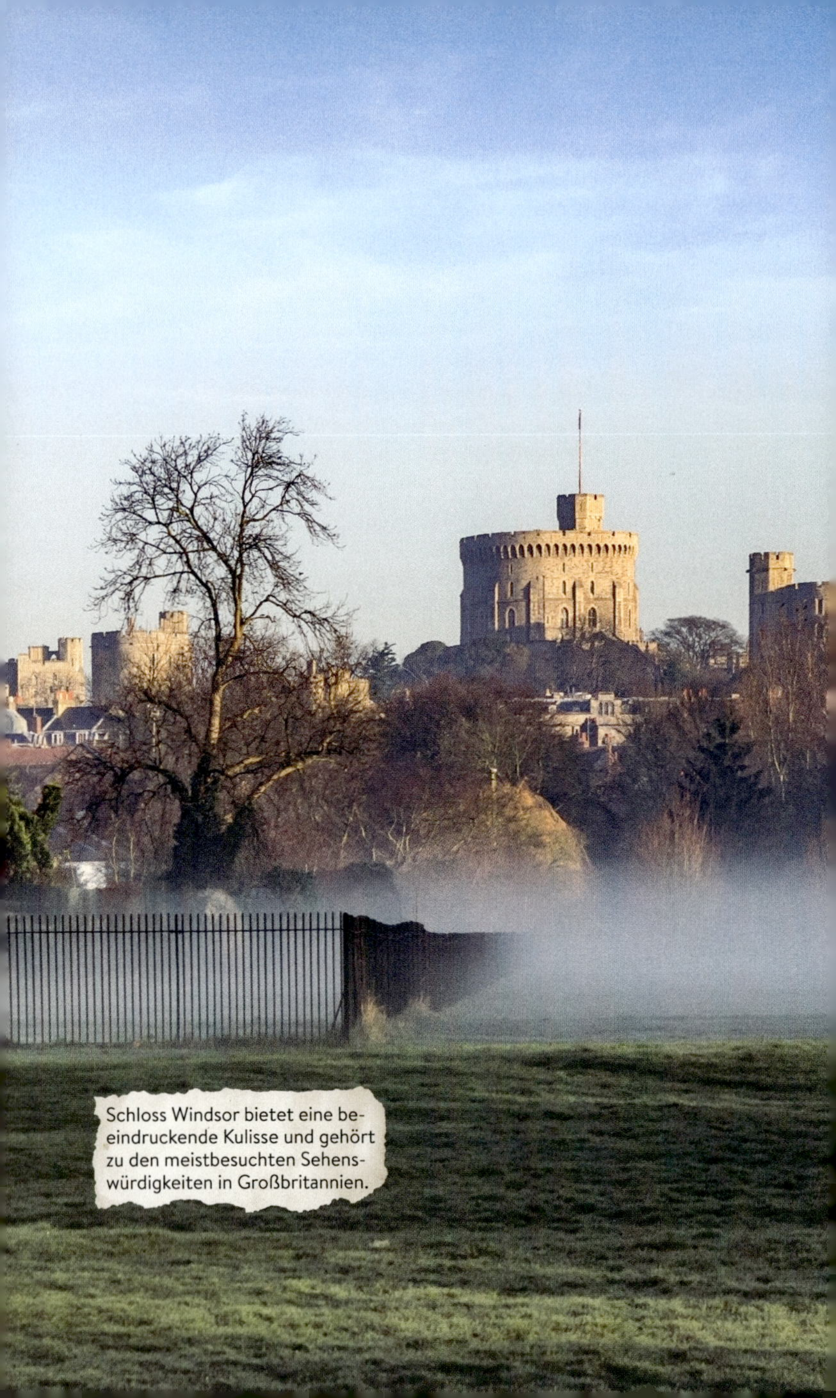

Schloss Windsor bietet eine beeindruckende Kulisse und gehört zu den meistbesuchten Sehenswürdigkeiten in Großbritannien.

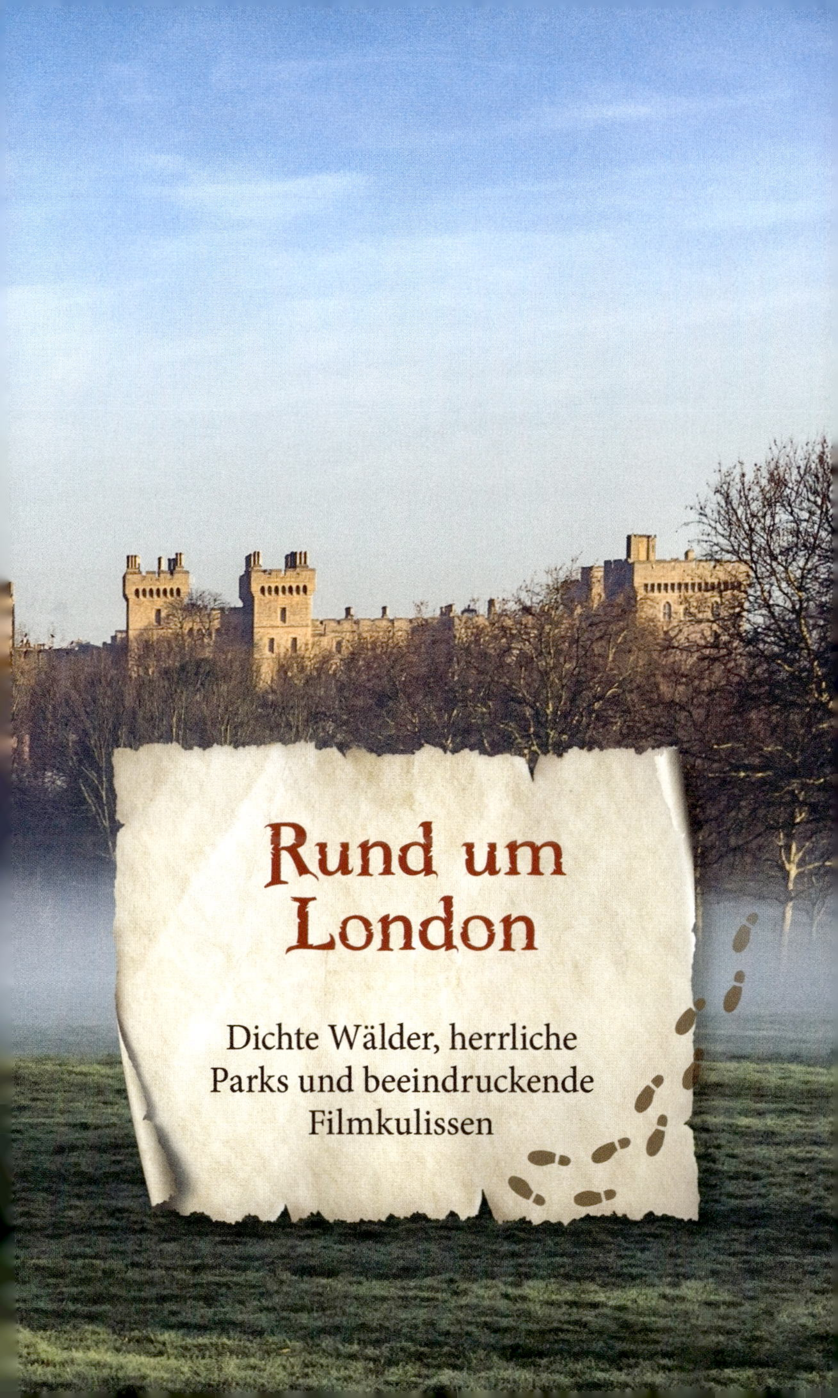

Rund um London

Dichte Wälder, herrliche Parks und beeindruckende Filmkulissen

Wer hätte gedacht, dass der Verbotene Wald direkt vor den Toren Londons liegt? Nicht allzu weit vom Ligusterweg, in dem die Dursleys wohnen. Und der Hogwarts-See – zumindest für einige Szenen – im Windsor Great Park zu finden ist? Nördlich von London befinden sich die Warner Bros. Studios, in denen die Harry Potter-Filme gedreht wurden, und da liegt es nahe, dass sich das Team bei den Außenaufnahmen für einige Drehorte entschieden hat, die nicht allzu weit entfernt sind – einige sogar in Sichtweite der Studios.

Magisch

WEIL

Rund um London sind die Harry Potter-Drehorte überaus vielfältig und führen euch nicht nur in die Vororte von London, sondern auch in weitläufige Parkanlagen und geheimnisvolle Wälder. Noch dazu sind hier die Warner Bros. Studios, in denen die Dreharbeiten für alle Filme stattgefunden haben.

DIE 3 MUST DOS:

Warner Bros. Studios ★ Virginia Water ★ Black Park Country Park

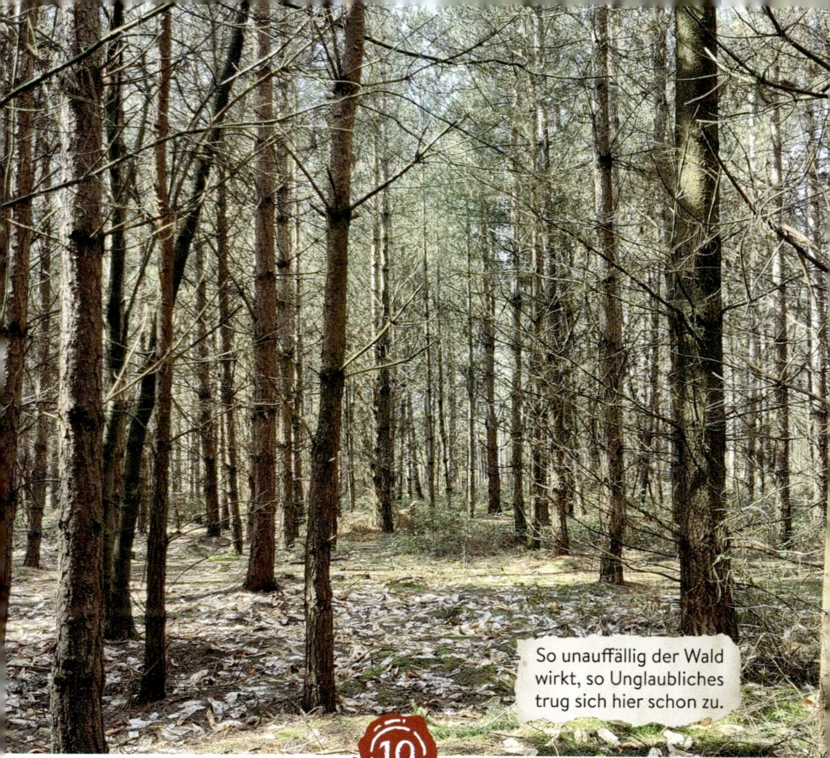

So unauffällig der Wald wirkt, so Unglaubliches trug sich hier schon zu.

10

Bourne Wood

Das Waldstück zwischen Farnham und Tilford bietet nicht nur schöne Wanderwege – hier gaben sich einige heldenhafte Gestalten die Ehre. Ob Wonder Woman, der Gladiator, Robin Hood, Wolfman oder Harry Potter – sie alle waren an diesem Ort, wenn auch natürlich nicht gleichzeitig.

Für die Harry Potter-Crew liefen die Dreharbeiten in Bourne Wood recht steinig. Mal mussten die Dreharbeiten wegen Flitzern, dann wieder wegen eines schlimmen Sturms unterbrochen werden. Auch soll eine Nebelmaschine nicht richtig funktioniert haben, was die Dreharbeiten weiter erschwerte. Im ersten Teil von *Harry Potter und die Heiligtümer des Todes* ist die Szenerie zu sehen, als Hermine einen Zauberspruch auf Harry anwendet, der sein Gesicht so anschwellen lässt, dass die Greifer ihn nicht erkennen *(Bourne Wood, Lower Bourne, Farnham GU10 3RW)*.

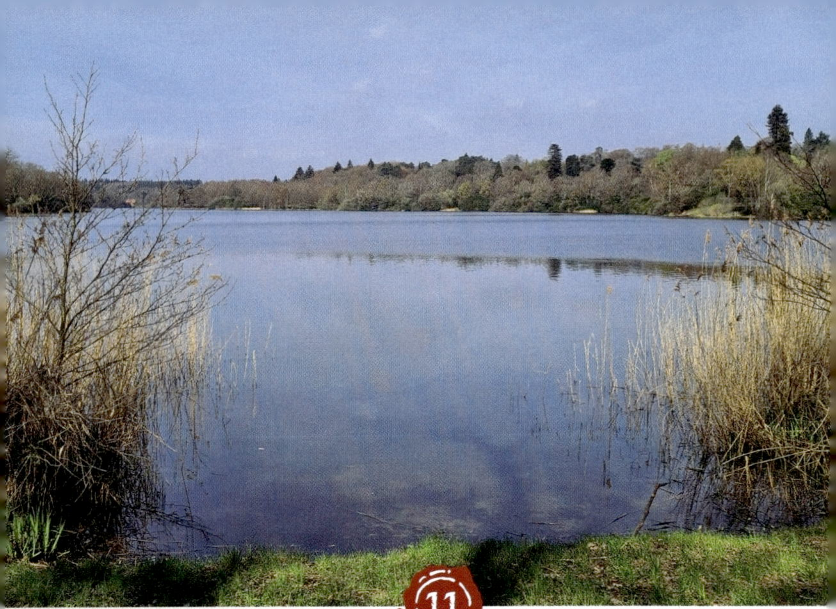

11

Virginia Water

Am südlichen Ende des Windsor Great Park befindet sich der See Virginia Water. Er diente als Location für mehrere Harry Potter-Filmszenen, die sich hauptsächlich auf das östliche Seeufer verteilen. Daher solltet ihr den Virginia Water Car Park beim Besucherzentrum (Lake Pavilion) ansteuern. Dort könnt ihr euch mit Snacks und Getränken versorgen und gemütlich geradeaus zum Seeufer flanieren. Ein etwa 8,5 Kilometer langer Rundweg führt um den See herum.

Auch wenn ein Großteil der Szenen des Hogwart-Sees in Schottland gefilmt wurde, diente Virginia Water ebenso als Drehort für einige Szenen am See – oft kombiniert mit Schnittbildern von Loch Shiel und Loch Arkaig in Schottland. Die meisten Drehorte liegen in dem Bereich unweit des Parkplatzes, zwischen dem Besucherzentrum, dem Wasserfall (Cascade) und den Leptis Magna Ruinen.

Flug auf Seidenschnabel über den See

In *Harry Potter und der Gefangene von Askaban* fliegt Harry auf dem Hippogreif Seidenschnabel über Virginia Water – in den Schnittbildern ist allerdings Loch Shiel in Schottland zu sehen.

Auch die Szene, in der Hagrid Harry, Ron und Hermine von Seidenschnabels Exekution erzählt, wurde zum Teil hier gedreht. Zwar wirft Hagrid Steine am Ufer von Loch Eilt bzw. von Loch Arkaig ins Wasser, doch bei einigen der Nahaufnahmen ist Virginia Water im Hintergrund zu sehen.

Kampf gegen Dementoren

Am Ufer von Virginia Water kämpft Harry im selben Film gegen die Dementoren und beschwört einen Patronus-Zauber hervor, der ihm das Leben rettet. Ein Großteil der Szenen wurde am Torren Lochan bei Glen Coe gedreht und der See im Windsor Great Park diente als Kulisse für einige der Nahaufnahmen. Hier wurde auch die Szene gedreht, in der Hermine Draco ins Gesicht schlägt.

Trimagisches Turnier

Nachdem Harry in *Harry Potter und der Feuerkelch* zum vierten Teilnehmer des Trimagischen Turniers auserkoren wird, sitzen er und Neville am Ufer von Virginia Water. In einer weiteren Szene sucht Neville im Wasser des Sees nach magischen Pflanzen und winkt Ron, Hermine und Ginny zu, während Hermine Harry eine Nachricht von Ron überbringen soll. Es ist die Szene, in der Hermine von Ron und Harry zum gegenseitigen Überbringen ihrer Nachrichten gedrängt wird und sie schließlich genervt anmerkt, sie sei schließlich keine Eule. Der Bereich, in dem die Szenen gedreht wurden, befindet sich zwischen dem Wasserfall und der römischen Ausgrabungsstätte. Welches der exakte Ort ist, lässt sich schwer bestimmen, da die Bäume in den vergangenen Jahren um einiges gewachsen sind.

↖ An diesem See wurden mehrere Szenen gefilmt.
↓ Am Seeufer herrschte dicke Luft zwischen Harry, Ron und Hermine.
→ Der Wasserfall diente als Hintergrund für Interviews.

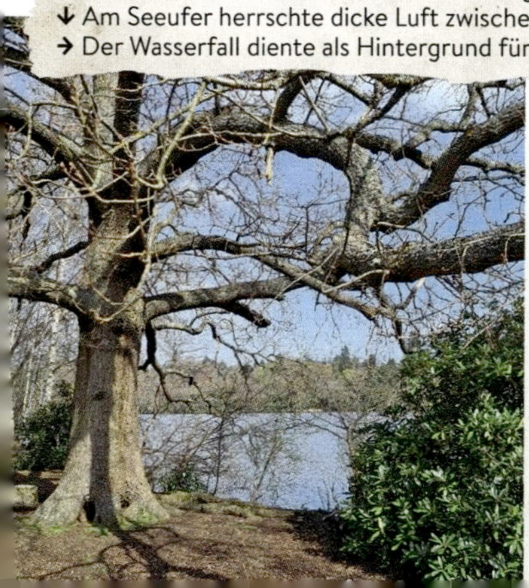

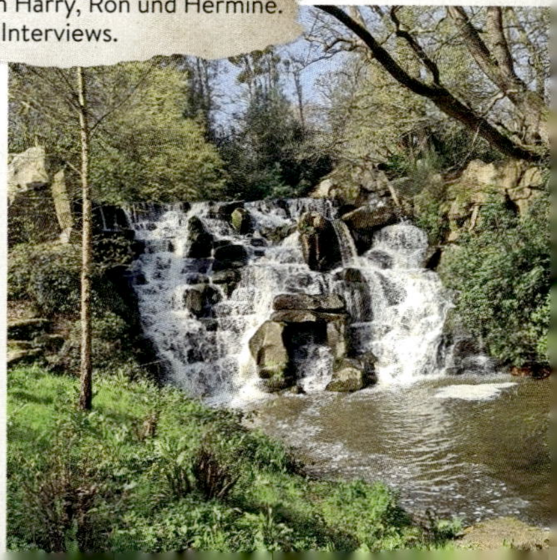

Magische Wasserpflanzen

Für die Dreharbeiten zu *Harry Potter und der Feuerkelch* wurde in Virginia Water eigens ein Steg gebaut. Hier steigen die Teilnehmenden des Trimagischen Turniers in die Boote, die sie zur zweiten Prüfung bringen. Auch die Nahaufnahme, in der Neville Harry das Kiemenkraut überreicht, mit dem er unter Wasser atmen kann, wurde hier gedreht. Die Aufnahmen der bergigen Landschaft, die aus einer anderen Perspektive im Hintergrund zu sehen sind, wurden wiederum bei Loch Shiel in Schottland gedreht.

Harry und Barty Crouch Senior

Das Gespräch zwischen Harry und Bartemius »Barty« Crouch Senior, in dem Harry ihn nach seinem Sohn fragt, wurde ebenfalls am Ufer von Virginia Water gedreht. Hier realisiert Barty Crouch Senior, dass Mad-Eye Moody in Wirklichkeit sein Sohn ist, der durch die Einnahme von Vielsafttrank die Gestalt von Mad-Eye Moody angenommen hat.

INFO

Virginia Water gehört zum Windsor Great Park und bietet herrliche Spazierwege, Gärten und Aktivitäten. Der Park ist so groß, dass man darauf achten sollte, den richtigen Parkplatz für den Bereich, den man erkunden möchte, anzusteuern. Für die Harry Potter-Drehorte solltet ihr den Parkplatz Virginia Water ansteuern. Achtung – nicht verwechseln mit dem Parkplatz Virginia Water South, der sich genau auf der anderen Seite des Sees befindet (Windsor Great Park/Virginia Water, London Rd, Virginia Water GU25 4QF, www.windsorgreatpark.co.uk).

← Hier wurden Szenen für das Trimagische Turnier gedreht.
→ Im Windsor Great Park finden sich auch römische Ruinen.

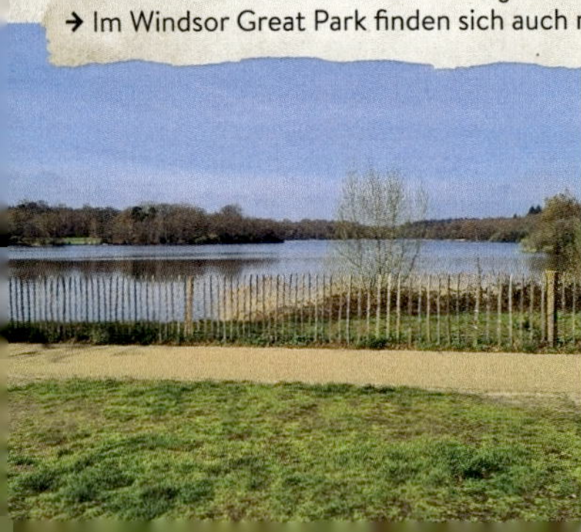

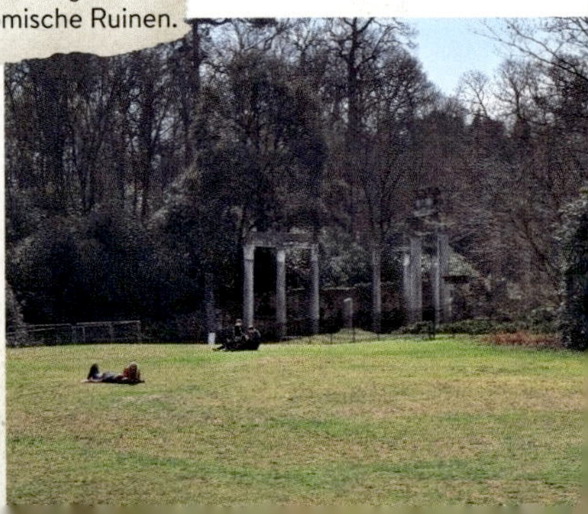

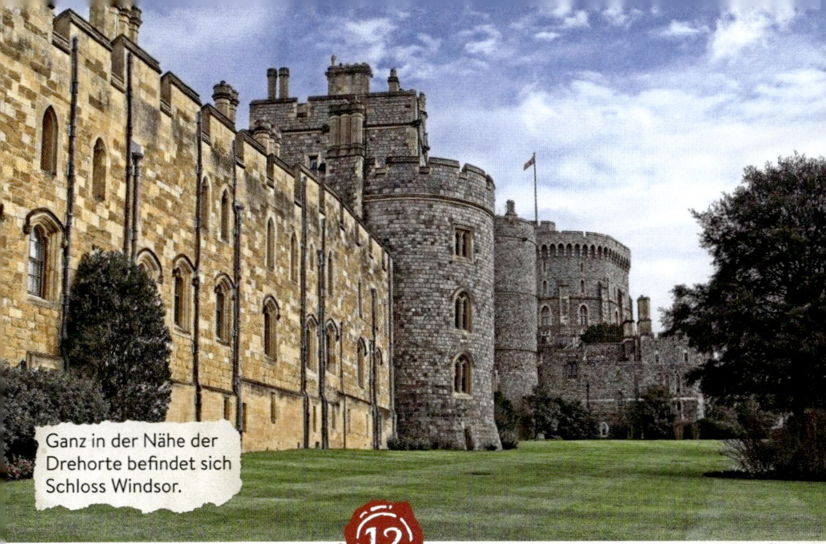

Ganz in der Nähe der Drehorte befindet sich Schloss Windsor.

12

Windsor & Windsor Castle

Die der Name schon sagt, befindet sich der Windsor Great Park in direkter Nachbarschaft zu Windsor und Windsor Castle. Beides ist absolut sehenswert. Das Städtchen Windsor lädt mit seinen alten Fachwerkhäusern und hervorragenden Einkaufsmöglichkeiten zum Bummeln ein.

Die wichtigste Sehenswürdigkeit im ganzen Umkreis ist natürlich Schloss Windsor, das ihr euch auf keinen Fall entgehen lassen solltet – auch wenn hier keine Szenen für die Harry Potter-Filme gedreht wurden. Es ist das älteste und größte durchgängig bewohnte Schloss der Welt und eine der Hauptresidenzen des britischen Königshauses.

INFO

Um lange Wartezeiten zu umgehen, empfiehlt es sich, die Tickets vorab online zu buchen. Noch dazu sind die Online-Tickets günstiger als die Tickets an der Kasse. ab 30 £/Erwachsene, ab 15 £/Kinder. Es gibt keinen Parkplatz direkt am Schloss, daher solltet ihr einen der Parkplätze im Zentrum von Windsor ansteuern (Windsor Castle, Windsor, Berkshire, SL4 1NJ, www.rct.uk/visit/windsor-castle).

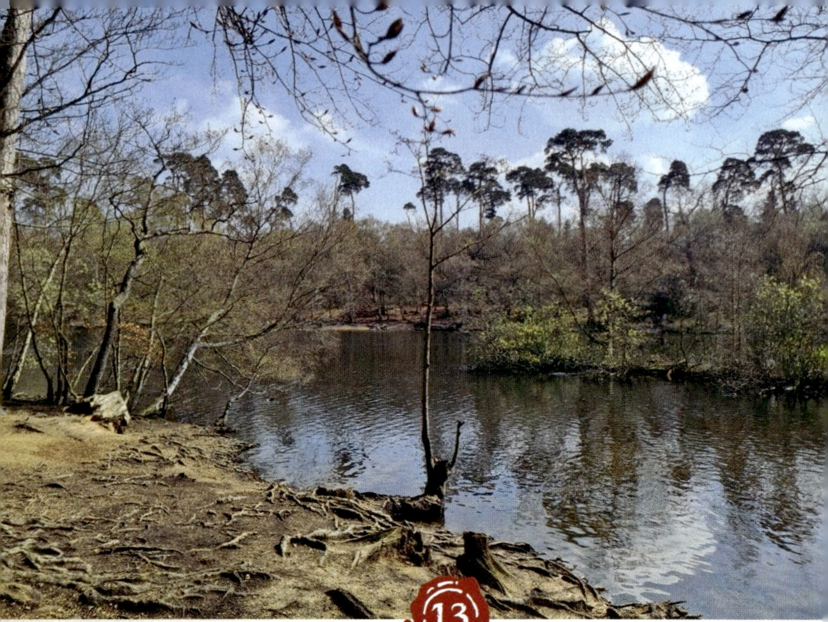

13

Black Park Country Park

Der Black Park Country Park bei Slough/Wexham ist ein beliebtes Ausflugsziel vor den Toren Londons. Er bietet viel Abwechslung: Majestätische alte Bäume, ein herrlich gelegener See, dichtes Gebüsch und weite Lichtungen reihen sich hier aneinander. Zudem gibt es einen Hochseilgarten und einen coolen Parcours mit Netzen und Trampolinen hoch in den Baumwipfeln.

Der Black Park liegt in direkter Nachbarschaft zu den Pinewood Studios und dient regelmäßig als Location für Dreharbeiten. So wurden hier unter anderem bereits Szenen für mehrere James Bond-Filme, darunter *Casino Royale, Lara Croft Tomb Raider: The Cradle of Life, Alexander, Das Phantom der Ope*r und viele weitere Filmproduktionen gedreht.

Der verbotene Wald

Auch mehrere Szenen der Harry Potter-Filme entstanden im Black Park. Bei schönem Wetter fällt es gar nicht so leicht, sich vorzustellen, dass hier einige Szenen mit Gruselfaktor gedreht wurden, doch tatsächlich diente Black Park als Drehort für den Verbotenen Wald bei Hogwarts.

Der Weg zu Aragog

So wurden im Wald beispielsweise die Szenen auf dem Weg zum Versteck von Aragog gedreht sowie als Hagrid Harry in *Harry Potter und der Feuerkelch* die Drachen für die Prüfung im Trimagischen Turnier zeigt.

Die Kapuzengestalt und Seidenschnabel

Hier trifft Harry auch auf den Zentauren Firenze und entdeckt die schreckliche Kapuzengestalt, die Einhornblut trinkt. In einer weiteren Szene provoziert Draco den Hippogreif Seidenschnabel und wird prompt von ihm angegriffen. Tja, wie es in den Wald hineinruft …

Hagrids Hütte und Hogsmeade

Für *Harry Potter und der Orden des Phönix* befand sich hier im Wald der Bahnhof von Hogsmeade und auf der Lichtung (mit »Open Space« ausgeschildert) in der Nähe des Sees die Hütte von Hagrid.

Von den Harry Potter-Requisiten ist heute nichts mehr zu sehen – ebenso wenig wie von den anderen zahlreichen Filmen, die hier gedreht wurden. Doch ein Spaziergang durch den schönen Country Park lohnt sich allemal – und wer weiß, ob ihr im Wald nicht doch auf Riesenspinnen, Einhörner, Zentauren oder eine Filmcrew trefft …

INFO

Der Eintritt in den **Black Park Country Park** ist frei, der Parkplatz verlangt eine Gebühr. Es werden verschiedene kostenpflichtige Aktivitäten angeboten: Segway-Touren, E-Bike-Verleih, Hochseilgarten und ein Netz-/Trampolinparcours in den Baumwipfeln (Black Park Country Park, Black Park Road, Slough, SL3 6DS, alle Infos und Buchung: www.goape.co.uk/locations/black-park).

↖ Der Park ist ein Paradies für Outdoor-Fans.
↓ Bei Tageslicht wirkt der Wald nicht bedrohlich.
→ Ob es hier nicht doch magische Wesen gibt?

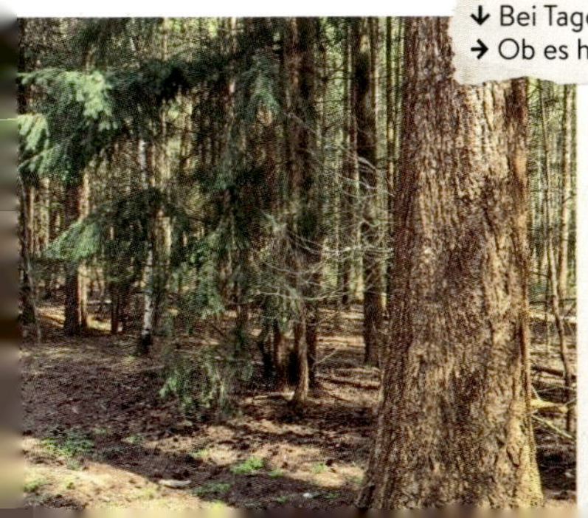

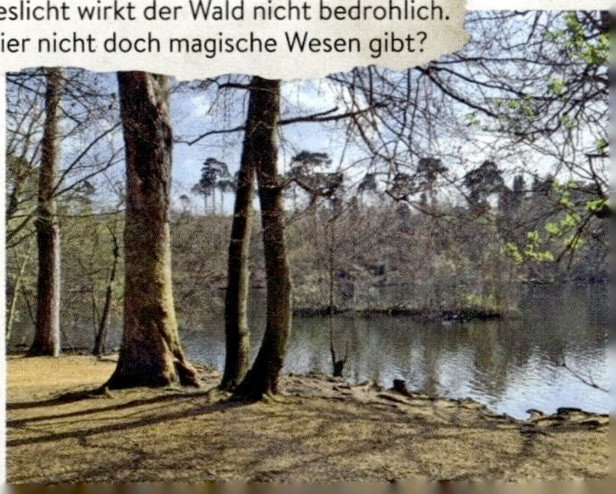

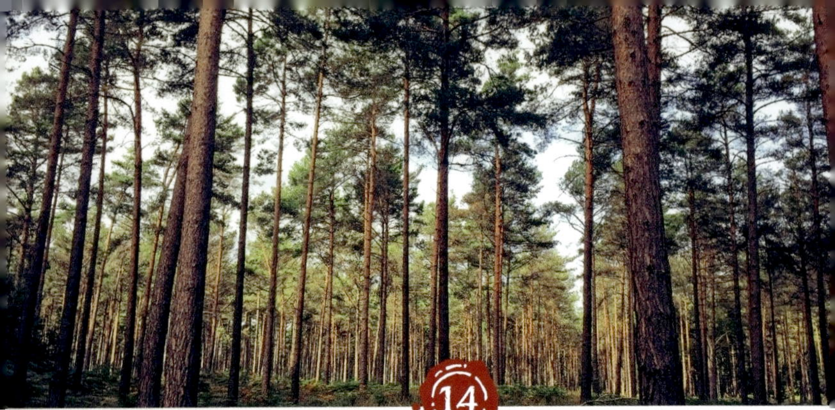

14

Swinley Forest

Der weitläufige Wald südlich von Bracknell bietet ein ausgedehntes Wegenetz für Wanderer und Radler gleichermaßen. Auch wenn heute nichts mehr von den Dreharbeiten zu sehen ist und sich der Wald in den vergangen Jahren natürlich verändert hat – für die Dreharbeiten von *Harry Potter und die Heiligtümer des Todes* – Teil 1 und 2, spielten sich im friedlichen Swinley Forest furchteinflößende Szenen ab.

Greifer und Todesser

Hier werden Harry, Ron und Hermine im ersten Teil von den Greifern festgenommen. Im zweiten Teil stürmten die Todesser durch den Wald den Hang hinab. Auch die Szenen, in denen Neville das Brückenportal bewacht, wurden hier aufgenommen. Dafür wurde eigens ein Brückenportal im Wald auf- und nach den Dreharbeiten wieder abgebaut.

INFO

Der **Swinley Forest** bietet eine Vielzahl von Freizeitmöglichkeiten. Wer nicht zu Fuß gehen möchte, kann sich hier Fahrräder ausleihen oder eine Segway-Tour machen. Auch Mountainbiker kommen hier auf ihre Kosten: Die insgesamt 24 Kilometer langen Mountainbike-Strecken bieten Fahrspaß für Anfänger und Fortgeschrittene (Räder und Ausrüstung: www.swinleybikehub.com). Für alle, die hoch hinaus wollen, gibt es einen Kletterpark mit Parcours in verschiedenen Schwierigkeitsstufen (Infos: www.goape.co.uk/locations/bracknell) (Swinley Forest, Bracknell RG12 7QW, www.windsorgreatpark.co.uk/explore/swinley-forest).

15

Martins Heron & Bracknell

Harry Potter lebt bei den Dursleys, der Familie seiner Tante im Ligusterweg 4 im fiktiven Ort »Little Whinging«. Dorthin bringen ihn Dumbledore, Professor McGonagall und Hagrid als Baby am Anfang des ersten Filmes, nachdem seine Eltern von »Du-weißt-schon-wem« ermordet wurden. Harry lebt dort bis zu seinem elften Geburtstag, ohne zu wissen, dass seine Eltern Zauberer waren.

Gedreht wurde für den ersten Teil der Harry Potter-Filme tatsächlich in einem Wohngebiet außerhalb von London – und zwar in Martins Heron, einem Vorort des Städtchens Bracknell. Hier steht das besagte Haus bis heute in einer Einbahnstraße in einem privaten Wohngebiet. Das Reihenhaus mit der Nummer 12 in der Picket Post Close wurde für die Dreharbeiten als Kulisse genutzt. Tatsächlich befindet sich im Inneren des Hauses eine Kammer unter der Treppe. Gedreht wurden die Innenaufnahmen allerdings in den Studios. Dort wurde für die weiteren Filme auch der Straßenzug nach dem echten Vorbild von Picket Post Close nachgebaut.

INFO

Da es sich bei **Picket Post Close** um eine Sackgasse handelt und die Hausnummer 12 sich im hinteren Teil der Straße befindet, solltet ihr euer Auto außerhalb in der Straße Setley Way parken. Beachtet bitte, dass es sich um ein privates Wohngebiet handelt und achtet die Privatsphäre der Anwohner. Das Haus kann nicht besichtigt werden (12 Picket Post Cl, Winkfield Row, Bracknell RG12 9FG).

↖ In Swinley Forest trieben Todesser ihr Unwesen.
↓ Die Abzweigung zum Ligusterweg
→ Das Haus der Dursleys befindet sich in einem Wohngebiet.

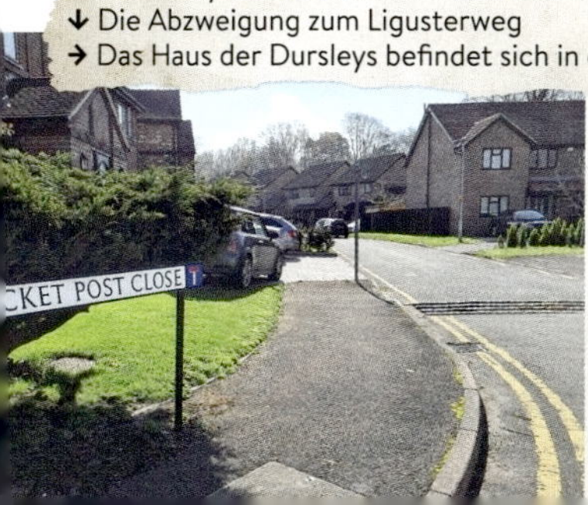

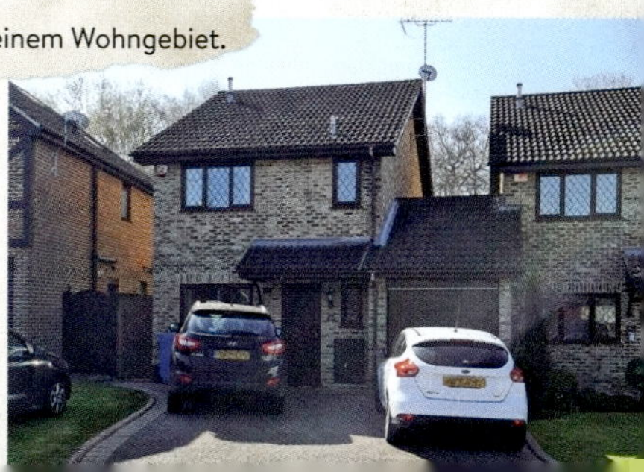

16

Surbiton Railway Station

Der Bahnhof südwestlich von London im Bezirk mit dem klangvollen Namen Royal Borough of Kingston upon Thames diente in *Harry Potter und der Halbblutprinz* als Drehort.

Harry und die Muggel-Kellnerin

In einer kleinen Gaststätte an den Bahngleisen liest Harry den Tagespropheten, nachdem die Todesser die Millennium Bridge attackiert haben. Hier trifft er auch auf eine Muggel-Kellnerin, die ihn auf die Schlagzeilen in der Zeitung anspricht und sich mit ihm verabredet. Daraus wird dann aber leider nichts, denn ...

Harry und Professor Dumbledore

... am Bahnsteig der Surbiton Railway Station wartet schon Professor Dumbledore und appariert mit ihm nach Budleigh Babberton, um dort Professor Horace Slughorn zu treffen *(Surbiton Railway Station, Victoria Rd, Surbiton KT6 4PE)*.

↓ Hier sehen wir Hermine nach dem Abschied von ihren Eltern.
→ Das linke Haus ist Hermines Elternhaus.

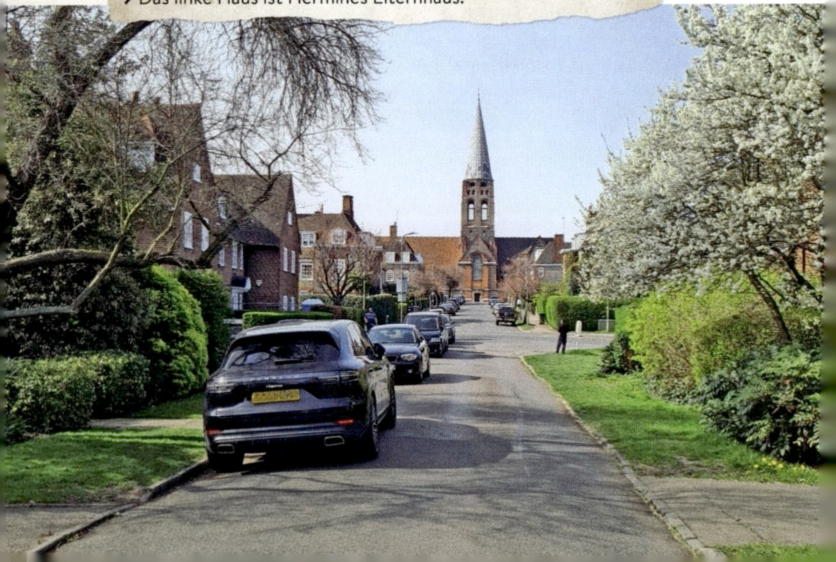

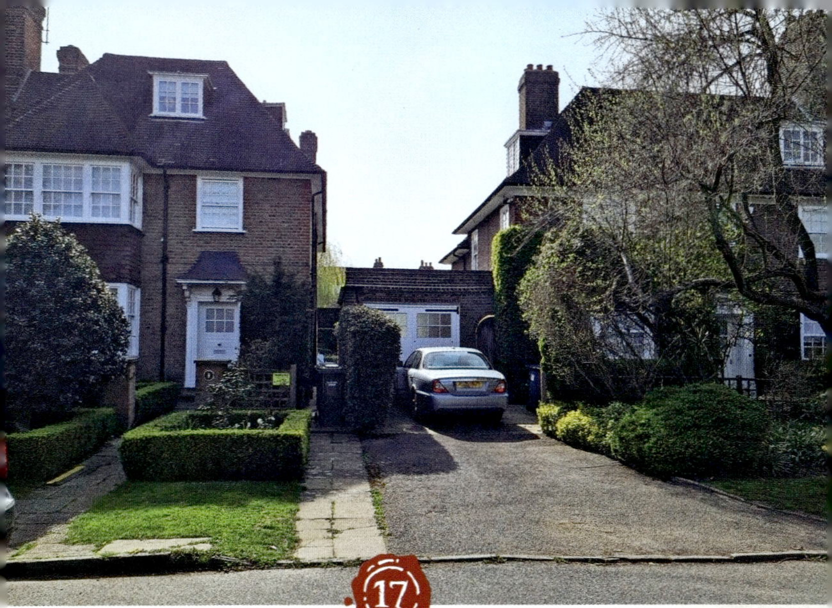

17

Hampstead Garden Suburb

In 9 Heathgate in Hampstead Garden Suburb, einem Vorort im Norden von London, steht das Haus, das bei den Dreharbeiten als Kulisse für Hermines Elternhaus diente.

Hermines Elternhaus

Hier verabschiedet sich Hermine in *Harry Potter und die Heiligtümer des Todes – Teil 1* von ihren Eltern und belegt sie mit einem Vergessens-Zauber. Dann verlässt sie das Haus und geht die Straße Heathgate entlang. Der markante Kirchturm, der im Hintergrund zu sehen ist, gehört zur St Judes Church.

INFO

Das Haus mit der Nummer 9 ist in privates Wohnhaus, das nicht besichtigt werden kann. Bitte beachtet, dass es sich um ein privates Wohngebiet handelt und respektiert die Privatsphäre der Anwohner (9 Heathgate, London NW11 7AR).

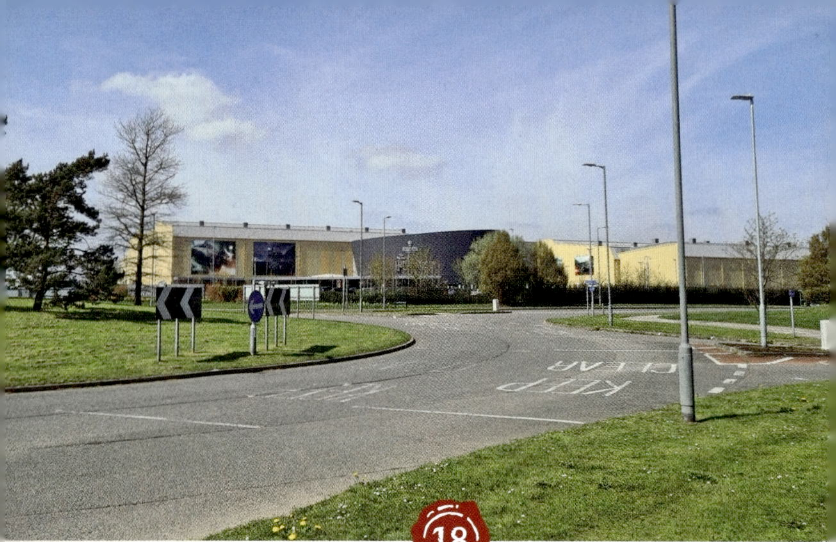

18

Warner Bros. Studio Tour London – The Making of Harry Potter

Die Warner Bros. Studios in Leavesden bei Watford sind ein absolutes MUSS für alle Potterheads. Hier wurden zahlreiche Szenen für alle acht Filme gedreht. Nach Abschluss der Dreharbeiten wurden die Studios in ein interaktives Erlebnis umgewandelt. Seither zieht es Potterheads aus aller Welt in das kleine Dorf nördlich von London. Die Tickets sind so begehrt, dass sie zum Teil auf Monate im Voraus ausgebucht sind.

Hier erwachen die Filme zum Leben

In den Studios verschwimmen Wirklichkeit und Realität und die Filme erwachen zum Leben. Besucher können durch die große Halle, den Verbotenen Wald und die Winkelgasse schlendern, Harrys Bett unter der Treppe im Haus der Dursleys, den Gryffindor-Schlafsaal, Dumbledores Büro, die Klassenzimmer, den Hogwarts Express, Gringotts und viele weitere Original-Kulissen hautnah erleben – ebenso wie das riesige Hogwarts-Modell, dass unter anderem für die Außenaufnahmen genutzt wurde.

Zahlreiche Original-Requisiten und Kostüme aus den Filmen könnt ihr hier aus nächster Nähe unter die Lupe nehmen – und noch dazu auf viele magische Gestalten treffen. Ob Seidenschnabel oder Aragog – alle geben sich in der umfangreichen Ausstellung die Ehre.

Exklusive Blicke hinter die Kulissen

Unzählige Filmausschnitte, Interviews mit den Schauspielern und Schauspielerinnen und der Filmcrew, interaktive Elemente und Vorführungen machen den Besuch in den Warner Bros. Studios zu einem unvergesslichen Erlebnis.

Je nach Jahreszeit werden die Ausstellung und das Programm angepasst. So wird ein Besuch für echte Potterheads nie langweilig und bietet immer wieder neue Einblicke.

Tickets möglichst früh buchen

Wenn ihr einen Besuch in den Warner Bros. Studios plant – was ihr auf jeden Fall tun solltet –, bucht eure Tickets so früh wie möglich. Bitte beachtet: Ein spontaner Besuch in den Warner Bros. Studios ist nicht möglich – die Tickets müssen zwingend vorab für einen bestimmten Zeit-Slot gebucht werden. Dieser Slot muss für den Eintritt in die Studios eingehal-

↖ Um diesen Kreisverkehr braust im Film der Fahrende Ritter. Dahinter befinden sich die Warner Bros. Studios.
→ Die Winkelgasse in den Warner Bros. Studios

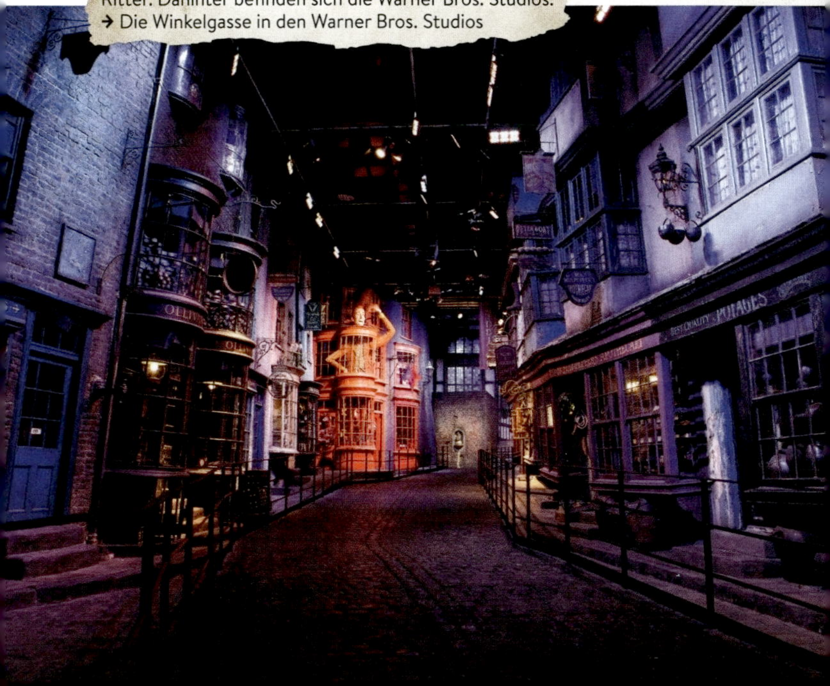

ten werden – wie lange ihr dann vor Ort bleibt, ist euch überlassen. Plant für euren Besuch mindestens 3, besser 4–5 Stunden ein. Tipp: Bucht lieber einen frühen Slot als einen am Abend, so seid ihr zeitlich flexibler und könnt euch mehr Zeit lassen.

Sollten keine Tickets an eurem Wunschtermin mehr verfügbar sein, schaut dennoch regelmäßig auf die Website – es kommen immer wieder Kartenkontingente zurück, die eine kurzfristige Buchung eventuell doch möglich machen.

Anreise zu den Warner Bros. Studios

Alternativ könnt ihr versuchen, über einen Veranstalter eine Tour zu buchen. Diese beinhaltet dann auch den Transfer ab London (oder einer anderen Location) zu den Studios. Vorteil: Oft sind auch kurzfristig noch Ausflüge buchbar und ihr müsst euch nicht um die Anreise/Rückreise kümmern. Nachteil: Ihr seid beim Besuch zeitlich eingeschränkt und die organisierte Tour ist in der Regel teurer als die Anreise auf eigene Faust.

Wer mit dem Zug anreisen möchte, muss bis Watford Junction fahren, von dort gibt es alle 20 Minuten einen Shuttlebus zu den Warner Bros.

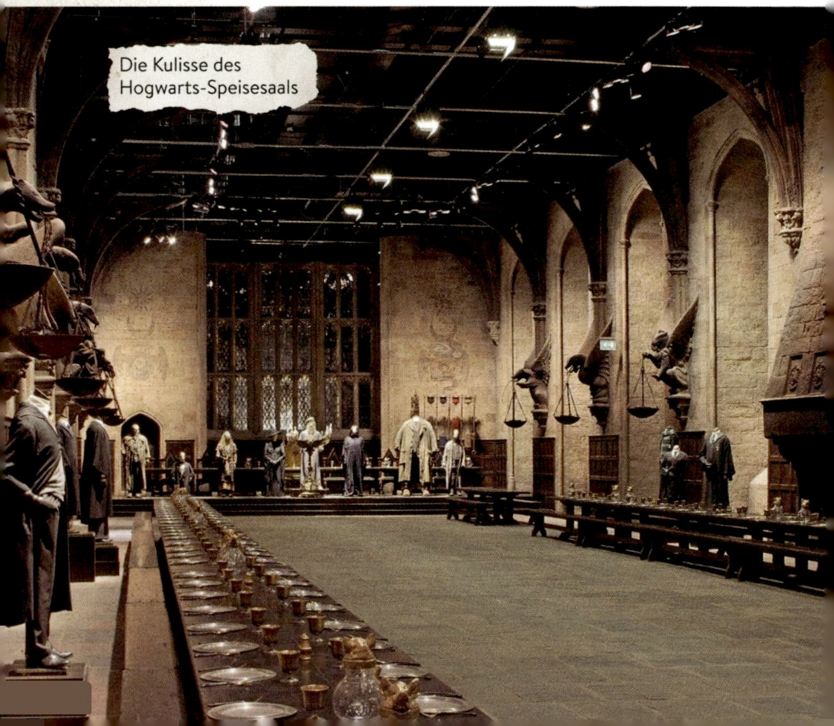

Die Kulisse des Hogwarts-Speisesaals

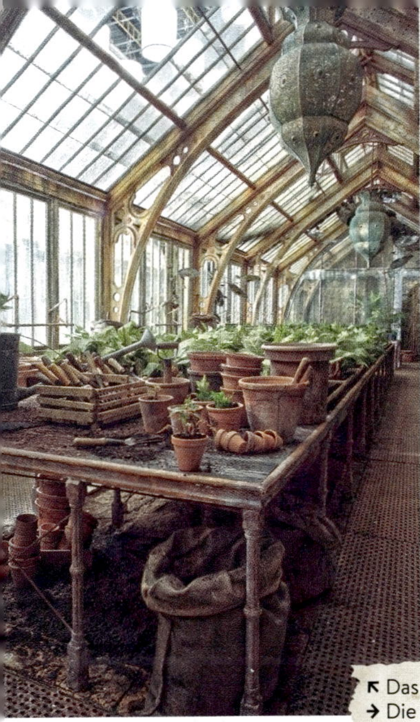

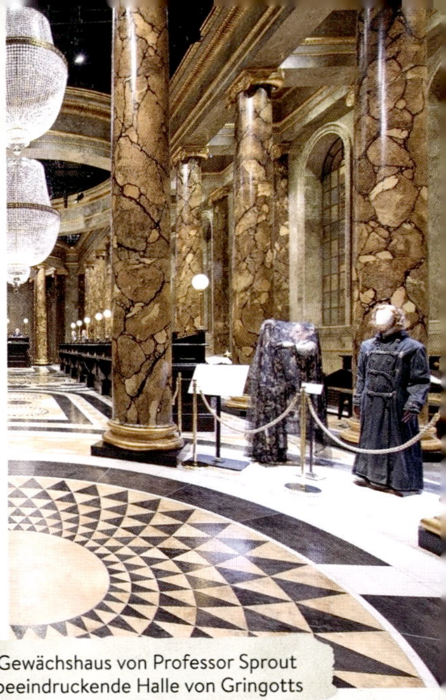

↖ Das Gewächshaus von Professor Sprout
→ Die beeindruckende Halle von Gringotts

Studios (Fahrzeit: 15 Minuten). Von London aus werden zudem auch verschiedene Busverbindungen angeboten. Meist ist hier das Ticket im Preis inklusive.

Wer mit dem Auto unterwegs ist, hat kein Problem, die Warner Bros. Studios zu finden – sie sind bestens ausgeschildert.

Zusätzlich zu den normalen Eintrittstickets werden auch diverse Sonderveranstaltungen angeboten – so könnt ihr beispielsweise Afternoon Tea etc. mit dazu buchen. Alle Infos findet ihr auf der Website.

INFO

Sehr zu empfehlen ist der **Digital Guide**, der nicht im Ticketpreis inklusive ist (es sei denn, ihr bucht ein Complete Studio Tour Package) – ihr könnt den Digital Guide jedoch vorab zum Ticket dazu oder vor Ort buchen (www.wbstudiotour.co.uk, Warner Bros. Studios, Studio Tour Dr, Leavesden, Watford WD25 7LR, Tickets ab 56 £/Familie (2 Erwachsene und 2 Kinder) ab 180 £).

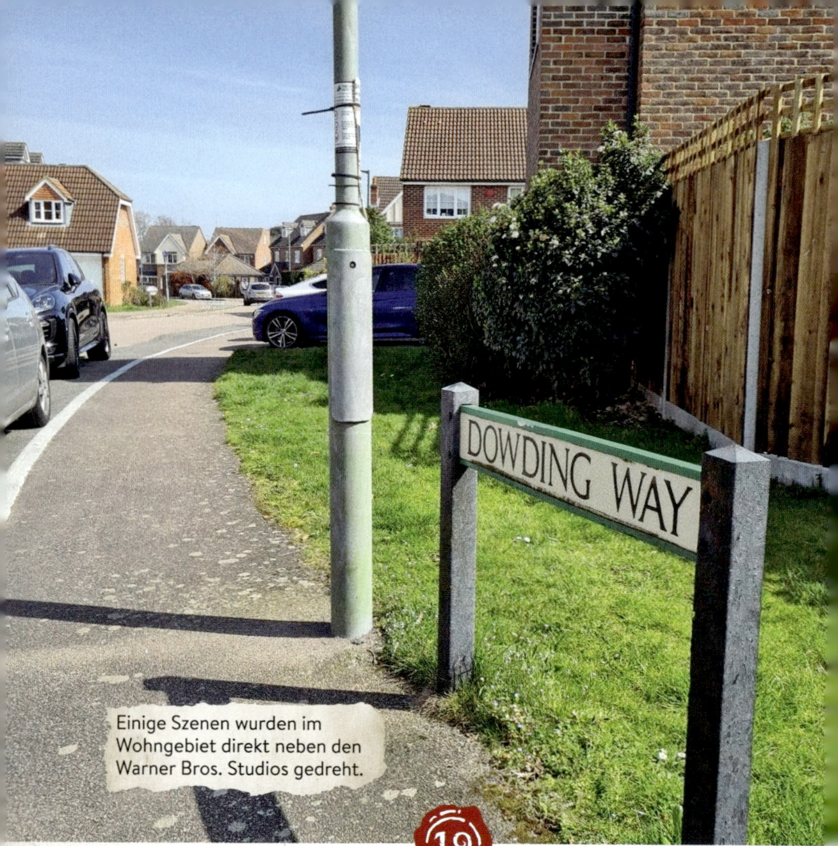

Einige Szenen wurden im Wohngebiet direkt neben den Warner Bros. Studios gedreht.

19

Abbots Langley & Leavesden

In Leavesden, dem kleinen Ort, der östlich an die Warner Bros. Studios grenzt, wurden in Sichtweite zu den Studios auch einige Außenaufnahmen für die Harry Potter-Filme gedreht. Das lag nahe, denn so hatte die Filmcrew nur sehr kurze Wege zu bewältigen und es war weitaus kostengünstiger, die Szenen hier zu drehen, als wieder nach Martins Heron zurückzukehren. So wurde der »Privet Drive« in »Little Whinging« aus dem Film kurzerhand von Martins Heron nach Leavesden verlegt. Direkt am Kreisverkehr vor den Studios könnt ihr die Ausfahrt nach Leavesden nehmen, die in ein Wohngebiet führt. Ihr befindet euch dann auf dem Dowding Way.

Dowding Way – der »Fahrende Ritter« sammelt Harry auf

Nur etwa 80 Meter weiter sitzt Harry in *Harry Potter und der Gefangene von Askaban* links am Straßenrand von »Little Whinging«, nachdem er vor den Dursleys geflüchtet ist. Im Hintergrund ist im Film ein Spielplatz zu sehen – heute befinden sich dort eine Grünfläche und Häuser im Hintergrund. An dieser Stelle entdeckt er zum ersten Mal den schwarzen Hund, der ihm zu folgen scheint und der einen bedrohlichen Eindruck auf Harry macht. Bevor er den Wolf näher betrachten oder herausfinden kann, dass es sich um Sirius Black handelt, hält der »Fahrende Ritter«, ein magischer, dreistöckiger Bus – der Hexen und Zauberer aus Notlagen rettet – und sammelt ihn auf. Im Hintergrund ist der Hügel zu sehen, der sich in der Mitte des Kreisverkehrs befindet. Los geht die wilde Fahrt quer durch London zum Pub »Zum Tropfenden Kessel«, wo Harry schon von Zaubereiminister Cornelius Fudge erwartet wird.

Royce Grove/Griffon Way – Harry flüchtet vor den Dursleys

Der Flucht war eine denkwürdige Szene vorangegangen. Onkel Vernons Schwester Magdalene Helene, genannt Magda, kommt zu Besuch und bringt Harry mit ihren bösartigen Aussagen über ihn und seine Eltern zur Weißglut. Er ist so wütend, dass er seine magischen Fähigkeiten nicht mehr kontrollieren kann – Magda wird wie ein Ballon aufgepustet und entschwebt langsam aus dem Wohnzimmer in den Garten und schließlich in den Himmel. Es folgt ein erbitterter Streit zwischen Harry und Onkel Vernon – schließlich packt Harry wutentbrannt seine Sachen und flüchtet aus dem Haus der Dursleys.

Das befindet sich in dieser Szene in Leavesden im Griffon Way. Im Film sehen wir, wie Harry mit seinem Koffer vom Griffon Way nach links in die Straße Royce Grove einbiegt. Diese führt ihn dann direkt in den Dowding Way (s. o.).

Gypsy Lane – »Der Fuchsbau«

Auf der westlichen Seite der Studios befindet sich in Abbots Langley ein weiterer Drehort – die Gypsy Lane. Am besten gelangt ihr hierher, wenn ihr von Leavesden aus zurück zum Kreisverkehr fahrt und dem Aerodrome Way folgt. Beim zweiten Kreisverkehr biegt ihr in den South Way und dort nach den Sportanlagen links in die Gypsy Lane ab. Die schmale Straße führt bergab durch ein Wohngebiet. Links oben befindet sich vor der Brücke eine große eingezäunte Wiese/Weide. Hier steht in *Harry Potter und die Kammer des Schreckens* der »Fuchsbau«, das Haus der Familie Weasley.

Genau genommen stand hier nur die etwa 18 Meter hohe Hausfront, denn alle Innenaufnahmen wurden in den Studios gedreht. Dennoch dauerten die Bauarbeiten im Jahr 2001 zwölf Wochen – und das alles für zwei Drehtage im Sommer 2002.

Ottery St Catchpole

In den Büchern steht der »Fuchsbau« in »Ottery St Catchpole« einem fiktiven kleinen Dorf in Devon. Vermutlich stand das Städtchen Ottery St Mary dafür Pate, das ganz in der Nähe von Exeter liegt. Joanne K. Rowling hat dort studiert und sich sicher auch von der herrlichen Landschaft und den Städtchen rundherum inspirieren lassen.

Die Gypsy Lane ist eine Sackgasse – und da die Straße sehr schmal ist, bleibt euch nichts anderes übrig, als bis zum Ende zu fahren und dort umzudrehen. Der Wendepunkt befindet sich direkt über den Bahngleisen und ist daher mit strengen Warnschildern versehen. Aber immerhin bietet sich von hier oben ein schöner Blick über das Tal.

Auf dieser Weide stand der Fuchsbau von Familie Weasley.

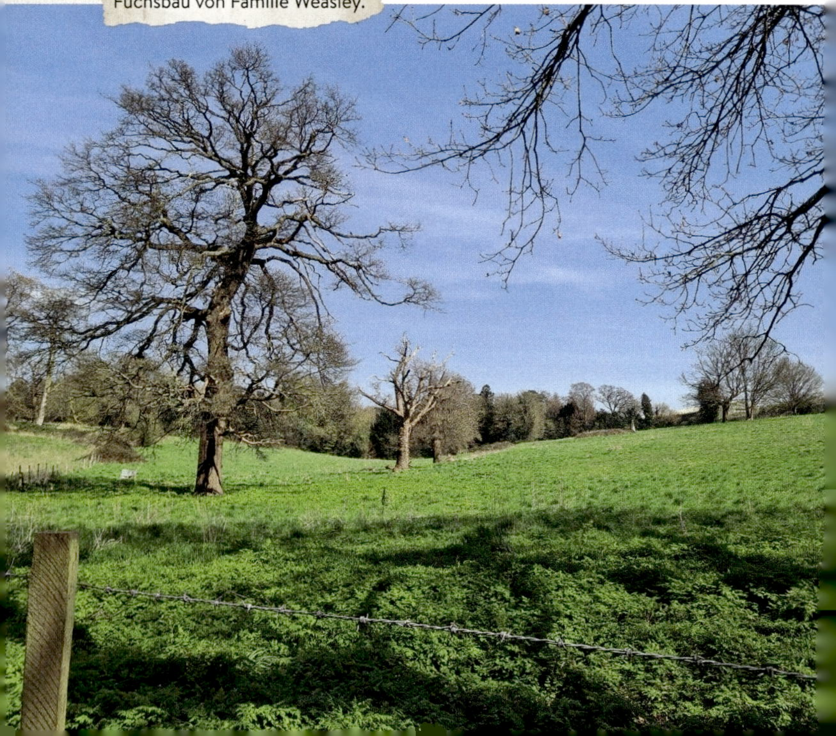

20

Dartford Crossing

Dartford Crossing ist der meistbefahrene Flussübergang in ganz Großbritannien und die letzte Möglichkeit, die Themse zu überqueren, bevor sie in die Nordsee mündet. Sie ist Teil der Londoner Ringautobahn M25 und besteht aus zwei Tunneln und einer Schrägseilbrücke, die nach Queen Elizabeth II. benannt ist. Dartford Crossing verbindet Kent und Essex miteinander.

Maut nicht vergessen

Autofahrern ist Dartford Crossing vermutlich wegen der Maut ein Begriff. Die sogenannte Dart-Charge kostet 2,50 £ und muss zwischen 6 und 22 Uhr entrichtet werden – und zwar bargeldlos. Dafür muss die Maut entweder vorher oder bis spätestens 24 Uhr am Folgetag bezahlt werden. Das kann entweder online, telefonisch, per Post oder bei einer Payzone-Verkaufsstelle erfolgen – alle Infos findet ihr hier: *www.gov.uk/dart-charge*. Die Maut zu ignorieren ist keine gute Idee – die Strafen sind empfindlich hoch.

Harry und Hagrid fliegen zum »Fuchsbau«

Dennoch kümmert die fällige Maut Hagrid und Harry in *Harry Potter und die Heiligtümer des Todes – Teil 1* nicht, als sie mit Motorrad und Seitenwagen unterwegs zum »Fuchsbau« sind. Dabei sorgen sie in der Muggel-Welt für ein Verkehrschaos. Gedreht wurden die Szenen innerhalb des Tunnels vor allem im Queensway Tunnel in Liverpool, doch wenn die beiden in Essex aus dem Tunnel kommen und sich weiter in die Lüfte erheben, ist die Queen Elizabeth II Bridge im Hintergrund zu sehen. Hier in der Nähe wird Harrys Eule Hedwig zum Opfer der Schlacht zwischen den Todessern und Harrys Unterstützern.

Die Hauptdarsteller waren bei den Dreharbeiten übrigens nicht vor Ort – die Szene wurde mit den Stunt-Doubles gefilmt. Die Dreharbeiten im Tunnel fanden eine Woche lang immer über Nacht statt – und die Aufnahmen der ganzen Flugszene erstreckten sich insgesamt über ein ganzes Jahr!

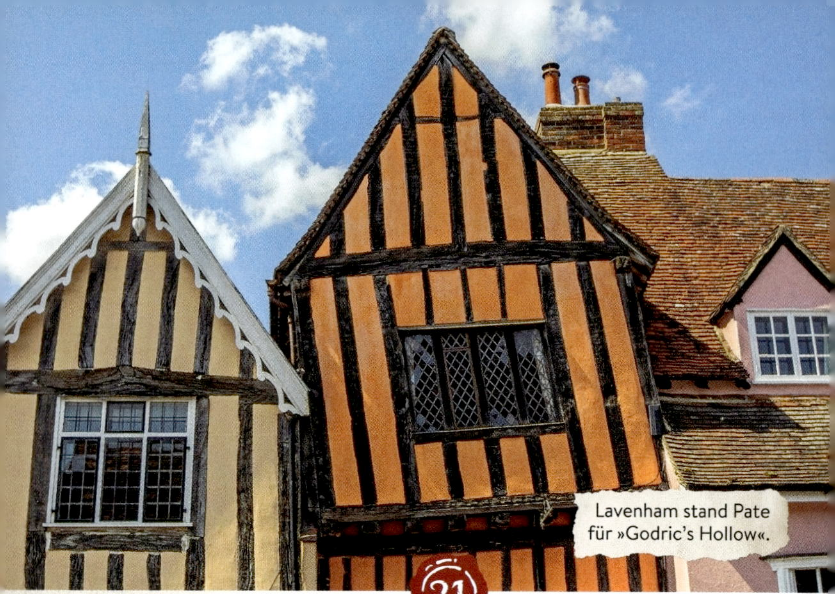

Lavenham stand Pate für »Godric's Hollow«.

21

Lavenham - »Godric's Hollow«

Das kleine Städtchen Lavenham, das etwa eine Fahrstunde nordöstlich von London liegt, kann auf eine lange Geschichte bis ins 15. Jahrhundert hinein zurückblicken. Rund 300 malerische, teils beängstigend schiefe Fachwerkhäuser reihen sich dicht an dicht aneinander und zaubern bis heute ein mittelalterliches Flair.

In den beiden Teilen von *Harry Potter und die Heiligtümer des Todes* wird das Städtchen zu »Godric's Hollow«. Im ersten Teil sieht man Harry und Hermine, wie sie durch die Straßen gehen und das Haus seiner Eltern besuchen.

Dreharbeiten ohne Schauspieler und Schauspielerinnen

Tatsächlich war bei den Dreharbeiten in Lavenham niemand der Schauspieler und Schauspielerinnen wirklich vor Ort. Das Filmteam drehte in einer Sommernacht lediglich Hintergrundaufnahmen und Schnittbilder. Im Film ist dann eine Mischung aus den Originalbildern und computeranimierten Bildern zu sehen. Dass die im Sommer gedrehten Szenen im Film zu einer eisigen Winterlandschaft werden, ist ebenfalls der nachträglichen Bildbearbeitung zu verdanken.

Harrys Elternhaus

So ähneln sich »Godric's Hollow« im Film und das echte Lavenham kaum – und doch ist das Harry Potter-Flair in den Straßen dennoch zu spüren. Ob Potterhead oder nicht – ihr werdet die mittelalterliche Atmosphäre von Lavenham mit seinen bunten Fachwerkhäusern auf jeden Fall lieben. Einen Spaziergang durch das Städtchen solltet ihr euch auf keinen Fall entgehen lassen!

Das »De Vere House« in der Water Street diente als Kulisse für Harrys Elternhaus. Auch die Lavenham Guildhall ist in den Filmen im Hintergrund zu sehen. Sie wird heute vom National Trust verwaltet und beherbergt ein Museum, das sich der fünfhundertjährigen Geschichte dieses einzigartigen Fachwerkhauses widmet *(8,50 £/Erwachsene, 4,25 £/Kinder, www.nationaltrust.org.uk/visit/suffolk/lavenham-guildhall).*

TIPP

IM HAUS VON HARRYS ELTERN ÜBERNACHTEN

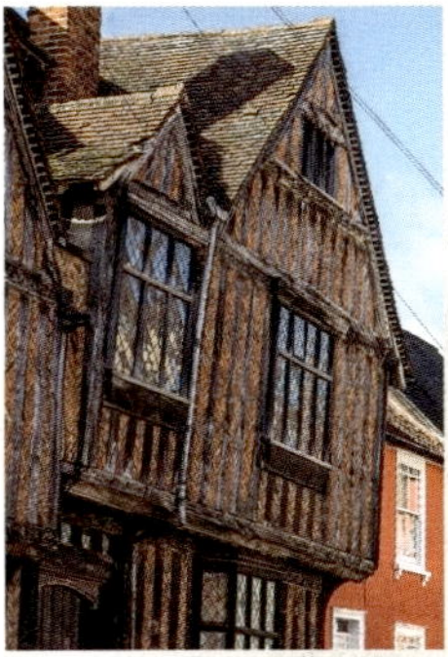

Obwohl das »De Vere House« aus dem 14. Jahrhundert stammt und auf eine bewegte Geschichte zurückblicken kann, ist es heute vor allem unter dem Namen »Harry Potter Haus« bekannt. Zu sehen ist es nicht nur als Elternhaus von Harry in »Godric's Hollow« in *Harry Potter und die Heiligtümer des Todes – Teil 1*, sondern auch in den PSP-, Gameboy- und Xbox-Spielen. Wer mag, kann hier übernachten, denn hinter den alten Fachwerkmauern verbirgt sich ein kleines Bed & Breakfast. Zwei zauberhafte, liebevoll eingerichtete Zimmer werden in dem schrulligen Häuschen vermietet. Zudem stehen den Gästen auch ein gemütliches Wohnzimmer und ein lauschiger Garten zur Verfügung. Das Frühstück wird im Esszimmer des Haupthauses serviert. Die Besitzer wohnen selbst im Haupthaus und stehen gerne für Informationen zur Geschichte des Hauses und der Umgebung zur Verfügung *(DZ 195 £, www.deverehouse.co.uk).*

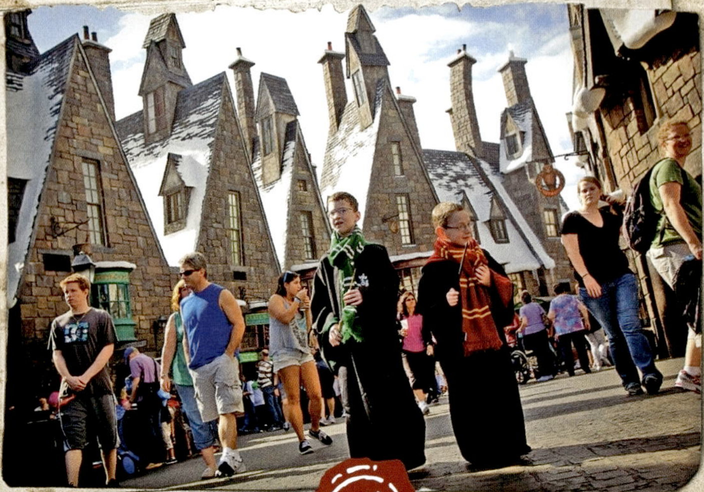

Die Welt der Potterheads

Als »Potterheads« bezeichnen sich große und leidenschaftliche Fans des Potter-Universums, welches von J. K. Rowling geschaffen wurde. Damit man zu einem Potterhead wird, muss man keine bestimmten Anforderungen oder Aufnahmerituale bestehen. Es geht schlicht und einfach um eine ehrliche Leidenschaft für Harry Potter und die Idee, mit anderen in einer Gemeinschaft zu sein, die eine Begeisterung für die Zauberwelt teilen. Diese Gemeinschaft findet sich auf Social Media, bei Fantreffen und Conventions, Fanforen oder Festivals, die von und für Potterheads organisiert werden.

Treffen und Conventions

Ein Potterhead zu sein, ist nichts, was nur in den eigenen vier Wänden stattfindet. Jährlich gibt es viele Fantreffen oder Conventions, wo Potterheads zusammenkommen, um sich über ihre Leidenschaft auszutauschen. So gibt es zum Beispiel die »LeakyCon« oder »MuggleNetLive«. Die LeakyCon findet jährlich an unterschiedlichen Orten statt und ist ein großes Event rund um Harry Potter und Zauberei. Oft sind dort auch die Schauspieler und Schauspielerinnen der Harry Potter-Filme oder andere große Namen der Zauberwelt anzutreffen. MuggleNet-Live wiederum ist ein gigantisches Online-Netzwerk aus Podcasts, Artikeln, Blogs und gelegentlich organisierten Events für alle Magiefans. Auch generell auf Comic-, Buch- oder Filmmessen findet man als Potterhead immer Anschluss. Ob durch Star-Auftritte, Gleichgesinnte oder Merchandise, bei solchen Messen findet jeder Harry Potter-Fan schnell Anschluss zu anderen Potterheads.

All das kann natürlich auch online stattfinden. Als offizieller Harry Potter-Fanclub gilt die »Wizarding World«-Website. Dort kann man testen, in welches Hogwarts-Haus man gehört, Artikel über das Potter-Universum lesen und neue Updates im Blick behalten. Tatsächlich wird aktuell sogar das erste Fan-Festival organisiert, das von Wizarding World in den USA gehostet wird.

Daten, die jeder Potterhead kennt

Besonders wichtig ist zum Beispiel der 31. Juli. Das ist der Geburtstag von Harry Potter und ein maßgebliches Detail in der magischen Geschichte, da dieser Tag gleichzeitig die Geburt des Auserwählten ist. Harry Potter-Fans weltweit feiern diesen Tag zum Beispiel mit Geburtstagspartys im Harry Potter-Design oder Filmabenden.

Dann ist da noch der 2. Mai. Der Tag ist als der offizielle Harry Potter-Tag deklariert und wird besonders in Großbritannien zu Ehren der Werke von J. K. Rowlings gefeiert. Der 2. Mai ist dabei kein zufälliges Datum, sondern erinnert an den Tag, an dem 1998 die große

← ↓ Im Universal Orlando Resort kann man durch die Gassen von Hogsmeade schlendern und Butterbier kosten (siehe S. 216).

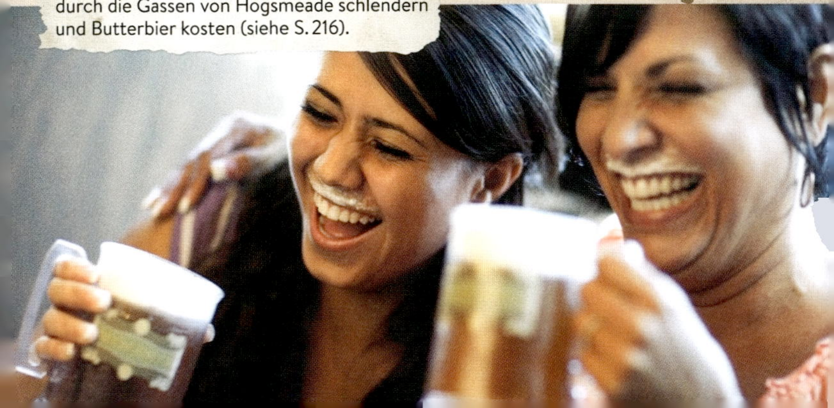

Schlacht von Hogwarts gegen Voldemort und seine Anhänger stattfand. In Gedenken an geliebte Charaktere und an das einprägende Erlebnis im Allgemeinen, zelebrieren Potterheads diesen Tag oder organisieren sogar Fantreffen.

Mitunter der emotionalste Tag wird für Potterheads wohl auch der 1. September sein. Denn jährlich am 1. September beginnt das Schuljahr in Hogwarts und tausende Fans versammeln sich am Bahnhof King's Cross, um die symbolische Abfahrt des Hogwarts Express zu feiern und warten auf die Durchsage, die die Abfahrt des Zauberzuges ankündigt. 2024 wurden die Fans erstmals gebeten, nicht zu kommen, da der normale Betrieb in King's Cross zu sehr behindert wurde. Indem solche Daten gefeiert und gewürdigt werden, nimmt man ein wenig Magie und Nostalgie aus den Geschichten der jungen Hexen und Zauberer mit in das eigene Leben und kann das mit Gleichgesinnten teilen.

Wie man ein Potterhead wird

Nicht selten packt einen die Magie des Potter-Universums so sehr, dass man sich wünscht, man wäre kein Muggel, sondern selbst ein Zauberer oder eine Hexe auf dem Weg nach Hogwarts. Doch ganz so aussichtslos ist dieser Wunsch nicht, denn es gibt genug Möglichkeiten, ein wenig Magie in den eigenen Alltag zu bringen. Was kann man also tun, um ein wahrer Potterhead zu werden?

Zuallererst sollten selbstverständlich die sieben Bücher und acht Filme auf dem Plan stehen. Gefolgt von den drei Begleitbänden zur Serie *Phantastische Tierwesen und wo sie zu finden sind* sowie die gleichnamige Verfilmung, *Quidditch im Wandel der Zeiten* und *Die Märchen von Beedle dem Barden*. Es gibt auch inoffizielle Kurzfilme, die von Harry Potter-Fans produziert wurden und zum Beispiel auf YouTube gefunden werden können. Es gibt Fan-Filme über mögliche Vorgeschichten von Voldemort, den Hogwarts-Gründern oder alternative Handlungsstränge, die es sich auf jeden Fall anzusehen lohnt.

Nun, da man sich gut mit all den Geschichten und Handlungen auskennt, kann man sich einige magische Dinge in die Welt der Muggel holen. Für den perfekten Filmabend dürfen die passenden zauberhaften Snacks natürlich nicht fehlen. Inzwischen sind schon mehrfach Harry Potter-Kochbücher erschienen, die magische Gerichte wie Kürbispastete, Butterbier oder Schokofrösche für Potterheads zum Nachkochen enthalten. Verschiedene Spiele wie das Zaubererschach aus dem ersten Teil und auch ganz neue magische Kreationen gibt es als Brettspiele zu finden und machen jeden Potterhead-Abend komplett. Außerdem gibt es Videospiele wie *Hogwarts Legacy*, in denen man ganz Hogwarts digital entdecken und erleben kann. Auch für das Handy gibt es bereits seit ein paar Jahren das offizielle Wizarding World Spiel *Hogwarts Mystery*, in dem man als Hogwarts-Schüler oder -Schülerin in die Zaubererwelt eintaucht.

Wem die Filme und Bücher nicht reichen, kann sich auf der Wizarding World-Website anmelden, um noch mehr aus dem Potter-Universum für sich herauszuholen. Neben vielen Infos und Geschichten rund um Quidditch, Zauberkunde und Charaktere kann man dort auch Tests und Quiz machen. So kann jeder Potterhead das eigene Hogwarts-Haus, den persönlichen Patronus oder den richtigen Zauberstab für sich entdecken.

Aktivitäten für Potterheads

Wer nun jedoch als Harry Potter-Fan wenig mit theoretischen Geschichten anfangen möchte, kann auch aktiv werden. Weltweit existieren inzwischen viele Quidditch-Vereine, die sogar in Weltmeisterschaften gegeneinander antreten. Natürlich wird das Muggelquidditch nicht in der Luft gespielt, verspricht aber dennoch viel Spaß für jeden Potterhead.

Die Harry Potter-Welt steht allen offen, und das weit über die Grenzen der Filme und Bücher hinaus. Nachdem man den letzten Film gesehen hat, muss das magische Abenteuer nicht sofort enden. Es gibt genug Ideen, Aktivitäten und Gleichgesinnte, die die zauberhafte Reise durch das Potter-Universum am Leben halten. Wen der Zauber der Geschichte gepackt hat, kann sich stolz als Potterhead der »Wizarding World« hingeben.

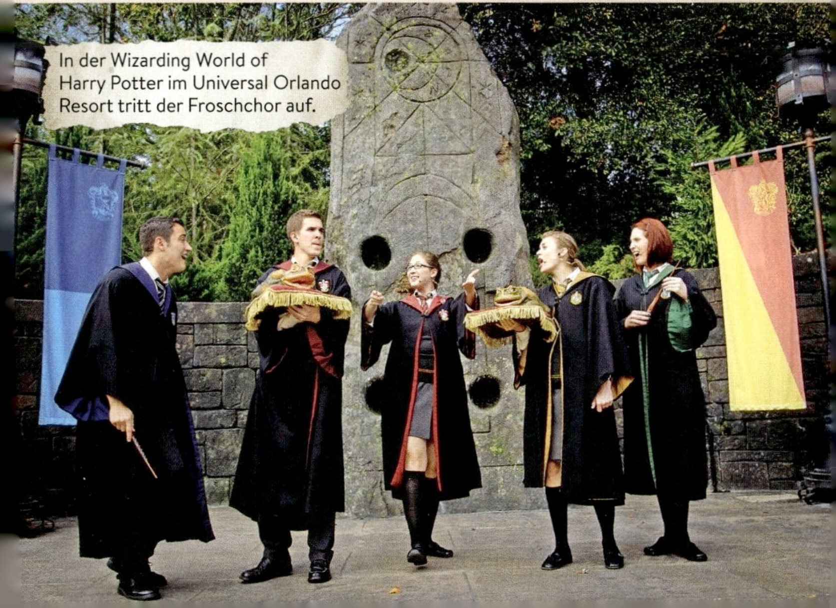

In der Wizarding World of Harry Potter im Universal Orlando Resort tritt der Froschchor auf.

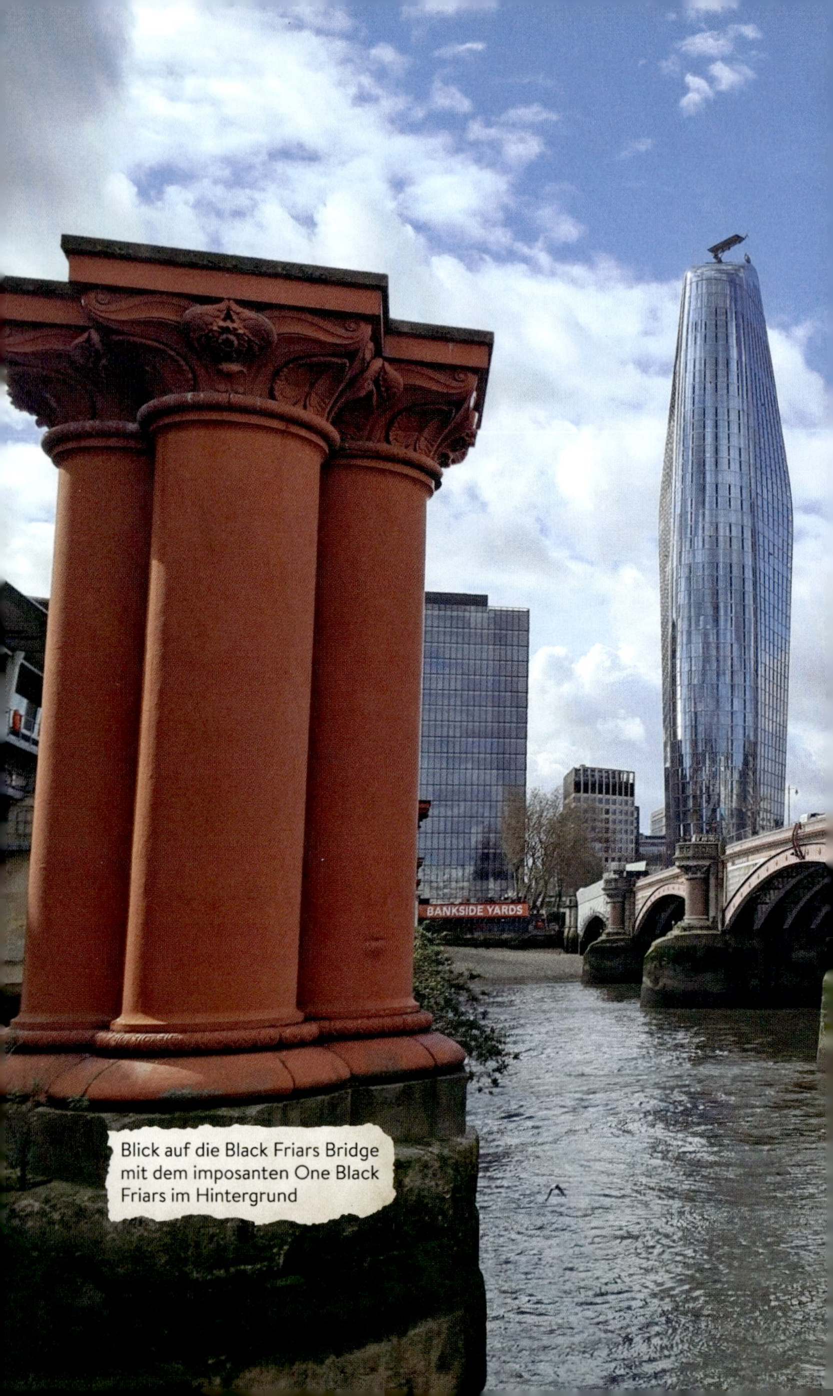

Blick auf die Black Friars Bridge mit dem imposanten One Black Friars im Hintergrund

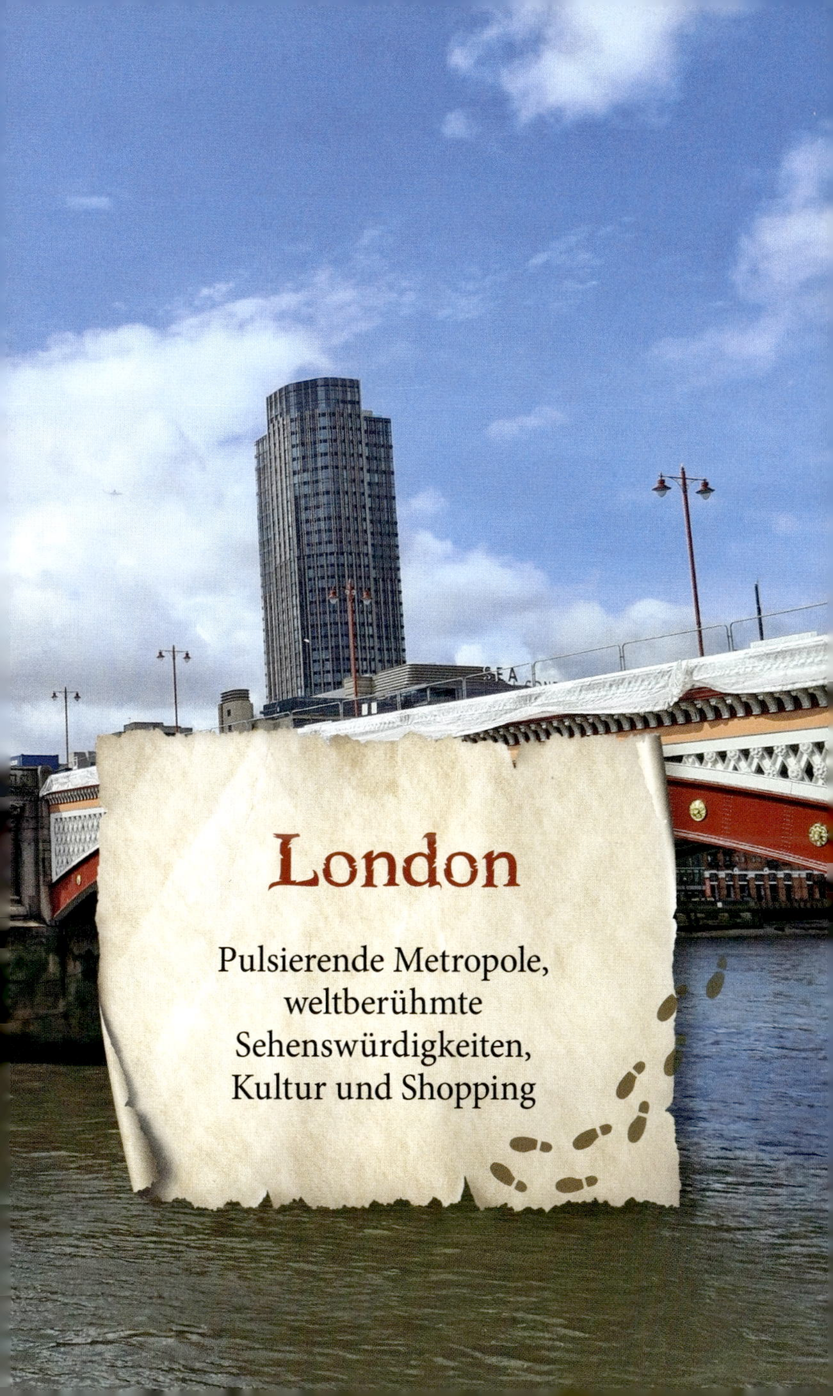

London

Pulsierende Metropole, weltberühmte Sehenswürdigkeiten, Kultur und Shopping

London ist eine pulsierende Metropole mit vielen Gesichtern – berühmte Sehenswürdigkeiten, weitläufige Parkanlagen, spannende Museen, Musical- und Theaterproduktionen, kulinarische Köstlichkeiten und unzählige Shopping-Möglichkeiten. Wir Muggel machen uns noch dazu auf die Suche nach den vielen hier versteckten Parallelwelten – Winkelgasse, Gleis 9 ¾, Zaubereiministerium oder Gringotts, um nur ein paar zu nennen. Dabei bummeln wir entlang der Themse, durch schmale Gassen und versteckte Winkel – und entdecken unterwegs Magisches und Zauberhaftes.

Magisch

WEIL

London hat die größte Dichte an Harry Potter-Drehorten auf engstem Raum. Wer auf den Spuren der Harry Potter-Filme in London unterwegs ist, entdeckt die britische Hauptstadt nicht nur von einer ganz anderen Seite – die wichtigsten Sehenswürdigkeiten liegen quasi auf dem Weg. Eine perfekte Kombination für einen abwechslungsreichen und spannenden Städtetrip.

DIE 3 MUST DOS:

King's Cross ★ Leadenhall Market ★ House of MinaLima

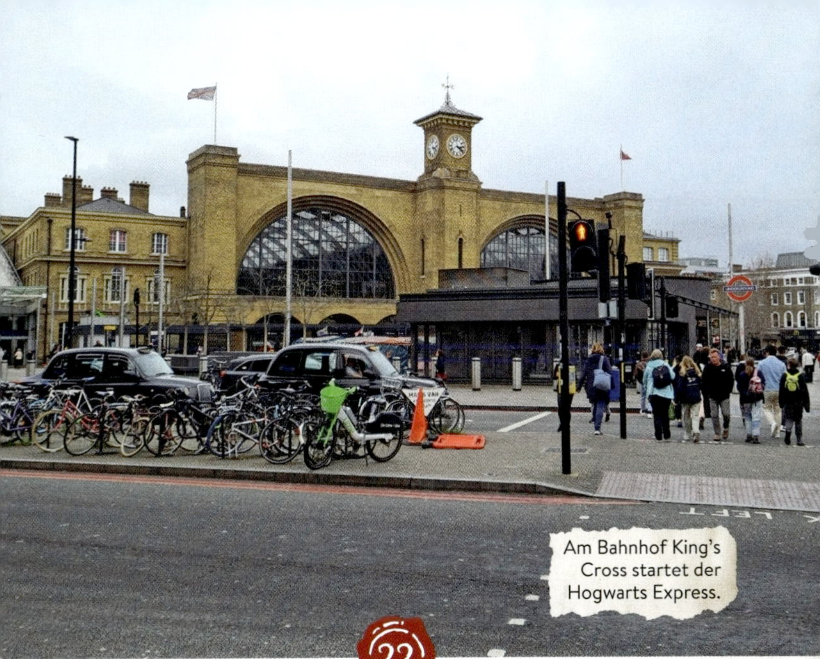

Am Bahnhof King's Cross startet der Hogwarts Express.

22

King's Cross

Der vielleicht bekannteste Harry Potter-Drehort in London ist der Bahnhof King's Cross, denn hier startet der Hogwarts Express seine magische Reise vom Gleis 9 ¾ in die berühmte Zauberschule.

Der Bahnhof King's Cross, der sich im Londoner Stadtbezirk Borough of Camden befindet, ist einer der wichtigsten und meistfrequentierten Bahnhöfe in London. Er wurde als Endstation für die Great Northern Railway gebaut und 1850 eröffnet. Benannt wurde er nach einem Denkmal für König Georg IV., das aber schon längst nicht mehr existiert. Bis heute ist King's Cross die Endstation der Eisenbahnlinien aus dem Nordosten Englands und dem Osten Schottlands. Von hier fahren auch tatsächlich die Züge in Richtung Schottland ab – so wie der Hogwarts Express in den Büchern und Filmen.

Die Anordnung der Gleise wurde im Laufe der Jahre mehrfach geändert und erweitert. Im ursprünglich erbauten Bereich des Bahnhofs befinden sich heute die Gleise 1 bis 8. Für die Gleise 9 bis 11 kam später ein weiteres Gebäude dazu.

Das geheimnisvolle Gleis 9 ¾

Wer sich nun auf die Suche nach dem geheimen Gleis 9 ¾ macht, wird erst einmal enttäuscht sein, denn zwischen den Gleisen 9 und 10 gibt es in Wirklichkeit keine Backsteinwand und somit auch keinen Eingang zum Gleis 9 ¾. Aber ein geheimes Gleis ist nun mal geheim – was haben wir Muggels auch erwartet?

In einem Interview erklärte Joanne K. Rowling, dass sie die Bahnhöfe King's Cross und Euston verwechselte. Allerdings gibt es auch in Euston zwischen Gleis 9 und 10 keine Backsteinwand. Da die Autorin damals aber in Manchester lebte, entsprangen ihre Beschreibungen in erster Linie ihrer Fantasie – sie konnte schließlich nicht einfach kurz nachschauen, wie die Gleisanordnung tatsächlich ist. Damals deutete sich noch nicht im Geringsten an, wie sehr ihr Buch die Menschen begeistern und wie viele Menschen zu den Schauplätzen reisen würden (siehe S. 74).

Für die Dreharbeiten wurden die Gleise 4 und 5 kurzfristig in die Gleise 9 und 10 umbenannt – und zwischen diesen beiden Gleisen die berühmte Backsteinwand integriert, hinter der sich Gleis 9 ¾ befindet. Um die unzähligen Potterheads, die täglich zum Bahnhof King's Cross pilgern, nicht allzu sehr zu enttäuschen, wurde kurzerhand im hinteren Bereich des Bahnhofs ein Gepäckwagen installiert, der zur Hälfte in der Wand steckt. Der Ort ist leicht zu finden, denn hier drängen sich tags-

In der Muggel-Bahnhofshalle wird alljährlich zum 1. September, 11 Uhr, die Abfahrt vom Hogwarts Express verkündet. Er ist sogar auf der Anzeigetafel aufgelistet.

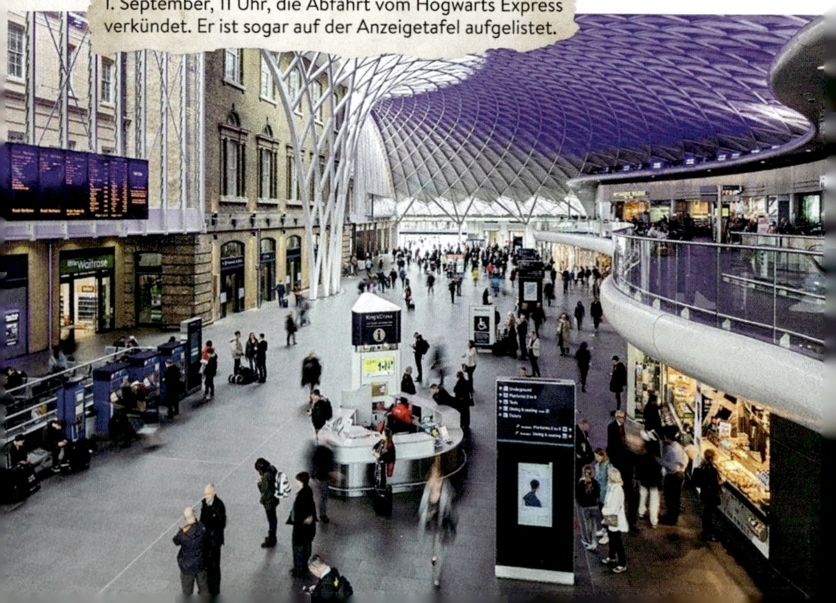

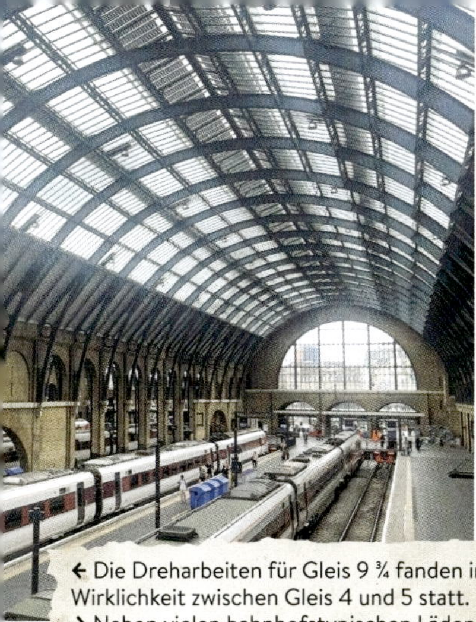

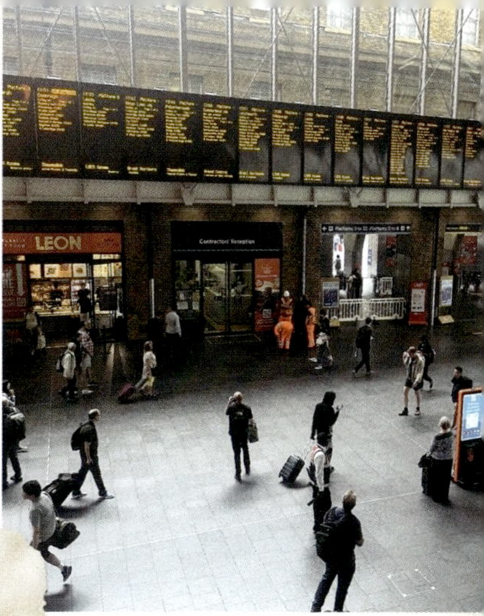

← Die Dreharbeiten für Gleis 9 ¾ fanden in Wirklichkeit zwischen Gleis 4 und 5 statt.
→ Neben vielen bahnhofstypischen Läden findet ihr hier auch »The Harry Potter Shop at Platform 9 ¾« .

über wahre Menschenmassen. Vor dem künstlich erschaffenen Gleis 9 ¾ bilden sich dann meist lange Schlangen, um das begehrte Souvenirfoto zu schießen. Hier können sich alle, die gerne ein Foto haben möchten – mit passendem Hogwarts-Schal ausgestattet – ablichten lassen. Praktischerweise steht tagtäglich ein professioneller Fotograf bzw. eine Fotografin bereit, um diesen besonderen Moment festzuhalten. Damit das Souvenirfoto perfekt wird, ist zudem jemand vor Ort, der euren Schal im richtigen Moment hochwirft, um dem Foto etwas mehr Magie zu verleihen. Beim zweiten Motiv dürft ihr hochspringen, um eine gewisse Dynamik zu erzielen. Die Fotos könnt ihr dann nebenan im Souvenir-Shop käuflich erwerben. Wer nicht allein unterwegs ist, kann seine Begleiter bitten, parallel ein Foto zu machen – das ist dann sicherlich weniger professionell, aber dafür auch kostenlos.

Harry Potter-Souvenirshop

Der Harry Potter-Souvenirshop nebenan ist sehr gut ausgestattet und bietet alles, was das Potterhead-Herz begehrt. Allerdings ist er so gefragt, dass sich in der Regel während der Öffnungszeiten ebenfalls lange Schlangen bilden. Er ist – trotz seiner beeindruckenden Größe – zu klein, um alle shoppingfreudigen Potterheads aufzunehmen. Aber keine Sorge, ihr werdet in London zahlreiche Shops mit ähnlichem Sortiment und ohne Wartezeit finden.

Hagrid überreicht Harry das Zugticket

Ihr erinnert euch an die Szene, in der Hagrid und Harry auf einer Brücke im Bahnhof stehen und Hagrid Harry sein Bahnticket für die erste Fahrt nach Hogwarts überreicht? Um diesen Drehort ranken sich einige Legenden. Immer wieder ist zu hören, dass die Dreharbeiten für diese Szene am Bahnhof von York stattfanden, weil es in King's Cross keine solche Brücke gibt. Andere Quellen besagen, dass die Brücke tatsächlich in King's Cross stand, aber während der Renovierungs- und Umbauarbeiten am Bahnhof im Jahr 2009 entfernt wurde. Wie auch immer – die Brücke findet ihr tatsächlich nicht bzw. nicht mehr am Bahnhof King's Cross.

Das Filmteam drehte mehrmals am Bahnhof King's Cross. Für *Harry Potter und der Stein der Weisen* wurden hier die Szenen von Harrys erster Fahrt nach Hogwarts gedreht – und hier lernt er auch die Familie Weasley kennen, als er sich ein Herz fasst und Mrs Weasley fragt, wie man zum Gleis 9 ¾ gelangt.

Harry und Ron verpassen den Hogwarts Express

In *Harry Potter und die Kammer des Schreckens* haben Harry und Ron weniger Glück. Sie kommen zu spät und der Durchgang zum geheimen Gleis ist schon verschlossen. Nach einem unsanften Aufprall beschließen die beiden, mit dem magischen Auto der Familie Weasley nach Hogwarts zu fliegen. Wir wissen ja, wie das ausgegangen ist …

Harry und Mad-Eye Moody treffen Sirius Black

Auch für *Harry Potter und der Orden des Phönix* war die Filmcrew vor Ort. Harry und Mad-Eye Moody überqueren die besagte Brücke, als plötzlich Sirius Black in Gestalt eines Hundes auftaucht. Sie gehen die Treppe hinab und betreten einen Warteraum am Gleis 8. Hier sehen wir durch ein Fenster, wie sich Sirius von der Hunde- in eine Menschengestalt verwandelt und wie sich Harry und Sirius Black im Warteraum unterhalten, während Mad-Eye Moody den Eingang bewacht.

Der Epilog

Die Harry Potter-Filmserie endet schließlich auch am Bahnhof King's Cross. In *Harry Potter und die Heiligtümer des Todes – Teil 2* sehen wir im Epilog, wie die inzwischen erwachsenen Zauberer Harry, Ginny, Ron und Hermine 19 Jahre später ihre Kinder zum Gleis 9 ¾ begleiten. Als Außenansicht sehen wir in diesem letzten Film allerdings die Fassade des St Pancras-Bahnhofs, da während des Drehs in King's Cross Umbauarbeiten stattfanden.

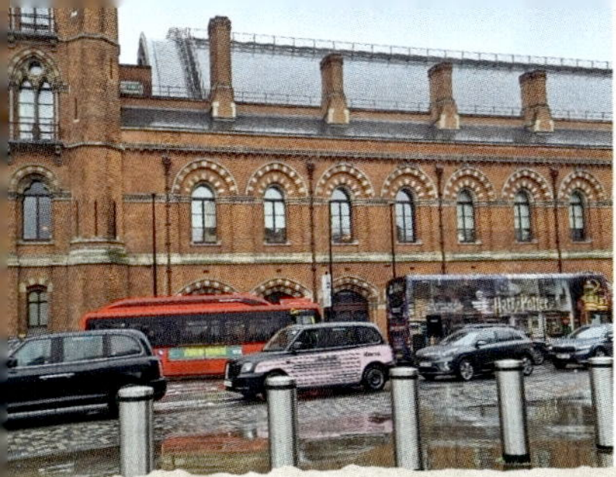

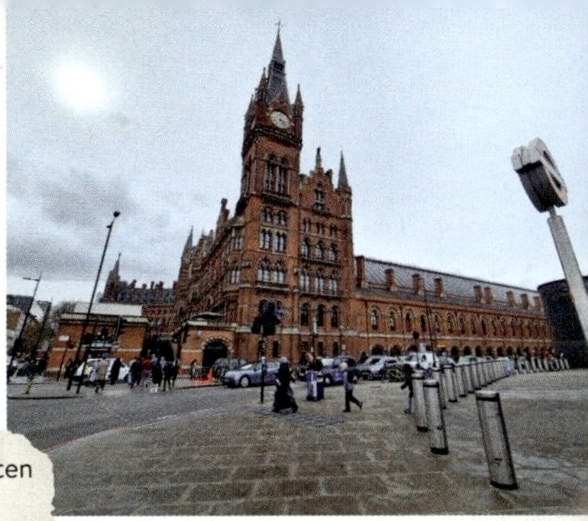

← Touren zu den Warner Bros. Studios starten ebenfalls von King's Cross und St Pancras.
→ Im Film fliegen Ron und Harry hier mit dem Ford Anglia vorbei.

23

St Pancras

Direkt neben dem Bahnhof King's Cross befindet sich St Pancras, ebenfalls einer der größten Bahnhöfe in London. Er ist der Ausgangspunkt für die Züge der Eisenbahnstrecke Midland Main Line und auch für den Eurostar nach Paris.

Das imposante Gebäude wurde 1868 eröffnet und gilt als Meisterwerk des viktorianischen Zeitalters. Besonders die neugotische Architektur der Fassade und der Uhrenturm gehören zu den Wahrzeichen Londons. Die Bahnhofshalle war bei ihrer Eröffnung die größte aus einem Bogen bestehende Halle der Welt. In ihrem Inneren verbergen sich zahlreiche Geschäfte, Cafés und Restaurants, ebenso wie das elegante St Pancras Renaissance Hotel.

Der wilde Flug mit dem Ford Anglia

Unvergessen ist die Szene in *Harry Potter und die Kammer des Schreckens*, als Ron und Harry den Hogwarts Express verpassen und beschließen, mit dem verzauberten Ford Anglia der Familie Weasley dem Zauberzug zu folgen. Direkt vor dem auffälligen Gebäude erheben sie sich mit dem Auto in die Lüfte und schaffen es mit Müh' und Not, den Uhrenturm nicht zu touchieren. Natürlich blieb dieser wilde Flug von einigen Muggeln ebenso wie vom Zaubereiministerium nicht unbemerkt, was den beiden ziemlichen Ärger einbringt.

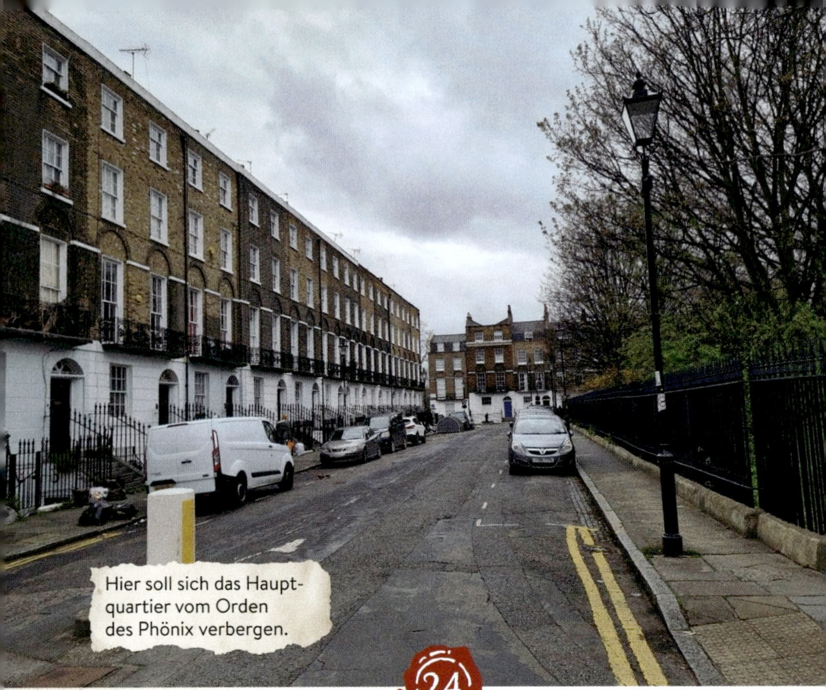

Hier soll sich das Hauptquartier vom Orden des Phönix verbergen.

24

Claremont Square

So düster und heruntergekommen, wie Joanne K. Rowling es in *Harry Potter und der Orden des Phönix* beschreibt, ist der Claremont Square bei Weitem nicht. Im Gegenteil, die ruhige Straße, die direkt an den gleichnamigen Park grenzt, wirkt auf den ersten Blick recht beschaulich – und doch diente diese Örtlichkeit im Londoner Stadtteil Islington als Kulisse für den Grimmauld Place, dem Hauptquartier des »Ordens des Phönix«.

12 Grimmauld Place

Diese Straße dürfte euch sofort bekannt vorkommen – im Park gegenüber verstecken sich Mad-Eye Moody, Harry und andere Mitglieder des »Ordens des Phönix« und warten, bis die Muggel-Müllabfuhr mit ihrer Arbeit fertig ist und weiterzieht. Dann schlägt Moody seinen Stock dreimal auf die Straße und plötzlich verschieben sich die Häuser zu beiden Seiten und geben den Blick auf das Haus mit der Nummer 12 Grimmauld

Place frei, das durch einen Fidelius-Zauber vor den Blicken der Muggel geschützt ist. Es ist der Stammsitz der Familie von Harrys Paten Sirius Black und das Geheimquartier der Vereinigung derjenigen Hexen und Zauberer, die sich dem Kampf gegen Voldemort und seine Todesser verschworen haben.

Die Filmcrew ließ sich beim Bau des Filmsets von den Häusern und der Umgebung des Claremont Squares inspirieren und schuf ein schmales hohes Haus mit einer schrullig-schrägen Inneneinrichtung – passend zu seinem ständigen Hausbewohner, dem grummeligen und Beleidigungen vor sich hin murmelnden Hauselfen Kreacher. *Claremont Square, London N1 9LX, nächstgelegene U-Bahn-Stationen: Angel und King's Cross.*

TIPP

THE CAULDRON CO. – MAGISCHE COCKTAILS UND AFTERNOON-TEA

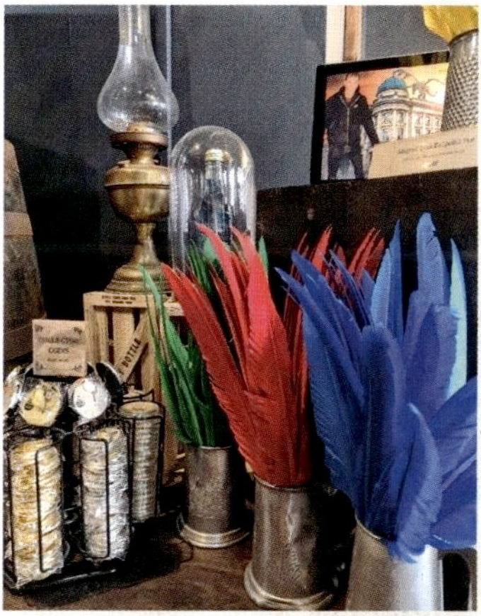

Zaubertränke in Form von verführerischen Cocktails selbst herstellen – The Cauldron Co. macht es möglich. Hier könnt ihr magische Zaubertränke mit zauberhaften Effekten kreieren – und probieren. Das Ganze gibt es sowohl mit als auch ohne Alkohol. Ihr bevorzugt es lieber klassisch britisch? Dann ge nießt einen Afternoon Tea mit magischen Köstlichkeiten in geheimnisvollem Ambiente – und auf die Kinder wartet ein unvergesslicher Workshop mit Zauberstäben und Zaubersprüchen.
Alle drei magischen Erlebnisse müssen vorab gebucht werden. Einen Überblick über die verschiedenen Angebote findet ihr auf der Website *The Cauldron, 5d Stoke Newington Rd, London N16 8BH, nächstgelegene U-Bahn-Station: Dalston Kingsland, www.thecauldron.io/London.*

25

London Zoo

Von der kleinen Ameise bis zum riesigen Silberrücken-Gorilla: über 750 Tierarten beherbergt der London Zoo – mehr als alle anderen Tierparks in Großbritannien. Er ist der älteste wissenschaftliche Zoo der Welt und gibt nicht nur einen Einblick in die Lebensräume der verschiedenen Tierarten, sondern widmet sich auch dem Artenschutz weltweit.

Es werden zudem die verschiedensten Möglichkeiten angeboten, einige Tiere zu füttern oder aus nächster Nähe zu erleben. So könnt ihr hier beispielsweise Erdmännchen, Pinguine oder Affen füttern, den Giraffen- oder Komodowaran-Pflegern über die Schulter schauen und sogar an einem Kurs teilnehmen, wie man eine Spinnenphobie überwindet.

Harry spricht mit der Schlange

Als Potterhead solltet ihr natürlich auf jeden Fall einen Abstecher zum Eingang des Reptilienhauses machen. Dort wurde im November 2001 die berühmte Szene gedreht, in der Harry mit den Dursleys anlässlich Dudleys Geburtstag einen Ausflug in den Zoo macht. Am Terrarium von einem burmesischen Python stellt Harry fest, dass er mit der Schlange kommunizieren kann. Wie zu erwarten, benimmt sich Dudley fürchterlich und hämmert gegen die Glasfront des Geheges – doch diese ist plötzlich verschwunden, weil Harry unbewusst seine magischen Fähigkeiten entdeckt hat. Es kommt, wie es kommt – Dudley plumpst ins Terrarium und die Schlange kann entwischen – nicht ohne sich vorher noch kurz bei Harry zu bedanken. Das Gehege gab es tatsächlich, allerdings lebte darin in Wirklichkeit eine Schwarze Mamba. Glück gehabt, Dudley …

INFO

London Zoo, Outer Cir, London NW1 4RY, nächstgelegene U-Bahn-Stationen: Camden Town, Chalk Farm, Baker Street, Regent's Park, Öffnungszeiten: in den Sommermonaten 10–18 Uhr, in den Wintermonaten bis 16 oder 17 Uhr, Weihnachten geschlossen. Aktuelle Öffnungs- und Einlasszeiten bitte der Website entnehmen, Tickets ab 27 £/Erwachsene, ab 18,90 £/Kinder, Kinder unter 3 Jahren haben freien Eintritt *www.londonzoo.org*.

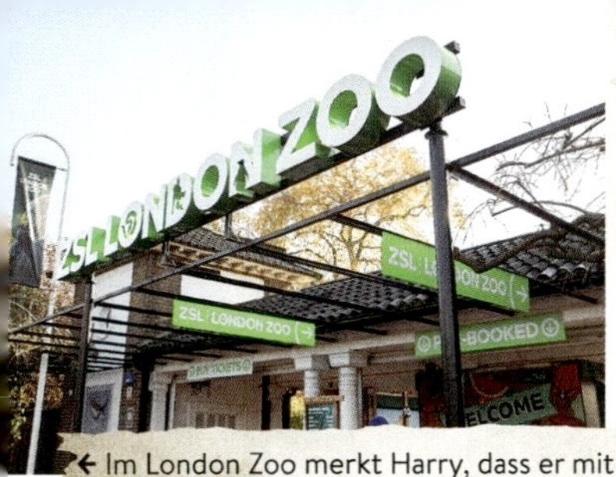

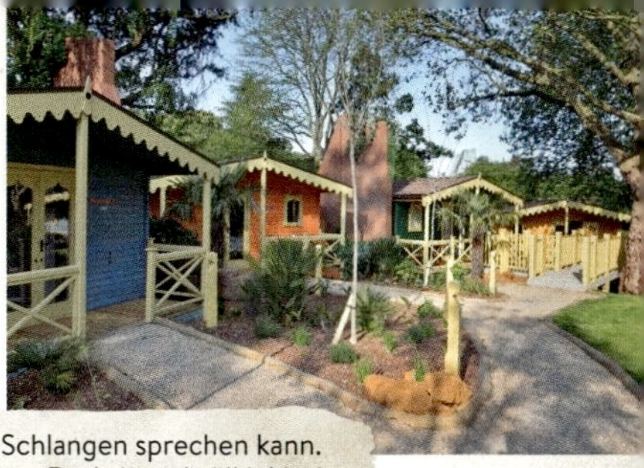

← Im London Zoo merkt Harry, dass er mit Schlangen sprechen kann.
→ In den Zoo Lodges kann man übernachten – Raubtiergebrüll inklusive.

Leider ist das Reptilienhaus im Moment geschlossen und der Innenbereich kann nicht besichtigt werden. Alle Tiere mussten 2023 in ein neues Reptilienhaus umziehen, da das alte dringend renoviert werden muss. Hierfür müssen aber erst einmal genügend Spendengelder gesammelt werden. Der Zoo geht davon aus, dass es einige Jahre dauern wird, bis die Renovierungsarbeiten abgeschlossen sind.

TIPP

LONDON ZOO LODGES

Nachts – fast – allein im Zoo? Im Londoner Zoo ist das tatsächlich möglich. In unmittelbarer Nähe des Löwenbereichs befinden sich die London Zoo Lodges, kleine Hütten in denen ihr übernachten könnt. Ihr werdet mit einem Drink begrüßt und macht euch bei Sonnenuntergang, wenn alle anderen Besucher den Zoo verlassen haben, mit einem Guide auf Tour durch den Zoo. Dabei bekommt ihr die Möglichkeit, auch Informationen von den Tierpflegern aus erster Hand zu erhalten. Nach dem Abendessen geht es noch einmal in den menschenleeren Zoo zu einer Nachtführung, ebenso am nächsten Morgen. Übernachtet wird in Doppelzimmern/Familienzimmern. Das Frühstück sowie der Eintritt in den Zoo für beide Tage sind im Preis inbegriffen. Ein einmaliges Erlebnis mitten in London! Das Package kostet pro Person ab 202,50 £ bei Unterbringung im Doppelzimmer. Für Familien mit zwei Kindern zwischen 5 und 13 Jahren 138,75 £ pro/Person bei einer Viererbelegung der Lodge. Mindestalter: 5 Jahre. *www.londonzoo.org/plan-your-visit/zoo-experiences/lodges-sleepover-at-the-zoo.*

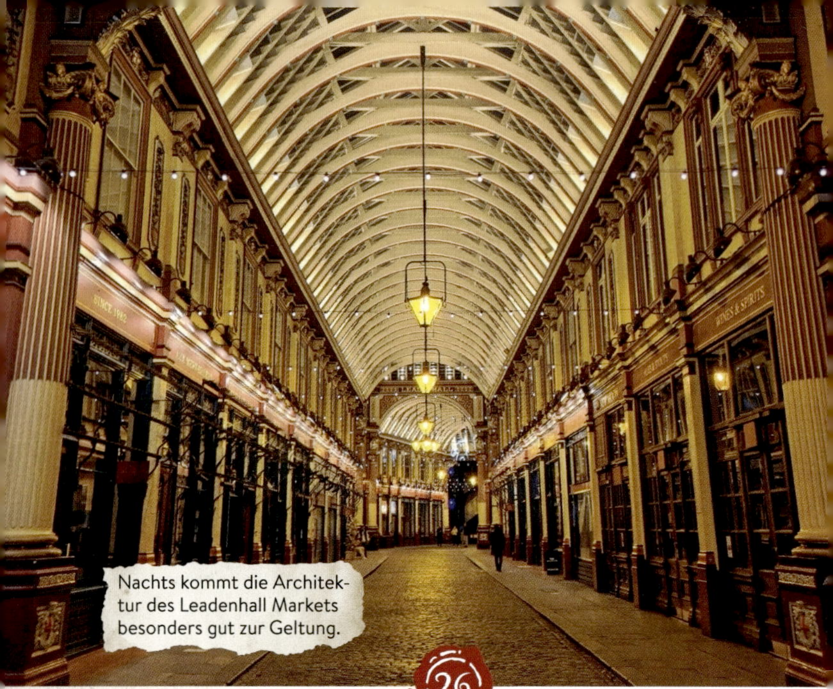

Nachts kommt die Architektur des Leadenhall Markets besonders gut zur Geltung.

26

Leadenhall Market

Ganz in der Nähe des Finanzviertels liegt Leadenhall Market, dessen Geschichte bis ins 15. Jahrhundert zurückreicht. Der überdachte Markt mit seiner prachtvollen viktorianischen Architektur steht unter Denkmalschutz. Er ist nicht nur ein lohnendes Ausflugsziel für einen Einkaufsbummel oder einen leckeren Snack – er ist auch ein MUSS für alle Potterheads.

Willkommen in der Winkelgasse

Der Leadenhall Market mit seinen hübschen Läden und der kunstvollen Dachkonstruktion diente 2001 als Drehort für die Winkelgasse in *Harry Potter und der Stein der Weisen.*

Hier sehen wir Harry und Hagrid entlanggehen, während Harry seine Einkaufsliste für Hogwarts vorliest und sich wundert, ob er all die gewünschten Dinge wohl tatsächlich in London bekommt. Hagrid antwortet gelassen: »Man muss sich nur auskennen«. Dann öffnet er eine unscheinbare Tür und tritt in den »Tropfenden Kessel«, dem Pub für Hexen und Zauberer, durch dessen Innenhof man in die Winkelgasse gelangt.

Die Tür zum »Tropfenden Kessel« ist in Wirklichkeit – zumindest im Moment – eine weiß gefasste Glastür und dahinter verbirgt sich kein Pub, sondern die »London Migraine Clinic«. Sie ist dennoch sehr gut als jene Tür zu identifizieren, durch die Hagrid und Harry das Pub betreten, und befindet sich links von dem Haus mit der auffälligen Nummer 42. Am besten verlasst ihr Leadenhall Market durch die Lime Street Passage und biegt dann nach rechts in die Bull's Head Passage *(2-4 Bull's Head Passage, London EC3V 1LU)* ab.

Besonders schön ist Leadenhall Market in der Dunkelheit, wenn der überdachte Markt erleuchtet ist. Nach Ladenschluss wird es hier sehr ruhig und ihr könnt in aller Ruhe die Atmosphäre genießen. Vielleicht entdeckt ihr den Gedenkstein von Gänserich »Old Tom«. Weil er es mehrfach geschafft hatte, der Schlachtung zu entgehen, wurde er zur lokalen Berühmtheit und, liebevoll von den Standinhabern umsorgt, stolze 38 Jahre alt *(Leadenhall Market, Gracechurch St, London EC3V 1LT, nächstgelegene U-Bahn-Stationen: Bank oder Monument, www.leadenhallmarket.co.uk).*

↙ Der Eingang zum Tropfenden Kessel
↓ Leadenhall Market hat mehrere Eingänge.
→ Hinter den Fassaden verbergen sich Restaurants und Geschäfte.

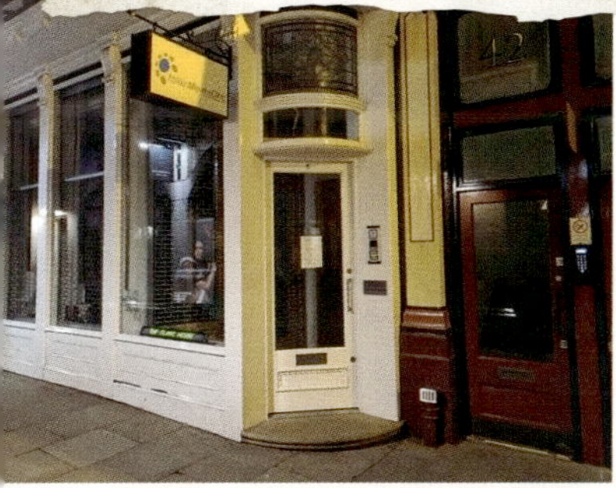

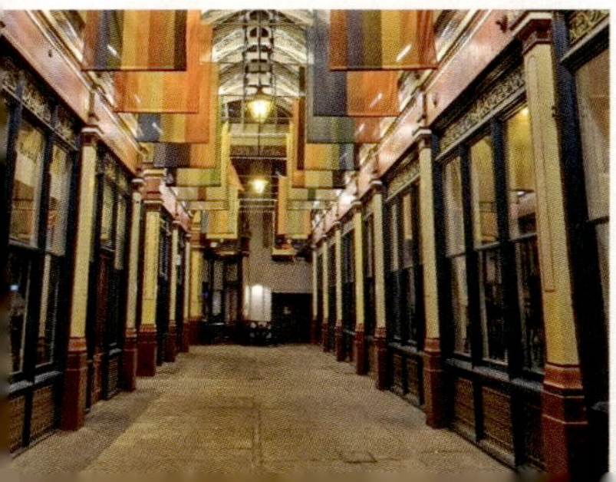

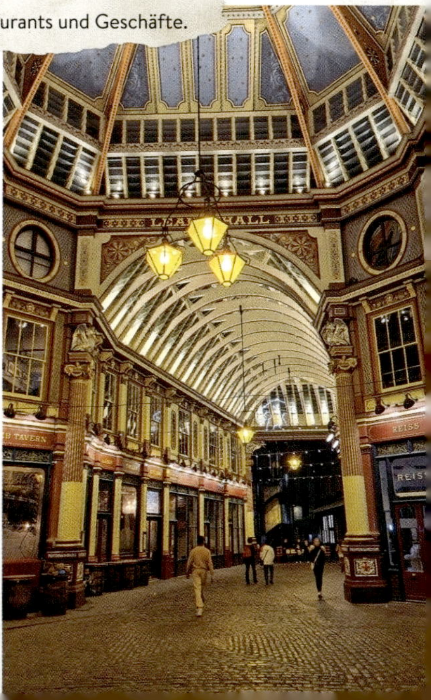

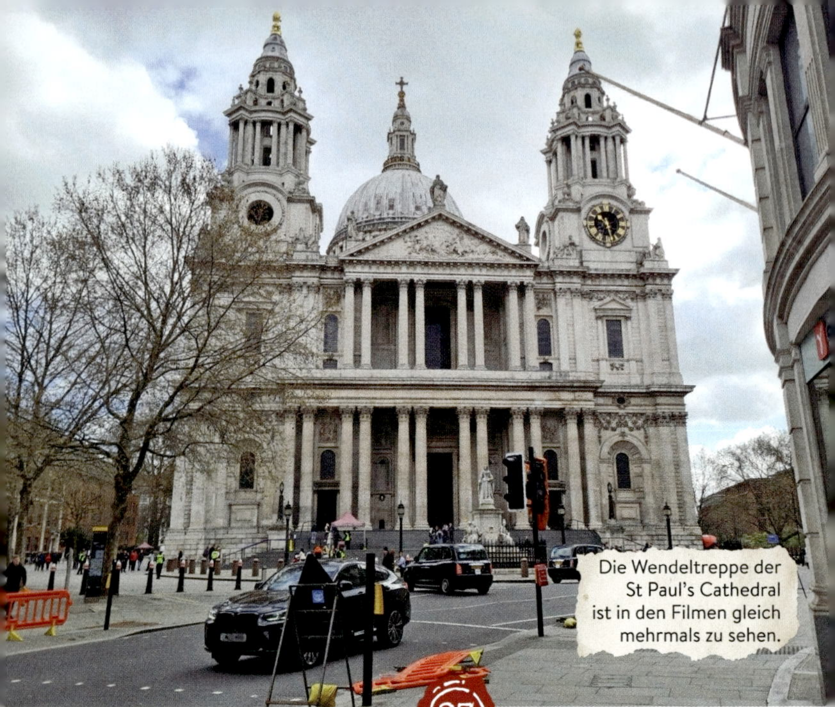

Die Wendeltreppe der St Paul's Cathedral ist in den Filmen gleich mehrmals zu sehen.

27

St Paul's Cathedral

Die St.-Pauls-Kathedrale im Londoner Stadtbezirk City of London ist nicht nur eine der bekanntesten Kirchen der britischen Hauptstadt, sondern ist mit einer Länge von 158 Metern eine der größten Kirchen der Welt. Hier feierten 1981 der damalige Prince Charles und Lady Diana Spencer ihre Traumhochzeit, die damals in die ganze Welt übertragen wurde. Auch das goldene Thronjubiläum von Queen Elizabeth II. wurde hier gefeiert.

Die heutige Kathedrale wurde ab 1667 im klassizistischen Barockstil erbaut, nachdem beim großen Brand von London die ursprüngliche Kathedrale zerstört worden war. Mit ihrer imposanten Kuppel ist sie von weithin zu sehen.

So auch in *Harry Potter und der Halbblutprinz*, wo die Kathedrale im Hintergrund der Millennium Bridge zu sehen ist, die von den Todessern zerstört wird.

Die Wendeltreppe zu Professor Trelawnys Klassenzimmer

Auch im Inneren der Kathedrale fanden Dreharbeiten für die Harry Potter-Filme statt. Die Wendeltreppe, die hinauf zu Sibyll Trelawnys Klassenzimmer für ihren Wahrsage-Unterricht im Nordturm führt, befindet sich tatsächlich hier in St Paul's Cathedral. Wir sehen die auffällige Wendeltreppe in der Szene, in der Professor Trelawny Hermine aus der Hand liest und ihr sagt, dass sie keine Gabe für das Wahrsagen besitzt. Hermine, die mit Hilfe des Zeitumkehrers an mehreren Unterrichtsstunden gleichzeitig teilnimmt und entsprechend gestresst ist, reagiert sehr ungehalten und wirft die Kristallkugel zu Boden. Dann flüchtet sie, gefolgt von Harry und Ron, über die Wendeltreppe aus dem Klassenzimmer.

Mad-Eye Moody lädt Neville zum Tee ein

Auch in *Harry Potter und der Feuerkelch* ist die Wendeltreppe kurz zu sehen – dieses Mal lädt Mad-Eye Moody Neville auf einen Tee ein, nachdem er den Schülerinnen und Schülern in »Verteidigung gegen die dunklen Künste« die drei unverzeihlichen Flüche gelehrt und damit Neville aus der Fassung gebracht hat, dessen Eltern auf diesem Weg so schwer verletzt wurden, dass sie seither dauerhafte Patienten im St.-Mungo-Hospital für magische Krankheiten und Verletzungen in London sind.

Das bunte Glasfenster, das im Film zu sehen ist, gibt es in diesem Treppenhaus in Wirklichkeit jedoch nicht, dieses haben wir wieder einmal dem Zauber der Filmbranche bzw. der Technik der 3D-Computergrafik (CGI) zu verdanken.

Solltet ihr einen Besuch in der St.-Pauls-Kathedrale planen, beachtet bitte, dass die »Geometric Stairs« nur im Rahmen einer geführten Tour besichtigt werden können. Die »Highlight Tour« gibt jedoch nur einen groben Überblick über die Kathedrale und führt nicht zu der Treppe. Nur die »Cathedral Floor and Crypt Tour« sowie die »Triforium Tour« beinhalten die Besichtigung der »Geometric Stairs«. Leider ist in der ganzen Kathedrale das Fotografieren verboten.

INFO

St Paul's Cathedral, St Paul's Churchyard, London EC4M 8AD, nächstgelegene U-Bahn-Station: St Paul's, Öffnungszeiten: Mo, Di, Do, Fr und Sa 8.30–16.30 Uhr, Mi 10.30–16.30 Uhr, Tickets: ab 25 £/Erwachsene, ab10 £/Kinder – die Tagestickets sind gleichzeitig auch Jahrestickets, www.stpauls.co.uk.

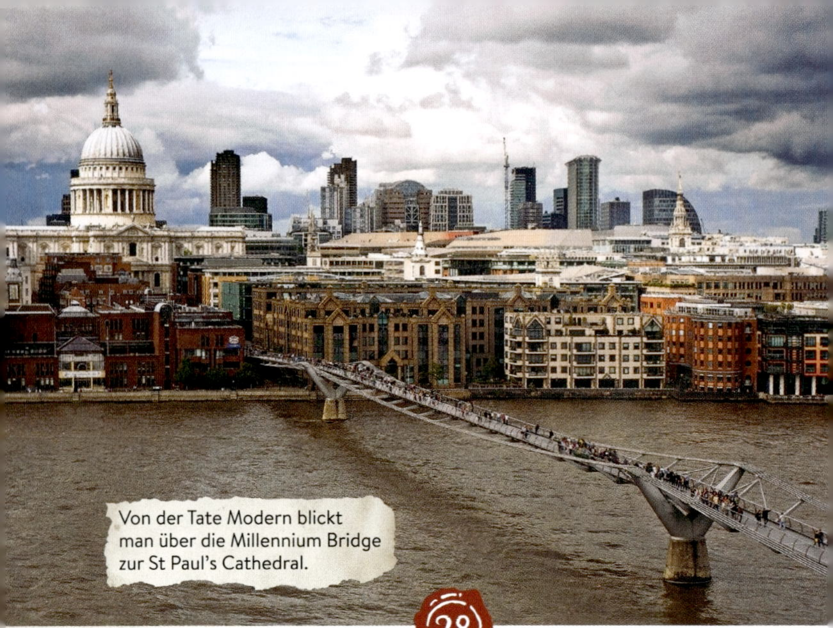

Von der Tate Modern blickt man über die Millennium Bridge zur St Paul's Cathedral.

28

Millennium Bridge

Die Fußgängerbrücke verbindet die Bezirke City of London nördlich und Southwark südlich der Themse. Sie wurde am 10. Juni 2000 eröffnet – und nur zwei Tage später schon wieder geschlossen. Grund war, dass die Brücke heftig hin und her schwankte. So musste die neue Brücke erst einmal nachgerüstet werden. Erst am 22. Februar 2002 konnte sie wieder für die Fußgänger freigegeben werden. Obwohl die Schwankungen nun gedämpft waren, hatte die Hängebrücke ihren Spitznamen schon weg: die »Wobbly Bridge« (Wackelbrücke) wird sie bis heute liebevoll genannt *(Millennium Bridge, Thames Embankment, London EC4V 3QH, nächstgelegene U-Bahn-Station: Blackfriars).*

Die von Todessern zerstörte Brücke

Sechs Jahre später wurde sie ein weiteres Mal geschlossen – allerdings nur für zwei Tage. Dieses Mal waren die Dreharbeiten für *Harry Potter und der Halbblutprinz* der Grund. Im Film wird die Brücke von den Todessern zum Einsturz gebracht – in Wirklichkeit hat sie die Dreharbeiten bestens überstanden und ist seit Ausstrahlung der Filme eine noch beliebtere Sehenswürdigkeit, als sie es eh schon war. Wenn ihr von Süden nach Norden über die Brücke geht, habt ihr einen perfekten Blick auf die St Paul's Cathedral, die nur etwa fünf Gehminuten (ca. 300 Meter) entfernt liegt. Am südlichen Ende der Brücke befinden sich das Tate Modern, das Globe Theatre und die Bankside Gallery.

Den besten Blick auf die Brücke habt ihr vom Restaurant des Tate Modern-Museums. Vom Balkon auf „Level 3“ hat man einen fantastischen Blick über die Brücke und die St Paul's Cathedral.

TIPP

TATE MODERN

Wenn ihr schon mal da seid: Die »Tate Gallery of Modern Art« lohnt auf jeden Fall einen Besuch. Sie ist eines der größten Museen für moderne und zeitgenössische Kunst der Welt – und der Eintritt ist frei! Hier könnt ihr Werke von berühmten Künstlern wie Vincent van Gogh, Paul Cézanne, Paul Gauguin, Pablo Picasso, Salvador Dalí, Andy Warhol und vielen anderen sehen. Die Stilrichtungen reichen von Impressionismus über Kubismus und Expressionismus bis Pop Art etc. Zudem finden regelmäßig Sonderausstellungen und Veranstaltungen statt *(Tate Gallery of Modern Art, Bankside, London SE1 9TG, Öffnungszeiten: Mo–So 10.00–18.00 Uhr, Eintritt frei, www.tate.org.uk/visit/tate-modern).*

BOOTSFAHRT AUF DER THEMSE

Ihr wollt London mal aus einer ganz anderen Perspektive kennenlernen? Wie wäre es dann mit einer Bootsfahrt auf der Themse? Viele der wichtigsten Sehenswürdigkeiten liegen am Flussufer, und so könnt ihr London bequem vom Wasser aus entdecken. Noch dazu könnt ihr auf den Spuren von Harry und seinen Freunden unterwegs sein, die in *Harry Potter und der Orden des Phönix* auf ihren Besen entlang der Themse fliegen. Die Auswahl ist vielfältig – so könnt ihr mit dem Speedboat über die Themse flitzen, eine Hop-on Hop-off-Bootstour machen (z. B. mit dem Uber-Boot), eine gemütliche Afternoon Tea-Fahrt auf der Themse genießen oder einfach an einer geführten Tour teilnehmen. Die Preise starten bei 5,60 £ – eine Übersicht findet ihr auf der Seite des Londoner Fremdenverkehrsamts: *www.visitlondon.com/things-to-do/sightseeing/sightseeing-tours/river-tour.*

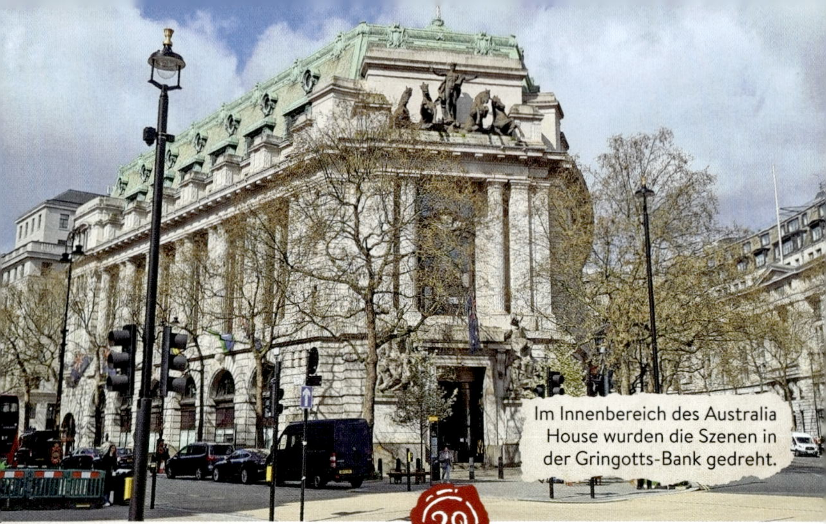

Im Innenbereich des Australia House wurden die Szenen in der Gringotts-Bank gedreht.

29

Australia House

Die »High Commission of Australia« ist die diplomatische Vertretung Australiens in Großbritannien. Das Gebäude dürfte Potterheads sofort bekannt vorkommen, denn es diente als Kulisse für die Innenaufnahmen der Zaubererbank Gringotts. Auch die Außenansicht diente als Vorlage für die Zaubererbank, wurde allerdings noch mächtig verändert, um schließlich ihr schiefes Aussehen und die angeschlossenen Brückengänge zu erhalten.

In *Harry Potter und der Stein der Weisen* bringt Hagrid Harry hierher, um etwas von dem Geld, das ihm seine Eltern hinterlassen haben, zu holen – und um eine wichtige Angelegenheit für Hogwarts im Auftrag von Professor Dumbledore zu erledigen.

Für die Dreharbeiten wurde die »Exhibition Hall« im hinteren Bereich des Gebäudes in die Eingangshalle der Zaubererbank verwandelt. Früher konnte man vom Melbourne Place aus einen Blick durch die Fenster ins Innere erhaschen, inzwischen sind die schweren Vorhänge an den Fenstern aus Sicherheitsgründen dauerhaft geschlossen.

Die Verliese, in denen die Schätze gelagert sind, befinden sich nicht hier, sondern wurden im Studio nachgebaut. Auch die Szenen in *Harry Potter und die Heiligtümer des Todes – Teil 2*, die in Gringotts spielen, wurden im Studio gedreht (*Australia House, Strand, London WC2B 4LA*).

30

House of MinaLima

Ganz unscheinbar wirkt der kleine Laden »House of MinaLima« im Herzen des Londoner Stadtteils Soho auf den ersten Blick. Doch dahinter verbirgt sich ein Eldorado für alle Potterheads.

Miraphora Mina und Eduardo Lima bilden gemeinsam das Design-Duo »MinaLima«. Sie begannen bereits 2001 mit ihrer Zusammenarbeit und entwarfen die grafischen Requisiten für die Harry Potter-Filme und die Filmreihe *Phantastische Tierwesen*.

Erst beim Betreten des Ladens wird klar, wie breitgefächert ihre Kreationen für die Harry Potter-Reihe sind. So entwarfen sie beispielsweise die Briefe, die Harry per Eulenpost aus Hogwarts übermittelt bekommt, die Zeitungen und Plakate mit den sich bewegenden Fotos sowie Buchcover, Urkunden und nicht zu vergessen die berühmte »Karte des Rumtreibers« –, um nur einige ihrer Schöpfungen zu nennen. Die beiden schufen

↙↓ Im House of MinaLima sind Original-Requisiten aus den Harry Potter-Filmen ausgestellt.
→ Es ist eine Mischung aus Galerie und Geschäft.

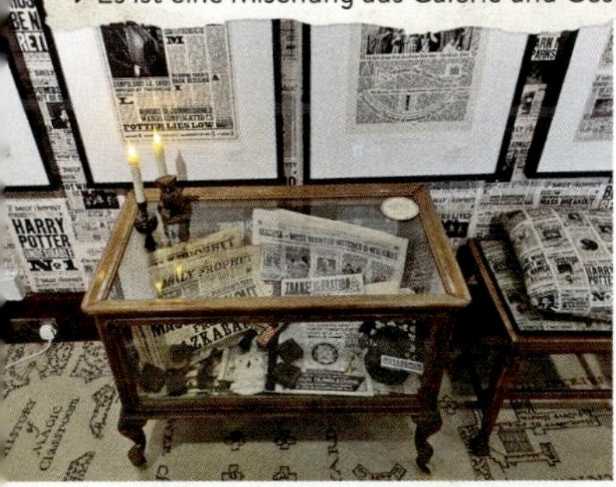

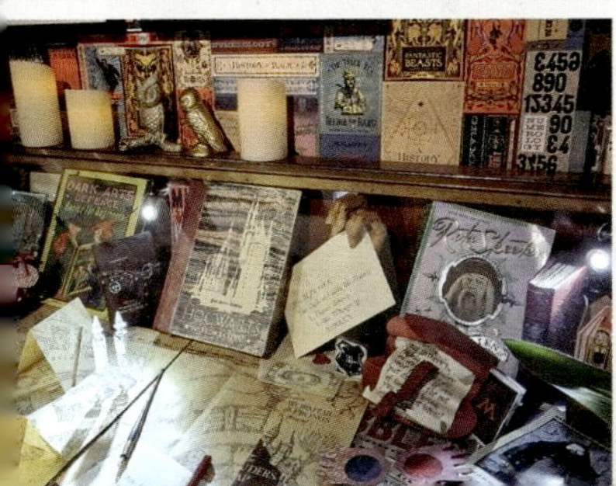

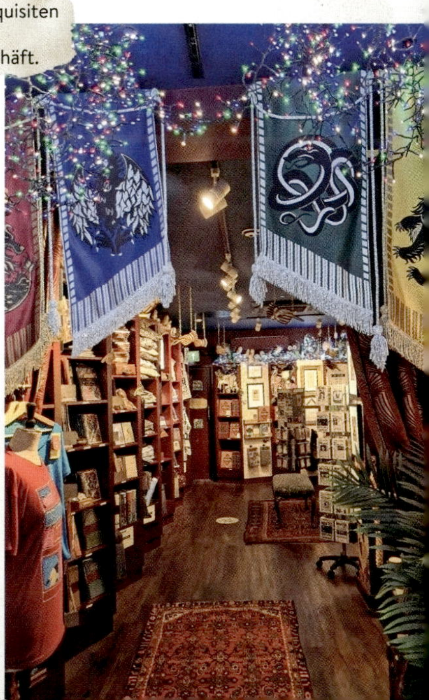

ein wahres Zauberuniversum und beschlossen, auch nach dem Abschluss der Dreharbeiten weiter zusammenzuarbeiten, und sich auf Design und Illustration für die Entertainment-Industrie zu spezialisieren.

»MinaLima« blieb Harry Potter aber auch weiterhin treu und arbeitete zwei Jahre lang daran, die grafischen Elemente für den Themenpark »The Wizarding World of Harry Potter – Diagon Alley« für das Universal Orlando Resort (siehe S. 216) zu entwerfen, ebenso wie zahlreiche Werbe- und Merchandise-Artikel.

Viele ihrer preisgekrönten Entwürfe könnt ihr im »House of MinaLima« sehen, darunter auch zahlreiche Original-Requisiten aus den Harry Potter-Filmen. Die Mitarbeiter im Laden sind unglaublich freundlich und kennen sich vor allem auch bestens mit allen möglichen Details rund um die Filme aus. Sprecht auf jeden Fall die Mitarbeiter an – sie haben zu den Requisiten und Kunstwerken im Laden viel Spannendes zu erzählen.

Das »House of MinaLima« ist eine gelungene Mischung aus Galerie, Shop und Museum. So könnt ihr dort auch viele einzigartige Erinnerungsstücke kaufen, die es nicht in jedem Shop zu kaufen gibt – ob Kunstdrucke, Grußkarten, Tassen, Geschirrtücher oder die aufwendig gestalteten Kunst-Ausgaben der Harry Potter-Bücher.

Versucht auf jeden Fall, möglichst schon zur Ladenöffnung vor Ort zu sein – der Laden ist innen zwar größer als er von außen scheint und erstreckt sich über drei Stockwerke – doch er ist auch sehr beliebt und schnell sehr voll *(House of MinaLima, 157 Wardour St, London W1F 8WQ, nächstgelegene U-Bahn-Stationen: Leicester Square, Piccadilly Circus, Tottenham Court Road, Oxford Circus, Öffnungszeiten: täglich 11–19 Uhr, der Eintritt ist frei, https://minalima.com/).*

← Von außen wirkt der Laden eher unscheinbar.
→ Innen verbirgt sich eine Welt voll magischer Fantasie.

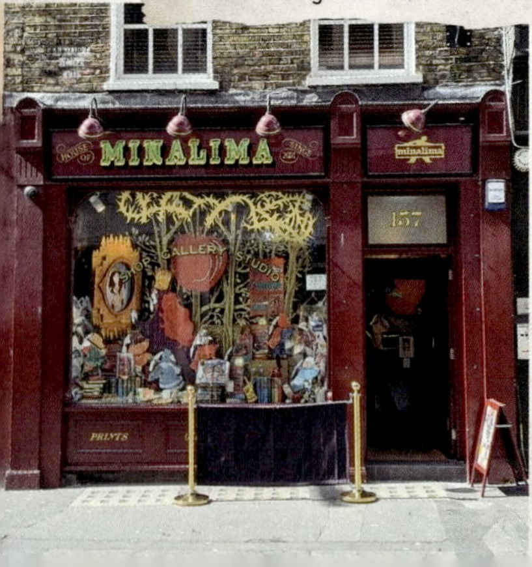

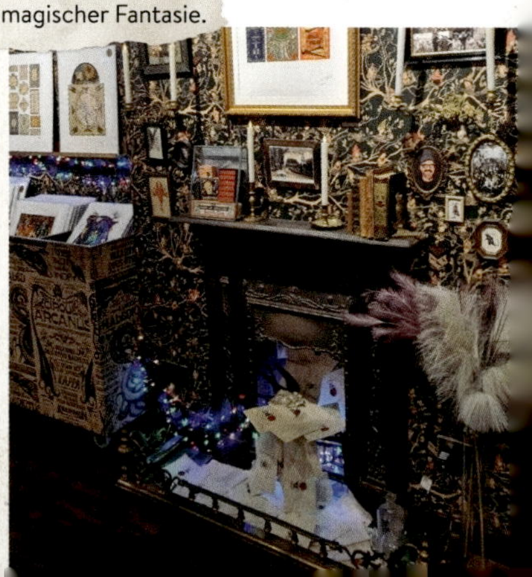

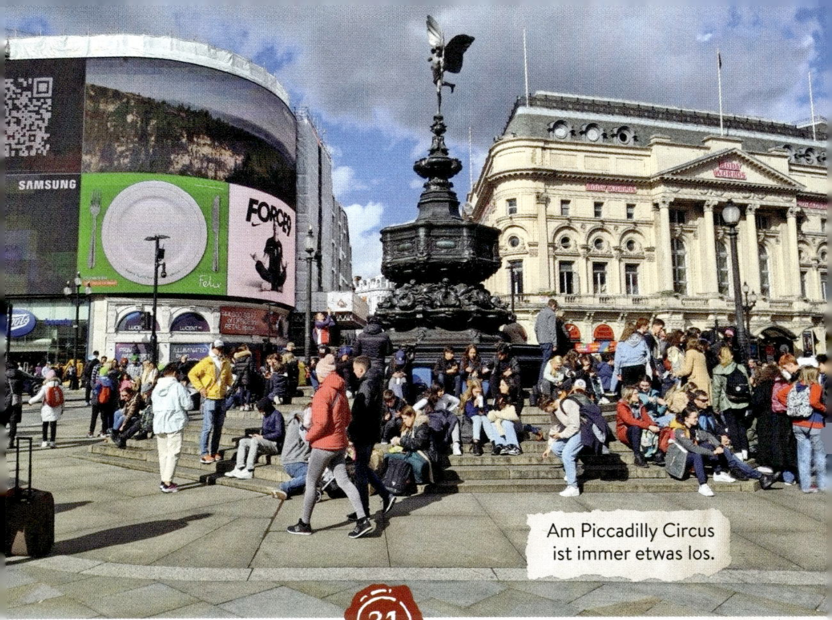

Am Piccadilly Circus ist immer etwas los.

31

Piccadilly Circus & Shaftsbury Avenue

Der Piccadilly Circus ist sicherlich einer der lebhaftesten Plätze und Straßenkreuzungen in London. Er wurde bereits 1819 fertiggestellt, um die Regent Street mit der Piccadilly zu verbinden. Damals wurde der Piccadilly Circus gerne als »Mittelpunkt der Welt« bezeichnet.

Inzwischen sieht man die Sache etwas realistischer – aber der Piccadilly Circus bildet bis heute einen nicht mehr wegzudenkenden Verkehrsknotenpunkt zwischen einigen der wichtigsten Straßen Londons und ist ein vielfrequentierter Treffpunkt. Hier finden sich unzählige Shops, Cafés und Restaurants.

Rund um die Shaftesbury Memorial Fountain in der Mitte des Platzes ist immer etwas los und viele lassen sich auf den Stufen des Brunnens nieder, um den Musikern und Musikerinnen zu lauschen, die hier ihr Können präsentieren. Die riesigen Bildschirme mit der knalligen Leuchtreklame machen Piccadilly zudem zu einer unverkennbaren Sehenswürdigkeit.

Harry, Ron und Hermine werden fast von einem Bus überfahren

Im April 2009 fanden hier Dreharbeiten für *Harry Potter und die Heiligtümer des Todes – Teil 1* statt. Harry, Ron und Hermine müssen von der Hochzeit von Rons Bruder Bill und Fleur Delacour flüchten, als sie herausfinden, dass Rufus Scrimgeour nicht mehr lebt und Voldemort die Kontrolle über das Zaubereiministerium übernommen hat. Im eleganten Hochzeitsoutfit stehen die drei Freunde am Piccadilly Circus. Hier werden sie fast von einem roten Doppeldeckerbus überfahren und können sich gerade noch rückwärts auf einen Gehsteig retten.

Todesser im Muggel-Café

Sie betreten ein Muggel-Café in der Shaftsbury Avenue, wo sie sich erst einmal in Sicherheit wiegen, bevor sie am Tresen zwei Todesser entdecken. Die Szenen im Café wurden allerdings in einer nachgebauten Kulisse in den Warner Bros. Studios gedreht.

Die Dreharbeiten am Piccadilly Circus erwiesen sich als äußerst schwierig – fast 400 Komparsen sollen vor Ort gewesen sein sowie mehrere Stuntfahrzeuge. Da der Verkehrsknotenpunkt nicht komplett für den Verkehr gesperrt werden durfte, vollbrachte die Crew eine logistische Meisterleistung, um die Dreharbeiten wie geplant durchführen zu können. Ein weiteres Problem waren die zahlreichen Paparazzi, die die Dreharbeiten immer wieder durch ihr Blitzlichtgewitter störten *(nächstgelegene U-Bahn-Station: Piccadilly Circus)*.

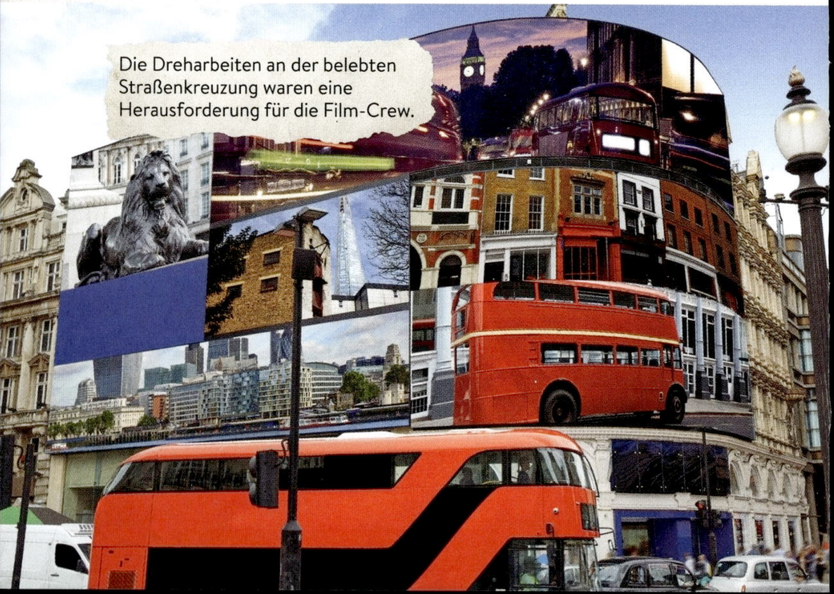

Die Dreharbeiten an der belebten Straßenkreuzung waren eine Herausforderung für die Film-Crew.

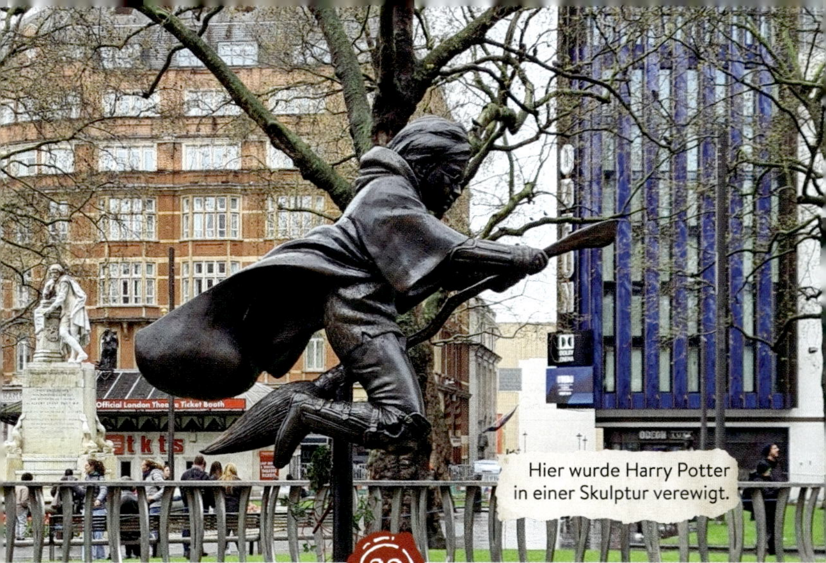

Hier wurde Harry Potter in einer Skulptur verewigt.

32

Leicester Square

Ein weiterer sehr beliebter und belebter Platz in London ist der Leicester Square. In nächster Umgebung befinden sich zahlreiche Shops, Cafés und Restaurants sowie mehrere große Kinos und Theater. Hier haben die Weltpremieren aller Harry Potter-Filme stattgefunden.

Wer sich gerne eine der großen Musicalproduktionen ansehen möchte, ist am Leicester Square genau richtig. Am TKTS-Ticketschalter könnt ihr Last-Minute-Tickets zu deutlich reduzierten Preisen ergattern. Solltet ihr allerdings ein bestimmtes Musical oder Theaterstück sehen wollen, vor allem, wenn es gerade besonders beliebt ist, empfiehlt es sich dennoch, vorab zu buchen.

Harry Potter-Skulptur

Mitten auf dem Platz befindet sich ein kleiner Park mit mehreren Skulpturen berühmter und beliebter Filmfiguren, darunter auch eine von Harry Potter, die ihn auf dem Besen beim Quidditch-Spiel zeigt. Wenn es regnet, könnt ihr euch unter den Schirm von Mary Poppins retten oder einmal auf dem »Eisernen Thron« aus *Game of Thrones* Platz nehmen *(Leicester Square, London WC2H 7LU, nächstgelegene U-Bahn-Station: Leicester Square, www.leicestersquare.london).*

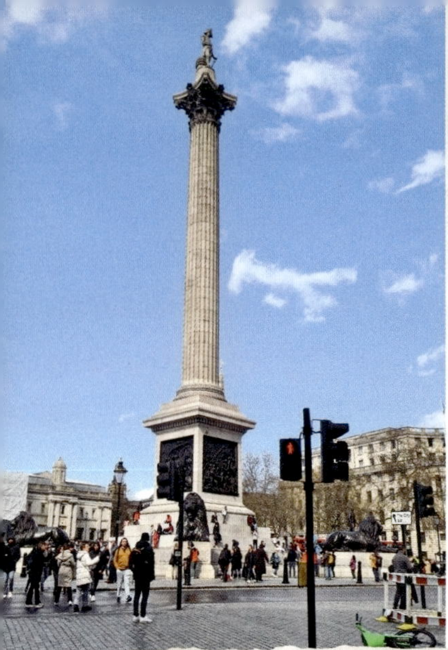

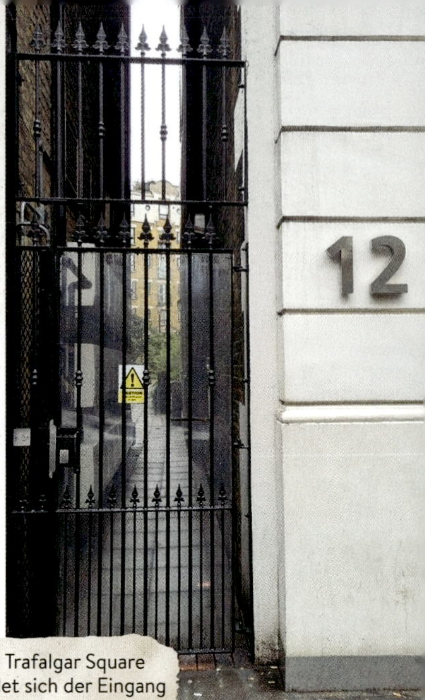

← Die berühmte Nelsonsäule auf dem Trafalgar Square
→ In der Great Newport Street befindet sich der Eingang zur Winkelgasse in *Harry Potter und der Halbblutprinz*.

33

Trafalgar Square

Unweit des Leicester Square befindet sich der Trafalgar Square. In der Mitte des belebten Platzes steht die Nelsonsäule, »Nelson's Column«, ein Denkmal für den Londoner Admiral Lord Nelson, das an die Schlacht von Trafalgar im Jahr 1805 erinnert, in der die Engländer die französisch-spanischen Streitkräfte besiegten. Bei dieser Schlacht wurde Lord Nelson tödlich verwundet. Sein Grab befindet sich in der St Paul's Cathedral. Die Säule ist 51 Meter hoch und damit nur etwas kleiner als Nelsons Schiff »HMS Victory«. Zu ihren Füßen wachen vier bronzene Löwenskulpturen. Am nördlichen Ende des Platzes befindet sich die National Gallery, ein bedeutendes Kunstmuseum. Sie ist täglich (außer an Weihnachten und Neujahr) von 10–18 Uhr und freitags bis 19 Uhr geöffnet. Der Eintritt ist frei (*www.nationalgallery.org.uk*).

Auch dieser berühmte Ort in London hat einen Bezug zu Harry Potter. Er ist kurz zu sehen, als die Todesser über London fliegen.

Am 7. Juli 2011 feierte der letzte Harry Potter-Film *Harry Potter und die Heiligtümer des Todes – Teil 2* seine feierliche Premiere unter Anwesenheit der Hauptdarsteller und Joanne K. Rowling. Unter dem Jubel Tausender Fans schritten sie damals über den längsten roten Teppich der Welt bis zum Leicester Square, wo die Filmpremiere gleichzeitig in drei verschiedenen Kinos zu sehen war *(Trafalgar Sq, London WC2N 5DS, nächstgelegene U-Bahn-Station: Charing Cross).*

Todesser greifen die Winkelgasse an

Am Anfang von *Harry Potter und der Halbblutprinz* fliegen drei Todesser über den Trafalgar Square und weiter entlang des St Martin's Place, vorbei an der National Gallery und durch die Charing Cross Road bis zur Leicester Square Underground Station. Hier biegen sie rechts ab und verschwinden augenblicklich in einem Hauseingang, der wiederum direkt in die Winkelgasse führt. Nachdem sie Mr Ollivander gekidnappt haben, zerstören sie die Millennium Bridge.

Der Drehort unterscheidet sich abermals von den beiden Locations in Leadenhall Market (siehe S. 90) und Borough Market (S. 116), die für die vorherigen Harry Potter-Filme genutzt wurden. Hier hält sich der Regisseur an die Buchvorlage, in der zu lesen ist, dass sich der Eingang zur Winkelgasse in der Charing Cross Road befindet.

Ihr findet ihn demnach in der Great Newport Street zwischen den Hausnummern 12 und 13, an der Ecke zur Charing Cross Road. Das Gebäude, durch das die Todesser in die Winkelgasse gelangen, ist computergeneriert, aber der Durchgang zwischen den beiden Häusern direkt neben der Hausnummer 12 befindet sich hier tatsächlich.

TIPP

P.F. CHANGS ASIAN TABLE

Direkt neben dem Durchgang und dem Haus mit der Nummer 12 befindet sich ein asiatisches Restaurant mit kreativer Fusion-Küche, in dem man in sehr angenehmem Ambiente hervorragend speisen kann *(P.F. Changs Asian Table, 10 Great Newport Street London WC2H 7JA, www.pfchangs.co.uk).*

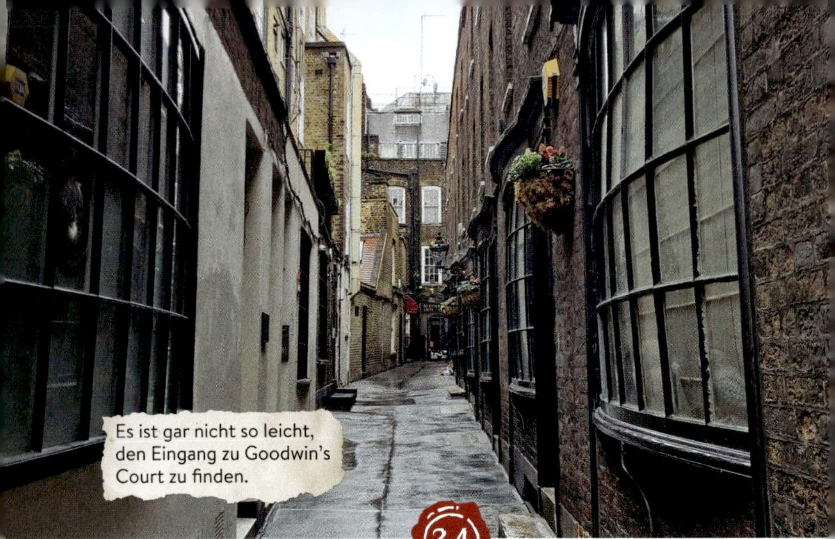

Es ist gar nicht so leicht, den Eingang zu Goodwin's Court zu finden.

34

Goodwin's Court

Wenn ihr der Great Newport Street in Richtung St Martin's Lane folgt und an der nächsten Kreuzung nach rechts in die selbige einbiegt, seht ihr nach etwa 60 Metern linker Hand die bunt geschmückte »Mr Fogg's Tavern«. Kurz danach führen bei der St Martin's Lane 55–56 zwei Stufen hinauf zu einem Eingang ins Gässchen Goodwin's Court.

Vermutlich wurden die Häuser in diesem schmalen Sträßchen rundum um das Jahr 1650 erbaut – ein Stück alter Vergangenheit, mitten im Vergnügungsviertel Covent Garden. Hier scheint die Zeit stillzustehen und Potterheads werden in dieser geheimnisvollen Muggelgasse so einige Hinweise auf die magische Welt entdecken. In den Schaufenstern längst verlassener Läden hängt mal ein Besen, mal blickt uns eine Eule entgegen (ob es wohl Hedwig ist?). An einer Wand findet sich gar ein aufgesprühtes Plakat, auf dem Sirius Black gesucht wird. Auch wenn Goodwin's Court weder in den Büchern noch in den Filmen vorkommt, ist es doch ein Ort, der echtes Potter-Feeling aufkommen lässt und zudem eine ganz andere Seite von London zeigt.

In diese düstere Gasse verirren sich nicht viele Touristen – und wenn dir hier jemand begegnet, ist es vermutlich ebenfalls jemand, der auf den Spuren von Harry Potter unterwegs ist *(Goodwin´s Ct, nächstgelegene U-Bahn-Stationen: Leicester Square oder Charing Cross)*.

35

Cecil Court

Näher an die Winkelgasse kommt wohl keine Straße in London ran – die zauberhafte Gasse Cecil Court vermittelt das Gefühl, sich mitten in der Welt der Hexen und Zauberer zu befinden.

Die viktorianischen Ladenfassaden erinnern sehr an die Läden in der Winkelgasse. Noch dazu ist das Sortiment der Läden in Cecil Court außergewöhnlich. Von Antiquitäten und Kunstwerken über Bücher und Edelsteine bis hin zu alten Münzen und Medaillen sowie Geldscheine aus allen Ländern der Erde.

So rühmt sich »Watkin's Books«, der älteste Buchladen der Welt zu sein, der sich auf esoterische und spirituelle Literatur spezialisiert hat. Auch Tarotkarten, Edelsteine, Schmuck und vieles mehr gibt es hier zu kaufen – das Sortiment ist breitgefächert. »Watkin's Books« ist definitiv ein Laden, in dem sowohl Muggel als auch Zauberer und Hexen von weither einkaufen – oder den einen oder anderen angebotenen Kurs besuchen *(www.watkinsbooks.com).*

Gegenüber steht der Laden »Colin Narbeth & Son«. Hier findet ihr rare Geldscheine aus aller Herren Länder. Neben den Muggel-Scheinen gibt es sogar eine eigene Geldschein-Kollektion, auf denen berühmte Hexen und Zauberer zu sehen sind. Ob das nicht ein Hinweis auf die magische Welt ist? *(https://colin-narbeth.com)*

Der Laden »Tindley & Everett« verkauft Erstauflagen von Werken aus dem 20. Jahrhundert, »Bryars & Bryars« ist auf alte Karten und Atlanten spezialisiert – um nur einige Beispiele zu nennen *(www.cecilcourt.co.uk/tindley-and-everett, https://bryarsandbryars.co.uk).*

Cecil Court kommt in keinem der Harry Potter-Bücher vor und war auch keine Film-Location – und doch kommt hier absolutes Potter-Feeling auf. Ist die Straße mit den illustren Geschäften, die so magisch anmuten, vielleicht doch das Vorbild für die Winkelgasse gewesen? Rowling kam hier sicher des Öfteren mal vorbei, denn sie arbeitete eine Zeit lang bei Amnesty International, deren Büro um die Ecke ist.

Cecil Court befindet sich schräg gegenüber des Eingangs zum Goodwin's Court und verbindet die St Martin's Lane mit der Charing Cross Road *(www.cecilcourt.co.uk, nächstgelegene U-Bahn-Stationen: Leicester Square oder Charing Cross).*

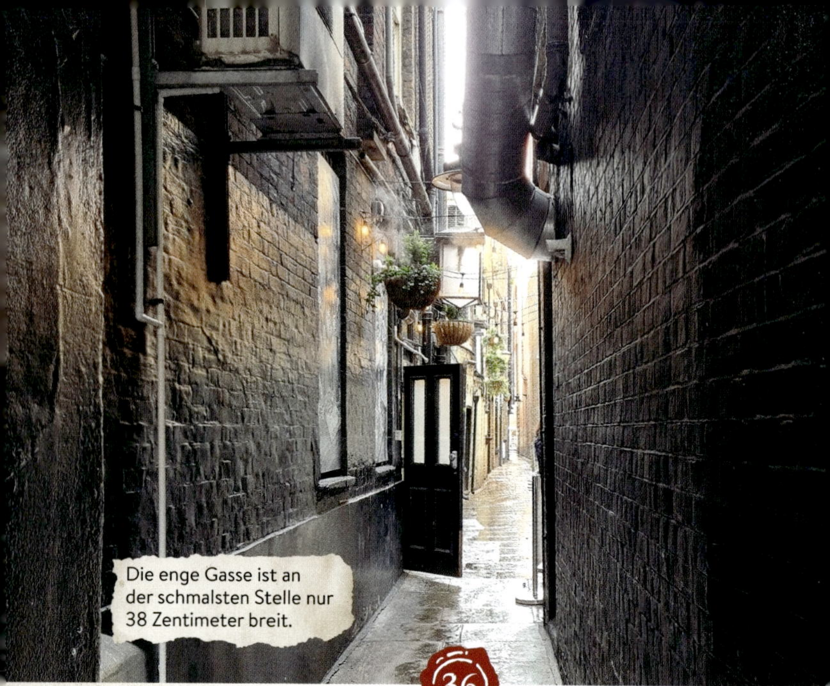

Die enge Gasse ist an der schmalsten Stelle nur 38 Zentimeter breit.

36

Brydges Place

Wenn ihr der St Martin's Lane noch ein kleines Stück weiter folgt, entdeckt ihr – kurz bevor ihr die William IV Street erreicht – auf der linken Seite einen sehr schmalen Eingang zwischen zwei Häusern, den man leicht übersehen kann. Auf den ersten Blick erschließt sich kaum, dass tatsächlich eine Gasse namens Brydges Place zwischen den Häusern hindurchführt. An der schmalsten Stelle ist Brydges Place gerade mal 38 Zentimeter breit und wird deswegen oft als schmalste Straße Londons betitelt.

Auch wenn Brydges Place weder in den Büchern noch in den Filmen vorkommt, verströmt sie doch einen ganz eigenen magischen Charme. Könnte die Backsteinwand zu beiden Seiten nicht vielleicht doch mit etwas Magie ein Eingang zur Winkelgasse sein? Auf jeden Fall lohnt sich der Gang durch das schmale Gässchen, das man so in London kaum vermuten würde *(nächstgelegene U-Bahn-Station: Charing Cross oder Leicester Square)*.

TIPP

HARRY POTTER AND THE CURSED CHILD

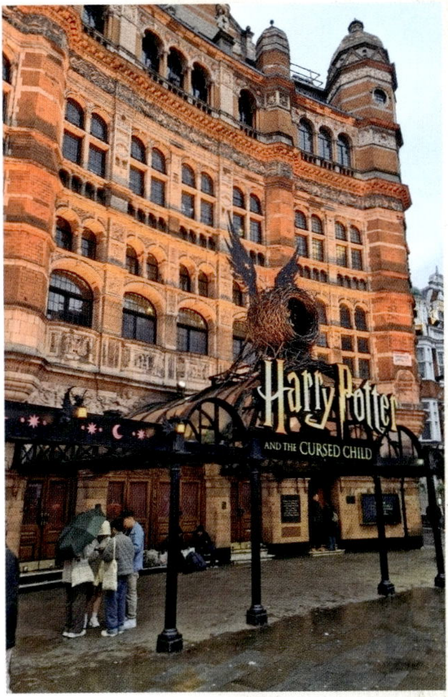

Im Palace Theatre am Londoner West End geht die Magie weiter – 19 Jahre später, nachdem Harry und seine Freundinnen und Freunde die magische Welt gerettet haben, spielt der achte Teil der Harry Potter-Geschichten und begleitet die nächste Generation der Hexen und Zauberer auf ihre Reise nach Hogwarts.

Das Theaterstück besteht aus zwei Teilen, die aufeinander aufbauen, d. h. ihr müsst Tickets für zwei verschiedene Vorstellungen buchen. In der Regel gelten die angebotenen Tickets für beide Vorstellungen – berücksichtigt das aber auf jeden Fall für eure Zeitplanung. Mit etwas Glück könnt ihr vergünstigte Last-Minute-Tickets an einem der Ticketschalter am Leicester Square ergattern *(z. B. am TKTS-Stand, Leicester Square, London WC2H 7DE)*. Wenn ihr sichergehen wollt, tatsächlich beide Shows während eures Aufenthalts zu Gesicht zu bekommen, ist es empfehlenswert, die Tickets vorab zu buchen. Die Ticketpreise variieren stark – je nach Kategorie könnt ihr Tickets zwischen 30 £ und 290 £ für beide Vorstellungen kaufen. Beachtet, dass die sehr günstigen Plätze meist eingeschränkte Sicht oder wenig Beinfreiheit haben (*Harry Potter and the Cursed Child*, Palace Theatre, 113 Shaftesbury Ave, London W1D 5AY, nächstgelegene U-Bahn-Stationen: Leicester Square, Covent Garden oder Tottenham Court Road, https://uk.harrypottertheplay.com).

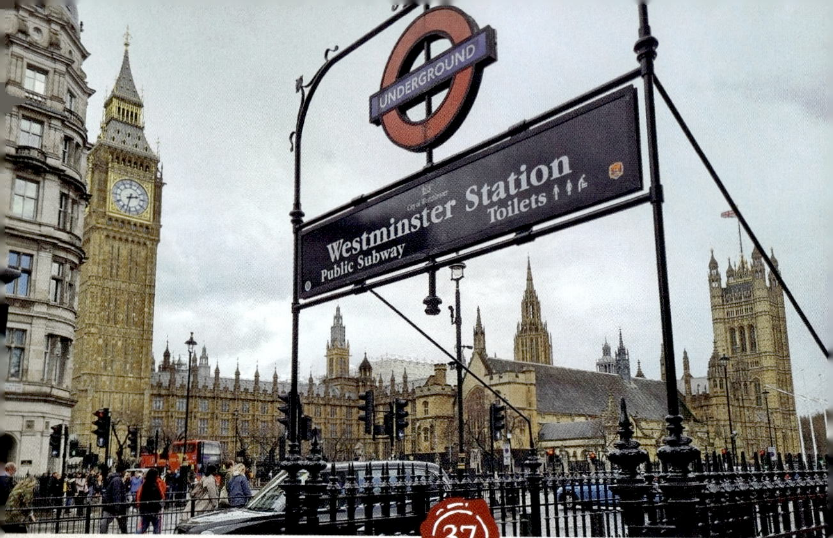

37

Westminster

Im Stadtbezirk Westminster findet ihr nicht nur einige der wichtigsten Sehenswürdigkeiten Londons, sondern auch mehrere Harry Potter-Drehorte – ein MUSS also für alle London-Besucher und Potterheads.

Westminster Underground Station

Die nächstgelegene U-Bahn-Station ist Westminster – und wenn ihr dort ankommt, habt ihr bereits den ersten Drehort erreicht. Hier sehen wir in *Harry Potter und der Orden des Phönix* Harry und Mr Weasley, die auf dem Weg ins Zaubereiministerium zu Harrys Anhörung sind. Die beiden fahren auf der Rolltreppe hinab. Mr Weasley tut sich etwas schwer mit der Fortbewegung in der Muggelwelt und bleibt prompt an der Ticketkontrolle hängen. Harry hilft ihm schnell aus der Patsche und zeigt ihm, wie man das Ticket richtig benutzt, damit sich die Schranke öffnet.

Big Ben & Houses of Parliament

Wenn ihr nun die U-Bahn-Station verlasst, seht ihr einige der Wahrzeichen Londons direkt vor euch. Allen voran der Big Ben – die vielleicht berühmteste Uhr der Welt. Tatsächlich ist der Name nicht korrekt – seit 2012 heißt der Uhrturm offiziell »Elizabeth Tower«. Big Ben heißt eigentlich nur die schwerste der insgesamt fünf Glocken im Inneren des

Turmes – doch umgangssprachlich wird der ganze Turm meist als Big Ben bezeichnet. An der Stelle ein wenig »unnützes« Wissen: Der berühmte Uhrenturm misst 96 Meter – und ist damit so hoch wie 21 aufeinandergestapelte London-Doppeldeckerbusse.

Die Houses of Parliament bzw. der Palast von Westminster ist der Sitz des britischen Parlaments. Im Gegensatz zu Big Ben, der nicht von innen besichtigt werden kann, werden verschiedene Touren durch den Palast von Westminster, durch das Speaker's House und durch das Parlament angeboten. Die Touren müssen vorab gebucht werden. Weitere Informationen findet ihr auf der Website des britischen Parlaments.

Den besten Blick auf den Palast von Westminster und Big Ben habt ihr von der Westminster Bridge. Sie hat zu beiden Seiten einen Fußweg – wählt in diesem Fall den Weg auf der rechten Seite, damit ihr freie Sicht auf die beeindruckenden Gebäude am Ufer der Themse habt.

In *Harry Potter und der Orden des Phönix* ist der Palast von Westminster zu sehen, als Harry und einige Mitglieder des Ordens auf ihren Besen entlang der Themse durch London fliegen *(Palace of Westminster, London SW1A 0AA, nächstgelegene U-Bahn-Station: Westminster, www.parliament.uk).*

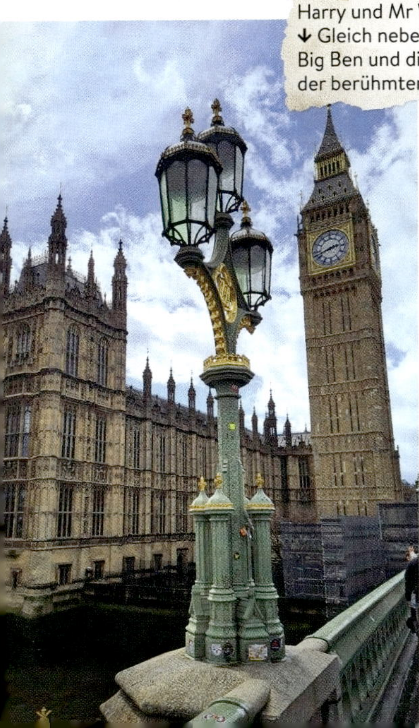

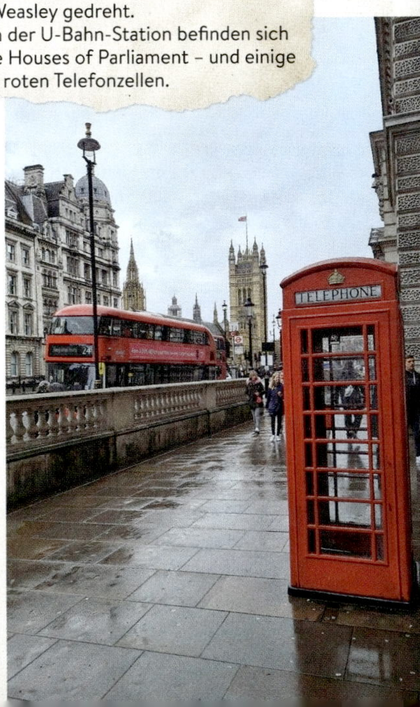

↖ In der Westminster Station wurden Szenen mit Harry und Mr Weasley gedreht.
↓ Gleich neben der U-Bahn-Station befinden sich Big Ben und die Houses of Parliament – und einige der berühmten roten Telefonzellen.

TIPP

LONDON EYE

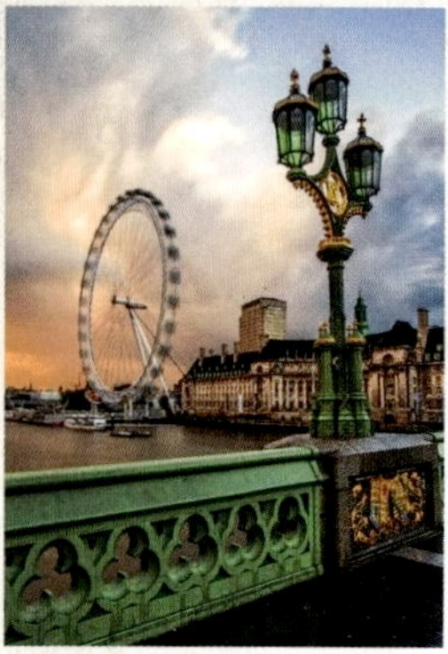

Wenn ihr die Brücke betretet, habt ihr auf der linken Seite einen wunderbaren Blick auf das berühmte Riesenrad London Eye. Es misst stolze 135 Meter und ist damit eines der größten Riesenräder der Welt. Die 32 Gondeln bieten einen fantastischen Blick über London. Ein einmaliges Erlebnis, das ihr am besten vorab buchen solltet, um euren gewünschten Zeit-Slot zu sichern und lange Wartezeiten zu vermeiden.

Auch in *Harry Potter und die Heiligtümer des Todes – Teil 2* können wir einen kurzen Blick auf das Riesenrad am Ufer der Themse werfen *(London Eye, Riverside Building, County Hall, London SE1 7PB, nächstgelegene U-Bahn-Station: Waterloo, Tickets: ab 30,50 £/Erwachsene, ab 27,50 £/ Kinder, Öffnungszeiten: in den Sommermonaten i. d. R. 10–20.30 Uhr, in den Wintermonaten i. d. R. 11–18 Uhr, an den Wochenenden 10–20.30 Uhr. Die aktuellen Zeiten könnt ihr auf der Website einsehen www.londoneye.com).*

Lambeth Bridge

Die Brücke mit ihren auffälligen roten Bögen führt über die Themse und verbindet den südlichen Teil von Westminster mit dem Borough of Lambeth. Die 236,5 Meter lange Brücke besteht aus Stahl und Stahlbeton. Zu beiden Seiten der Brücken schmücken Obelisken, deren Spitzen jeweils eine Ananas ziert, das Bauwerk.

Teile der Brücke sind rot gestrichen und greifen die Farbe der Sessel im House of Lords auf, dessen Sitzungssaal auf die Brücke blickt. Die benachbarte Westminster Bridge ist dagegen grün gestrichen, was wiederum der Farbe des House of Commons entspricht.

In *Harry Potter und der Gefangene von Askaban* trägt sich auf dieser Brücke Unglaubliches zu: Um zwischen zwei Doppeldecker-Bussen auf der Brücke hindurchzupassen, muss der »Fahrende Ritter« – ein magischer Bus, der Hexen und Zauberern in Not rettet – in der Breite so schrumpfen, dass er durch die minikleine Lücke schlüpfen kann. Das waghalsige Fahrmanöver gelingt und der Fahrer setzt seine wilde Fahrt unbehelligt fort *(Lambeth Bridge, Lambeth Rd, London SE1 7SG, direkt bei der Brücke gibt es keine U-Bahn-Station – die nächstgelegenen sind Lambeth North oder St James' Park. Wenn ihr aus der Entfernung einen Blick auf die Brücke werfen wollt, könnt ihr das von der Westminster Bridge aus tun).*

Westminster Abbey

Direkt neben Big Ben und den Houses of Parliament befindet sich die wohl berühmteste Kirche Londons: Westminster Abbey. Seit dem Jahr 1066 wurden hier 40 königliche Häupter gekrönt, darunter Königin Elizabeth II. ebenso wie 2023 ihr Sohn König Charles III. Prinz William und Kate gaben sich in dieser Kirche das Ja-Wort.

Wie in den meisten Kirchen kann man auch hier an einem Gottesdienst teilnehmen und hat dann freien Eintritt. Eine Besichtigung der Kirche ist während des Gottesdienstes jedoch nicht möglich *(Westminster Abbey, Dean's Yard, London SW1P 3PA, nächstgelegene U-Bahn-Station: Westminster, Eintritt: 30 £/Erwachsene, 13 £/Kinder, Öffnungszeiten: Mo–Fr 9.30–15.30 Uhr, Sa 9.00 –15 Uhr, www.westminster-abbey.org).*

↙ Blick von der Westminster Bridge auf die Lambeth Bridge
↓ Westminster Abbey liegt unweit der Westminster Station.
→ Must-Do: eine Fahrt mit einem der Doppeldecker-Busse

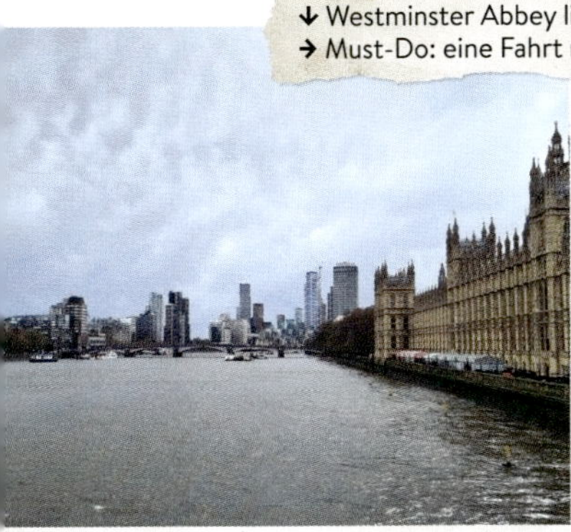

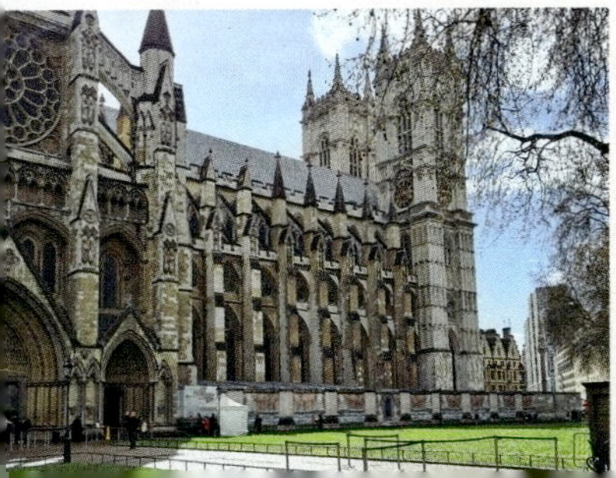

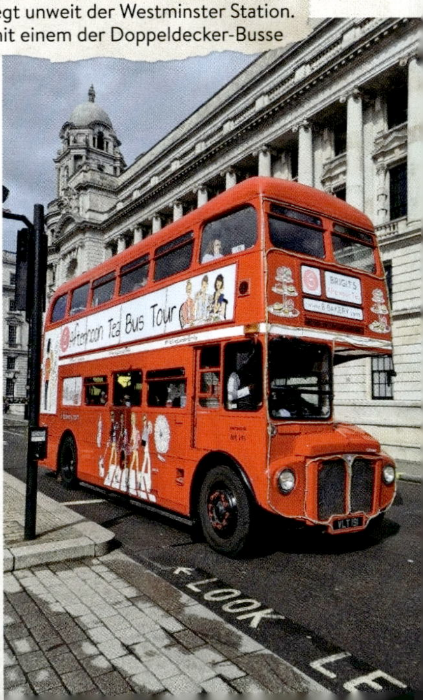

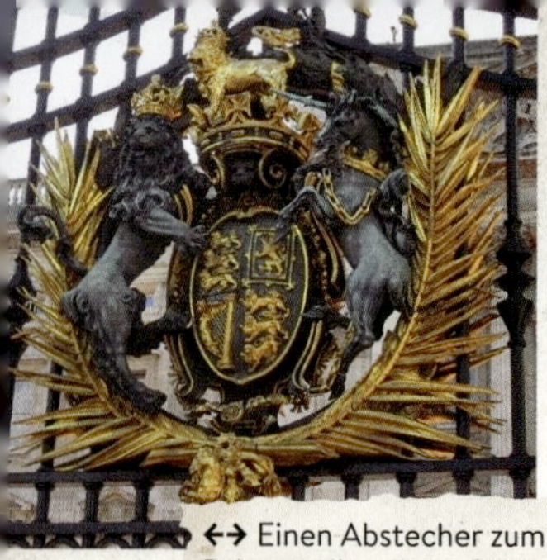

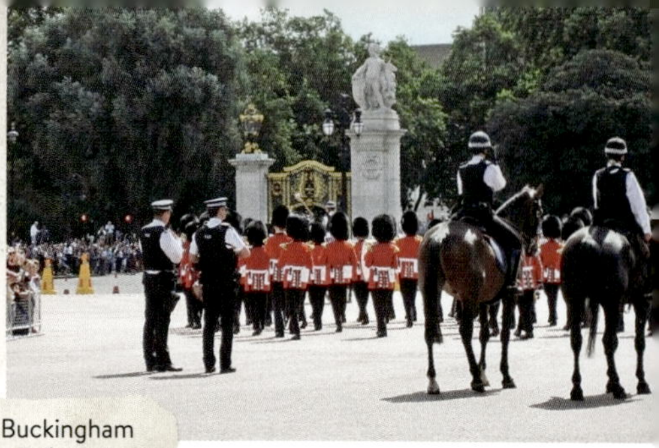

↔ Einen Abstecher zum Buckingham Palace solltet ihr auf jeden Fall einplanen und euch die Wachablösung ansehen.

Buckingham Palace

Eine der berühmtesten Sehenswürdigkeiten Londons liegt nur etwa 15 Gehminuten von Westminster Abbey entfernt: der Buckingham Palace – die offizielle Residenz des Königs in London. Ein absoluter Touristenmagnet ist die Wachablösung (Changing of the Guard) – sieben britische Regimenter dienen dem König und wechseln sich entsprechend ab. Vor allem, wenn ihr zum ersten Mal in London seid, solltet ihr euch dieses Spektakel nicht entgehen lassen. Hier ist allerdings ein bisschen Planung gefragt – die aktuellen Zeiten der Wachablösung werden vorab veröffentlicht – in der Regel beginnt sie um 11 Uhr und dauert etwa 45 Minuten. Auch den Ablauf und die Route der Regimenter könnt ihr dort einsehen. Wichtig ist, möglichst früh vor Ort zu sein und sich strategisch gut zu positionieren, sodass ihr die Wachablösung gut beobachten könnt. In den Sommermonaten findet die Wachablösung täglich statt, ansonsten nur montags, mittwochs, freitags und sonntags – sofern das Wetter es zulässt. Alle Infos zur Wachablösung: *www.householddivision.org.uk/changing-the-guard-overview*.

INFO

Buckingham Palace London SW1A 1AA, nächstgelegene U-Bahn-Stationen: »Hyde Park Corner«, »Green Park«, »Victoria« oder »St James's Park«. Der Buckingham Palace kann im Sommer i. d. R. von Mitte Juli bis Ende September besichtigt werden. Die genauen Termine könnt ihr der Website entnehmen. Öffnungszeiten: i. d. R. 9.00–17.45 Uhr. Es muss vorab ein verbindlicher Zeit-Slot reserviert werden. Tickets: 32 £/Erwachsene, ab 16 £/Kinder *(www.rct.uk/visit/buckingham-palace)*.

Downing Street 10 & Household and Cavalry-Museum

Wenn ihr von der Westminster Station kommend der Parliament Street in Richtung Great Scotland Yard folgt, kommt ihr direkt am Eingang zur Downing Street 10 vorbei – dem Wohnsitz des britischen Premierministers. Die Straße selbst ist nicht frei zugänglich, ihr könnt aber durch die großen Tore einen Blick auf den berühmten Hauseingang erhaschen.

Nur wenige Meter weiter befindet sich das »Household and Cavalry-Museum«. Das Museum widmet sich der Geschichte der königlichen »Horse Guards« – entsprechend wird es auch von den berittenen Soldaten bewacht. Wer nicht aufpasst, kann hier leicht mit einem der Pferde kollidieren, die direkt am Gehweg stehen. Die Pferde wirken auf Touristen offensichtlich sehr anziehend und so mancher versucht, sich möglichst nah an den Pferden fotografieren zu lassen. Wenn es den Soldaten zu bunt wird, oder ihnen gar jemand versucht, in die Zügel zu fassen, weisen sie aufdringliche Touristen mit lautem Gebrüll zurück. Die erschreckten Gesichter der Übeltäter wirken auf die zahlreichen Zuschauer nicht selten sehr erheiternd.

Auch wenn die Parliament Street im Film nicht zu sehen ist – hier seid ihr direkt auf den Spuren von Harry und Mr Weasley in *Harry Potter*

← Die Horse Guards vor dem Household and Cavalry-Museum sind ein Touristenmagnet.
→ Blick auf Great Scotland Yard

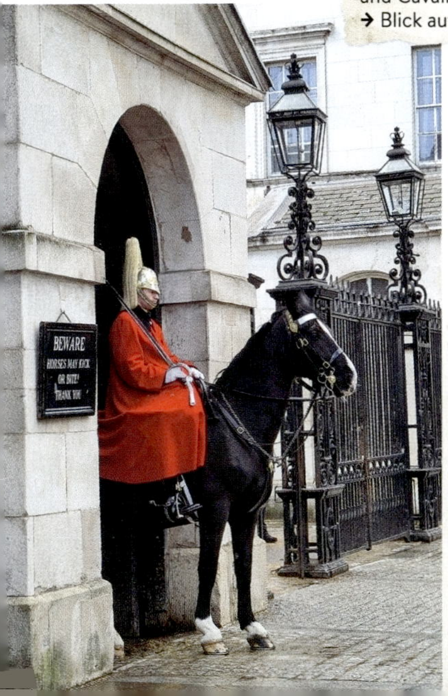

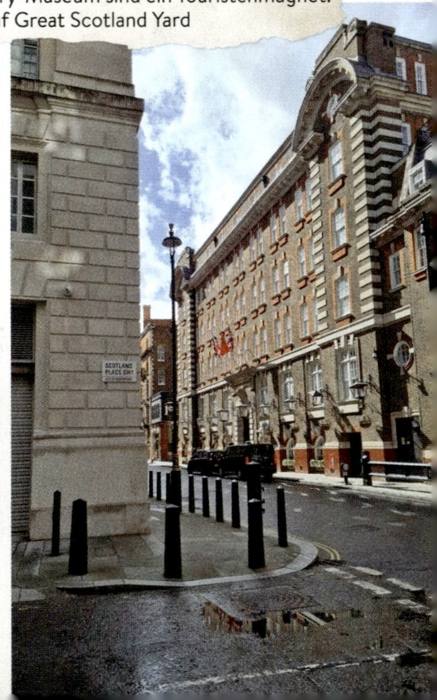

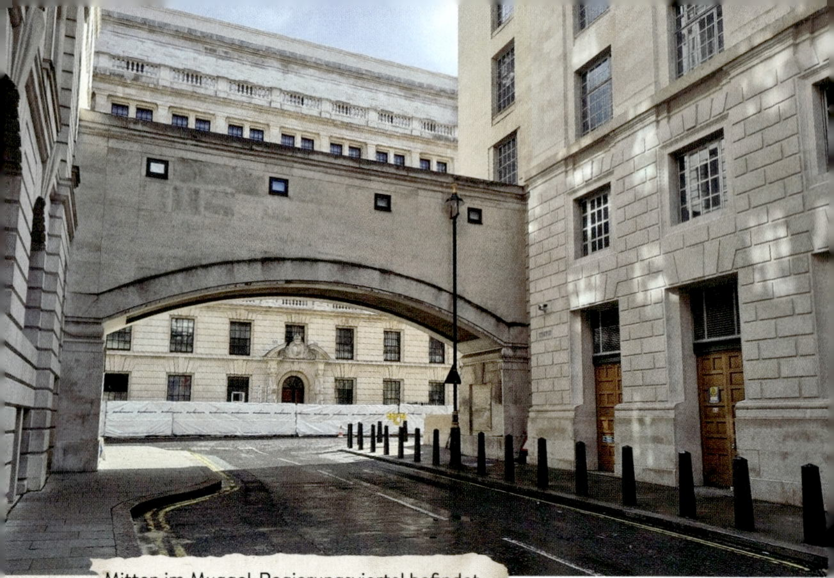

Mitten im Muggel-Regierungsviertel befindet sich auch der Eingang zum Zaubereiministerium.

und der Orden des Phönix unterwegs, die ebenfalls von der Westminster Station auf dem Weg zum Zauberministerium sind. Dort muss sich Harry einer Anhörung unterziehen, weil er als minderjähriger Zauberer Magie vor Muggeln eingesetzt hat.

Great Scotland Yard

Überquert ihr beim Household and Cavalry-Museum die Parliament Street, und folgt ein kurzes Stück der Horse Guard Avenue, passiert ihr das Verteidigungsministerium. Biegt dann links in die Straße Whitehall Ct. und weiter in die Whitehall Pl. – die Fassaden der Gebäude dienten als Kulisse für das Zaubereiministerium.

Nach wenigen Metern seht ihr rechts die Straße Scotland Pl. und die Brücke, die die beiden Häuser verbindet. Wenn ihr darunter hindurch geht, gelangt ihr zur Straße Great Scotland Yard. Hier befindet sich in *Harry Potter und der Orden des Phönix* der Eingang ins Zaubereiministerium. Es ist sicher kein Zufall, dass Joanne K. Rowling das Zaubereiministerium mitten ins Londoner Regierungsviertel zwischen all die »echten« Ministerien platzierte.

Natürlich ist der Eingang höchst ungewöhnlich gewählt: Wo für Muggel eine schnöde Telefonzelle steht, befindet sich für Hexen und Zauberer der Besuchereingang ins Zaubereiministerium. In der Telefonzelle befindet sich ein – für Muggel ebenfalls unsichtbarer – Aufzug, der geradewegs hinab ins Zaubereiministerium führt. Leider findet sich an der Ecke Great Scotland Yard/Scotland Place in Wirklichkeit keine Telefonzelle – für die Dreharbeiten wurde hier eine der markanten roten Telefonzellen auf- und anschließend auch wieder abgebaut.

In *Harry Potter und die Heiligtümer des Todes – Teil 1* sind Harry, Ron und Hermine auf der Suche nach Voldemorts Horkruxen und wollen das Slytherins Medaillon von Dolores Umbridge zurückholen. Wir sehen, wie Ron und Harry am Eingang des Zaubereiministeriums – abermals in Great Scotland Yard und Scotland Place – einer Mitarbeiterin des Zaubereiministeriums auflauern und sie durch eine Holztür ins Innere des Gebäudes tragen. Dort wartet Hermine mit zwei anderen »Opfern« – sie nehmen durch einen Vielsafttrank deren Gestalt an, um unauffällig ins Zaubereiministerium eindringen zu können. Das Holztor mit der eingelassenen Tür ist tatsächlich bis heute hier zu finden.

TIPP

GEORGIAN HOUSE HOTEL

Das Georgian House wurde 1851 erbaut und bietet magische Unterkünfte im Herzen von London. Die Zimmer sind zauberhaft und mit ganz viel Liebe zum Detail eingerichtet. Für Potterheads besonders spannend sind die Zauberzimmer »Enchanted Chambers«, in denen ein bis zwei Personen übernachten können, sowie die »Wizard Chambers« die Platz für bis zu vier Erwachsene und zwei Kinder bieten. Samstags und sonntags wird zudem von 13.30–17 Uhr ein »Wizarding Afternoon Tea« angeboten (Reservierung erforderlich unter pimlicopantry@georgianhousehotel.co.uk).
Wie, ihr wollt keinen Tee, ihr möchtet Zaubertränke brauen? Kein Problem, samstags und sonntags könnt ihr lernen, wie ihr leckere Cocktails und Mocktails mit einem magischen Touch selber herstellen – und am Ende natürlich kosten – könnt. Die Kurse finden jeweils von 17–18 Uhr statt und müssen vorab gebucht werden *(Georgian House Hotel, 35-39 St George's Dr, Pimlico, London SW1V 4DG, nächstgelegene U-Bahn-Station: Victoria oder Pimlico, Übernachtung im DZ mit Frühstück in einem der »Zauberzimmer« ab 245 £, www.georgianhousehotel.co.uk).*

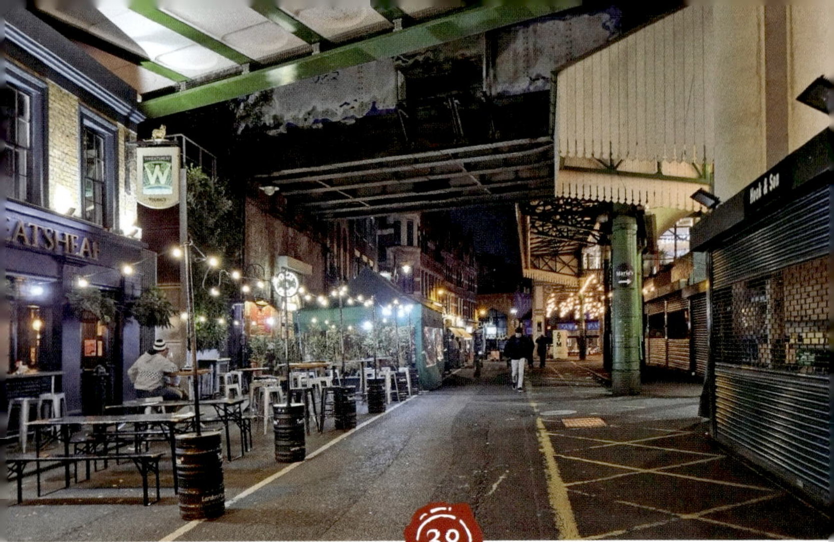

38

Borough Market

Der Borough Market ist Londons ältester Lebensmittelmarkt, der sich seit dem 13. Jahrhundert an dieser Stelle – unter den Eisenbahnbrücken – befindet. Kommt auf keinen Fall erst nach dem Essen hierher, denn hier bekommt ihr fantastisches Streetfood und Lebensmittel aus der ganzen Welt. Die Verführung lauert an jedem einzelnen Stand und ihr werdet nach eurem Besuch ganz sicher pappsatt sein. Einziges Problem sind die oft langen Warteschlangen, die sich vor allem an den Wochenenden bilden. Rund um den Markt gibt es zahlreiche Restaurants, falls ihr es etwas gemütlicher haben wollt.

Am Rande dieses quirligen Marktes fanden Dreharbeiten für *Harry Potter und der Gefangene von Askaban* statt – allerdings bei gespenstischer Ruhe mitten in der Nacht.

Noch ein Eingang zur Winkelgasse

Hier setzt der »Fahrende Ritter« Harry ab, nachdem dieser aus dem Haus der Dursleys geflüchtet ist und nicht weiß, wohin er nun gehen soll. Der Notfallbus für Hexen und Zauberer bringt ihn zum Eingang des »Tropfenden Kessels«. Für die Szene wählte die Filmcrew dieses Mal nicht Leadenhall Market als Location, sondern filmte am Rande des Borough Market in der 7a Stoney Street, Southwark, London SE1 9AA.

TIPP

ZU FUSS AUF MAGISCHEN SPUREN: HARRY POTTER-TOUREN IN LONDON

In London werden zahlreiche Harry Potter-Touren zu den wichtigsten Drehorten angeboten. In der Regel dauern die Spaziergänge etwa zwei Stunden. Weitere Infos findet ihr z. B. unter *www.tourformuggles.com*. Hier kosten die Touren 17 £ für Erwachsene und 15 £ für Kinder.
Ein weiterer empfehlenswerter Anbieter ist »See your City«, der auch verschiedene Walking-Touren in London anbietet – darunter auch eine Harry Potter-Tour. Die Tour dauert 2,5 Stunden und kostet 20 £ *www.seeyour.city/london*.

↖↙↓ Rund um den Borough Market kann man wunderbar schlemmen – hier befand sich auch ein Eingang zum »Tropfenden Kessel«.
→ Nächtlicher Blick auf die Themse und »The Shard«

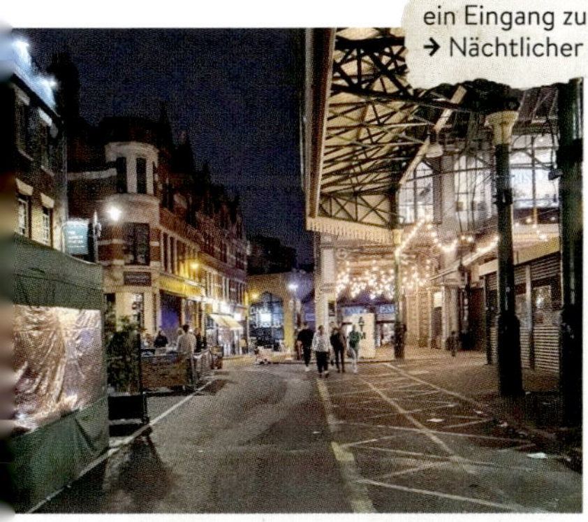

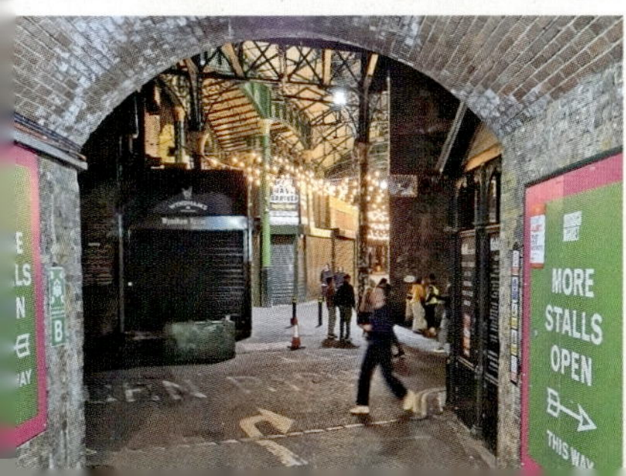

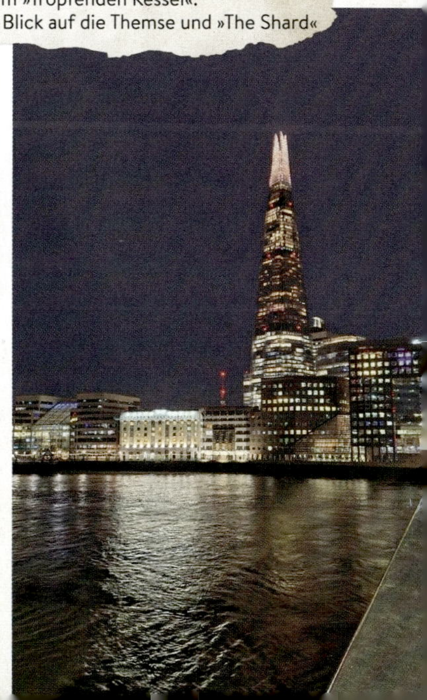

Der Eingang zum Ziegelsteingebäude direkt unter der Eisenbahnbrücke diente als Eingang zum »Tropfenden Kessel« – dort befindet sich im Moment allerdings ein mexikanischer Imbiss, der in den kühleren Monaten noch dazu ein Zelt vor dem Eingang platziert, um das Sitzen im Freien trotz schlechter Witterung zu ermöglichen. So ist der Blick auf den Eingang leider oft versperrt. Wenn ihr echte Potter-Atmosphäre spü-

TIPP

SHOPPING FÜR POTTERHEADS IN LONDON

In London findet ihr eine Vielzahl an Shopping-Möglichkeiten für Harry Potter-Souvenirs aller Art. Vergleicht unbedingt die Preise – vor allem die Läden in der Oxford Street sind zum Teil doch sehr überteuert. Folgende Shops, außer den bisher genannten, führen ein breitgefächertes Sortiment und lohnen einen Besuch:

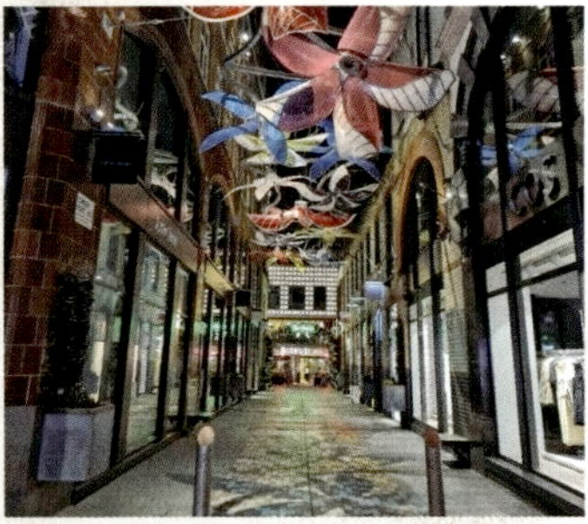

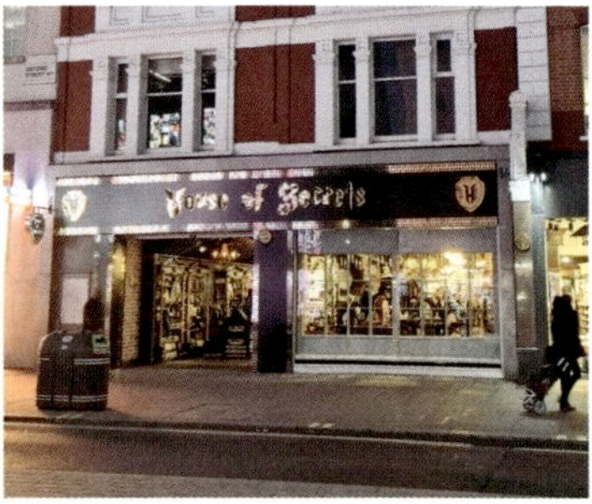

House of Spells Im Londoner Stadtteil Soho findet ihr das »House of Spells«. Ein toll dekorierter Laden, der Waren zu den verschiedensten Fantasy-Filmen führt – darunter eine große Auswahl an Harry Potter-Artikeln – auch dieser Laden ist bei den Fans natürlich sehr beliebt – aber meist nicht so extrem voll wie der Harry Potter-Shop in King's Cross (*House of Spells, 69–71 Charing Cross Rd, London WC2H 0NE, nächstgelegene U-Bahn-Station: Leicester Square, https://houseofspells.co.uk*).
Hamleys Dieser Laden lässt Kinderherzen höher schlagen (und auch die Erwachsenen werden sich schnell verzaubern lassen). Hamleys ist einer der

ren wollt, solltet ihr am späten Abend hierher kommen, wenn der Markt geschlossen und die Straßen fast menschenleer sind. Allerdings solltet ihr dann unbedingt zu einem späteren Zeitpunkt zurückkehren, um das leckere Streetfood zu genießen *(Borough Market, 8 Southwark Street, London, SE1 1TL, Öffnungszeiten: Di–So 10–17 Uhr (samstags ab 9 Uhr), montags geschlossen, www.boroughmarket.org.uk).*

ältesten Spielzeugläden in London – hier könnt ihr lange stöbern und jede Menge toller Sachen entdecken – darunter auch ein breites Angebot an Harry Potter-Artikeln *(Hamleys, 188–196 Regent St., London W1B 5BT, nächstgelegene U-Bahn-Station: Piccadilly Circus, www.hamleys.com).*

LEGO Store Der größte LEGO Store der Welt befindet sich am Leicester Square und bietet eine riesige Auswahl – darunter auch jede Menge Bausets aus der magischen Welt *(LEGO Store, 3 Swiss Ct., London W1D 6AP, nächstgelegene U-Bahn-Station: Leicester Square).*

Harrods Auch in der Spielzeugabteilung des Kaufhauses Harrods findet ihr einen Harry Potter-Bereich mit Merchandise-Artikeln aller Art. Ein Besuch dort lässt sich sehr gut mit einem Bummel durch das wohl berühmteste Kaufhaus Londons kombinieren *(Harrods, 87–135 Brompton Road, Knightsbridge, London SW1X 7XL, nächstgelegene U-Bahn-Station: Knightsbridge, www.harrods.com).*

Primark Das Harry Potter-Sortiment des Primark an der Oxford Street ist sehr umfangreich – hier könnt ihr zu sehr günstigen Preisen Stofftiere, Schreibwaren, Kissen, Bekleidung und Dekorationsartikel im Harry Potter-Design kaufen – das Sortiment wechselt immer wieder, aber es lohnt sich, auf jeden Fall mal dort vorbeizuschauen *(Primark, 14–28 Oxford St, London W1D 1AU, nächstgelegene U-Bahn-Station: Tottenham Court Road).*

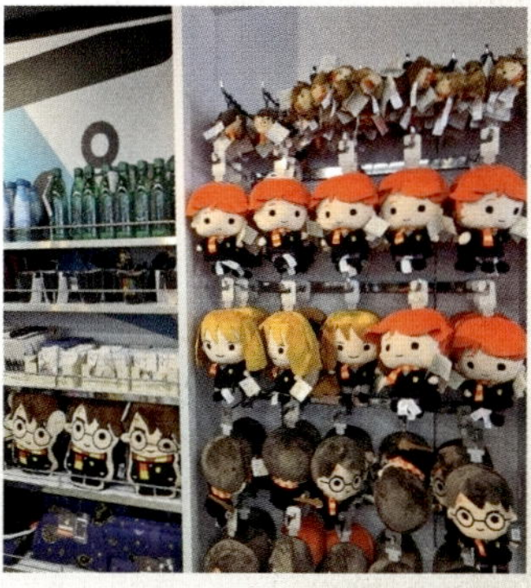

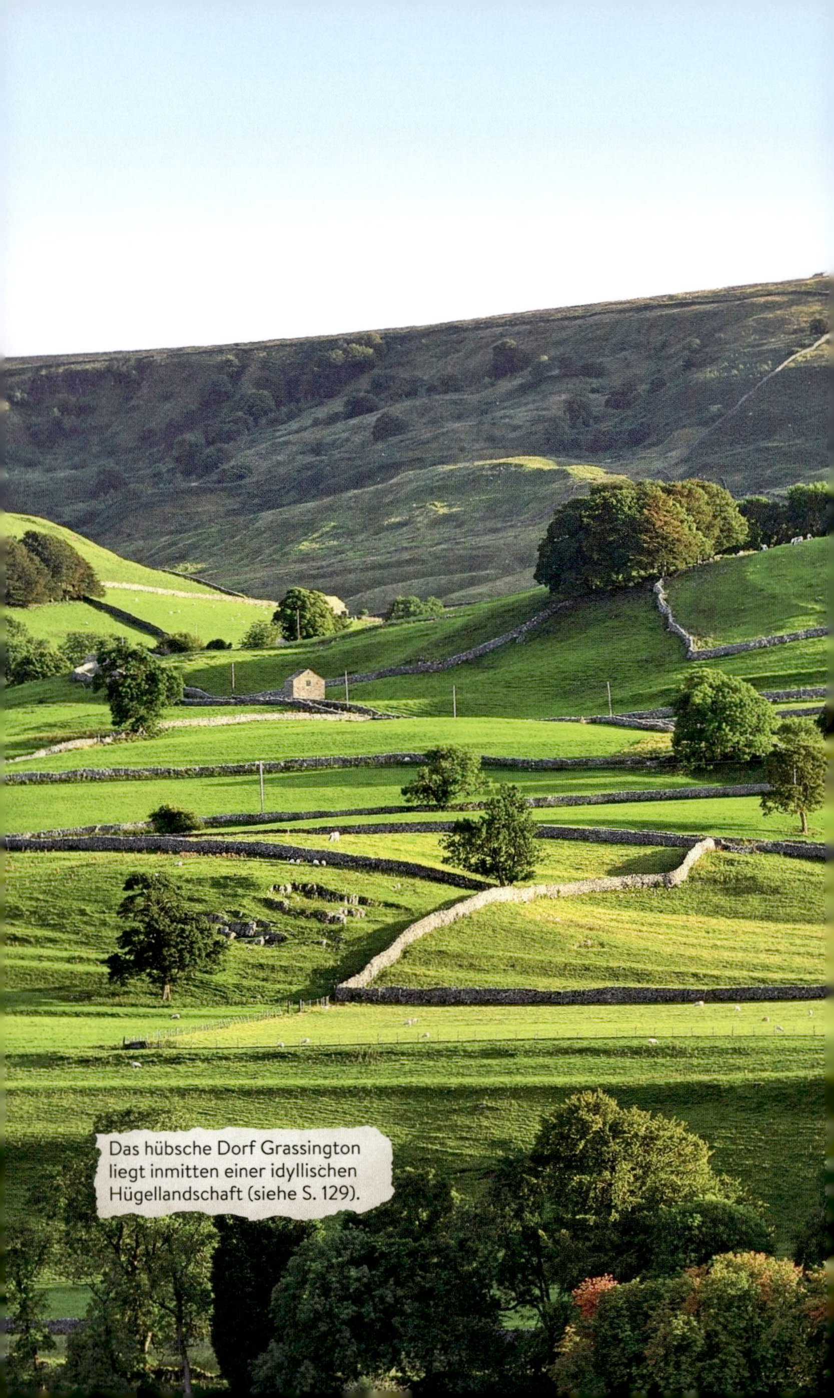

Das hübsche Dorf Grassington liegt inmitten einer idyllischen Hügellandschaft (siehe S. 129).

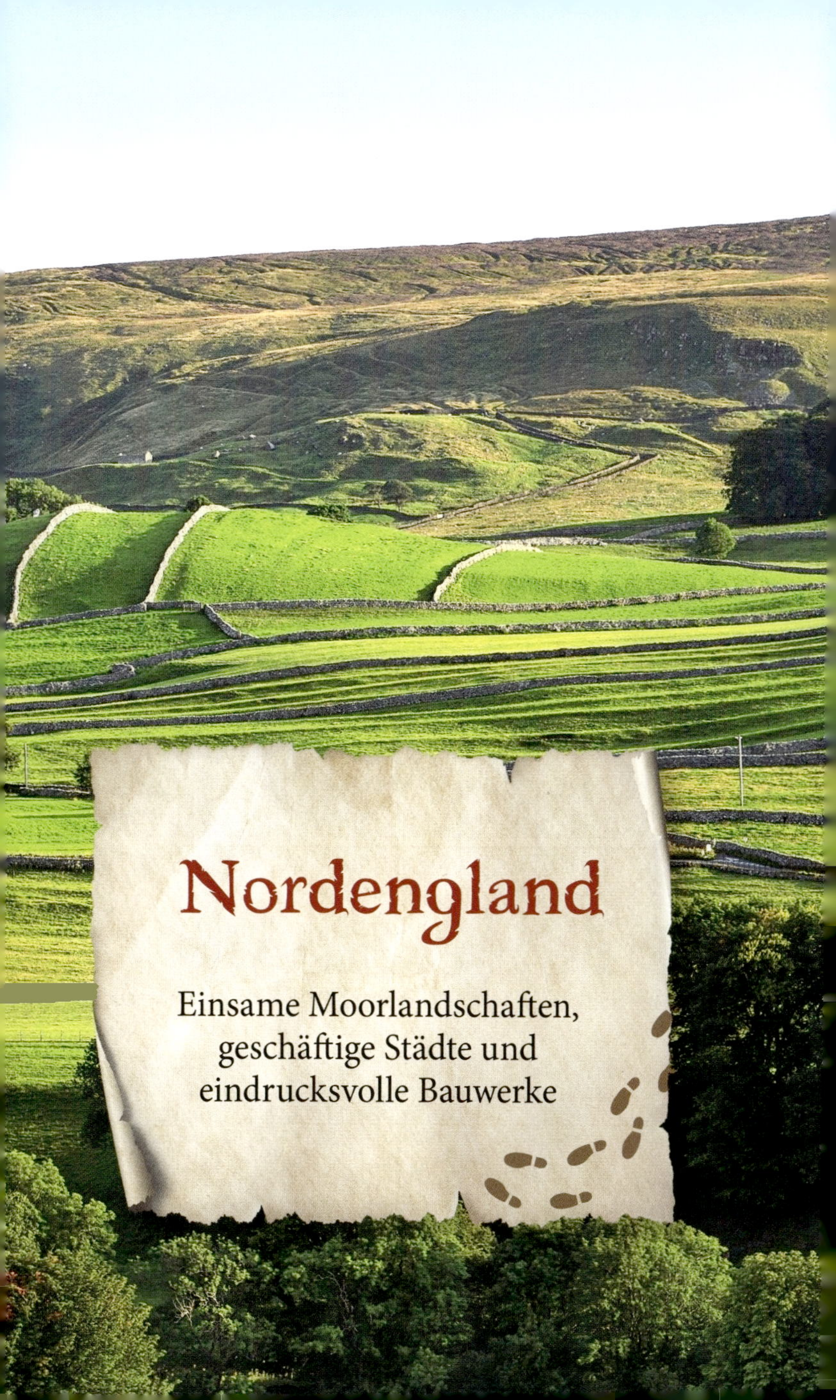
Nordengland
Einsame Moorlandschaften,
geschäftige Städte und
eindrucksvolle Bauwerke

Imposante Schlösser, karge Moorlandschaften, eindrucksvolle Felsformationen und lebhafte mittelalterliche Städtchen – Nordengland hat jede Menge anzubieten! So sind einige der beeindruckendsten Harry Potter-Filmlocations in diesem Teil des Landes verortet: In Alnwick Castle wurden zahlreiche Hogwarts-Szenen gedreht, die Klostergänge von Durham Cathedral dienten als Kulisse für den Innenbereich von Hogwarts und der Bilderbuch-Bahnhof von Goathland ist in den Filmen als Bahnhof von Hogsmeade zu sehen.

Magisch

WEIL

Die Mischung aus faszinierenden Landschaften, beeindruckenden Bauwerken und pulsierenden Städtchen hat einen ganz besonderen Reiz. Hier sind Drehorte für die Zauberschule Hogwarts und den Bahnhof von Hogsmeade zu finden sowie reichlich Inspiration für die filmische Darstellung der Winkelgasse.

DIE 3 MUST DOS:

Durham ★ Goathland ★ Alnwick Castle

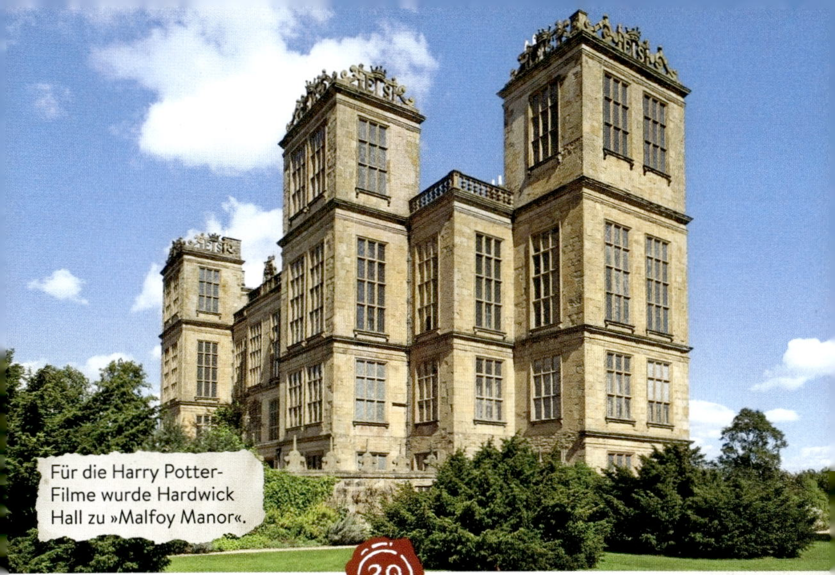

Für die Harry Potter-Filme wurde Hardwick Hall zu »Malfoy Manor«.

39

Hardwick Hall

Das beeindruckende Herrenhaus Hardwick Hall in Derbyshire, unweit der Autobahn M 1 in Doe Lea nahe Chesterfield, diente als Kulisse für die Außenaufnahmen von »Malfoy Manor«. Wundert euch aber nicht, wenn ihr das Gebäude nicht auf den ersten Blick wiedererkennt. Als »Malfoy Manor« erhielt das altehrwürdige Herrenhaus noch einige imposante Türme und Zinnen, die unverkennbare Eibenallee wurde auf die andere Seite des Gebäudes verlegt und der Garten erhielt zusätzliche Tore und Zäune – »Movie-Magic« eben.

TIPP

EINE NACHT IN HARDWICK HALL

Wer möchte, kann auch auf dem Anwesen übernachten. Es werden mehrere, sehr gut ausgestattete Ferienwohnungen in verschiedenen Größen und Kategorien vermietet (*Standardzimmer ab 135 £, https://hardwickhallhotel.co.uk/*).

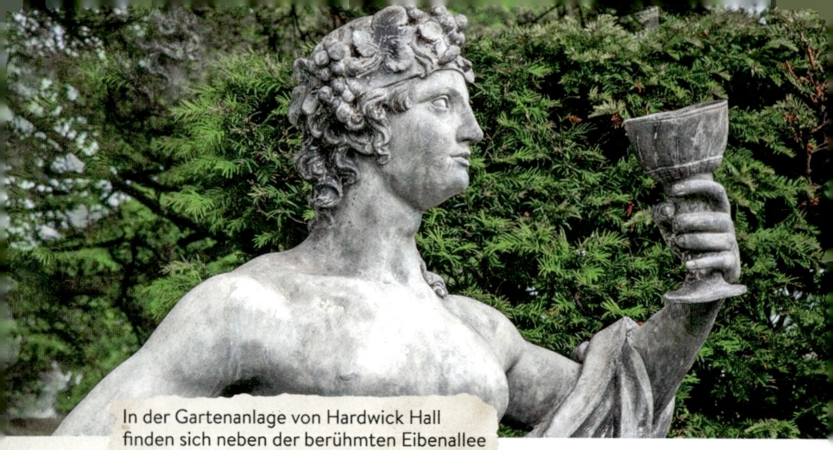

In der Gartenanlage von Hardwick Hall finden sich neben der berühmten Eibenallee auch kunstvoll gefertigte Steinstatuen.

Hardwick Hall alias »Malfoy Manor« ist am Anfang von *Harry Potter und die Heiligtümer des Todes – Teil 1* zu sehen, als Snape zum Treffen der Todesser erscheint. Im Verlauf des Filmes ist es noch einmal in der Szene zu sehen, in welcher die Greifer ihre Geiseln Harry, Ron und Hermine abliefern.

Für die Innenaufnahmen von »Malfoy Manor« wurde Hardwick Hall nicht genutzt, da diese ausschließlich in einem eigens gebauten Filmset gedreht wurden. Allerdings ließ sich die Filmcrew dabei durchaus von den Innenräumen von Hardwick Hall inspirieren.

In den Büchern ist der Wohnsitz der Malfoys in der südwestenglischen Grafschaft Wiltshire verortet – ein prächtiges Anwesen mit Pfauen und Springbrunnen, das die Eitelkeit und den Reichtum der Familie auf den ersten Blick sichtbar machen soll.

Das weitläufige Anwesen Hardwick Hall and Garden wird heute vom National Trust verwaltet und lohnt sowohl eine Besichtigung der Innenräume als auch des Gartens. Zudem lassen sich hier wunderbar ausgedehnte Spaziergänge unternehmen.

INFO

Hardwick Hall, Doe Lea, Chesterfield, Derbyshire, S44 5QJ. Öffnungszeiten: i. d. R. Gärten 9–18 Uhr, Haus 11–15.30 Uhr, Eintritt: ab 19 £/Erwachsene, ab 9,50 £/Kinder, 42,50 £/Familien *(www.nationaltrust.org.uk/visit/peak-district-derbyshire/hardwick)*

40

Liverpool

Auch Liverpool diente als Drehort für die Harry Potter-Filme. So wurde im Queensway Tunnel die wilde Verfolgungsjagd auf den Besen bzw. in Hagrids fliegendem Motorrad mit Harry im Seitenwagen auf Kamera gebannt – zu sehen in *Harry Potter und die Heiligtümer des Todes – Teil 1*. Praktischerweise war der Tunnel im September 2009 sowieso für Reparaturarbeiten gesperrt, sodass die Crew dort ungestört für vier Tage drehen konnte.

Das Innere des Queensway Tunnels diente zusätzlich noch als Kulisse für Dartford Crossing, das ebenfalls in den Außenaufnahmen in *Harry Potter und die Heiligtümer des Todes – Teil 1* zu sehen ist.

Schauspieler und Schauspielerinnen waren bei diesen Dreharbeiten nicht vor Ort, dafür allerdings jede Menge Stuntleute, um die spektakulären Szenen in den Kasten zu bekommen.

Extra nach Liverpool zu fahren, um das Innere des Queensway Tunnels anzusehen, lohnt sich nicht, solltet ihr aber in Liverpool sein und den Tunnel durchqueren, wisst ihr nun, dass ihr ein Harry Potter-Filmset durchquert.

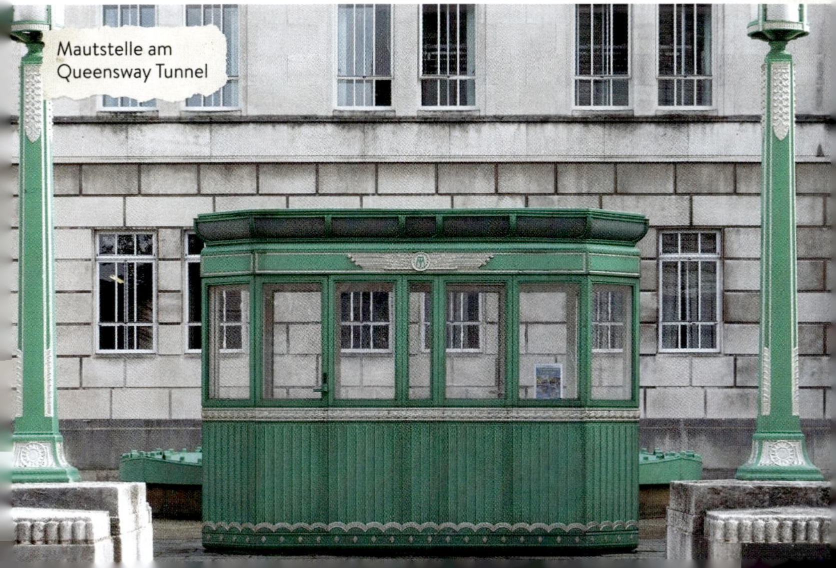

Mautstelle am Queensway Tunnel

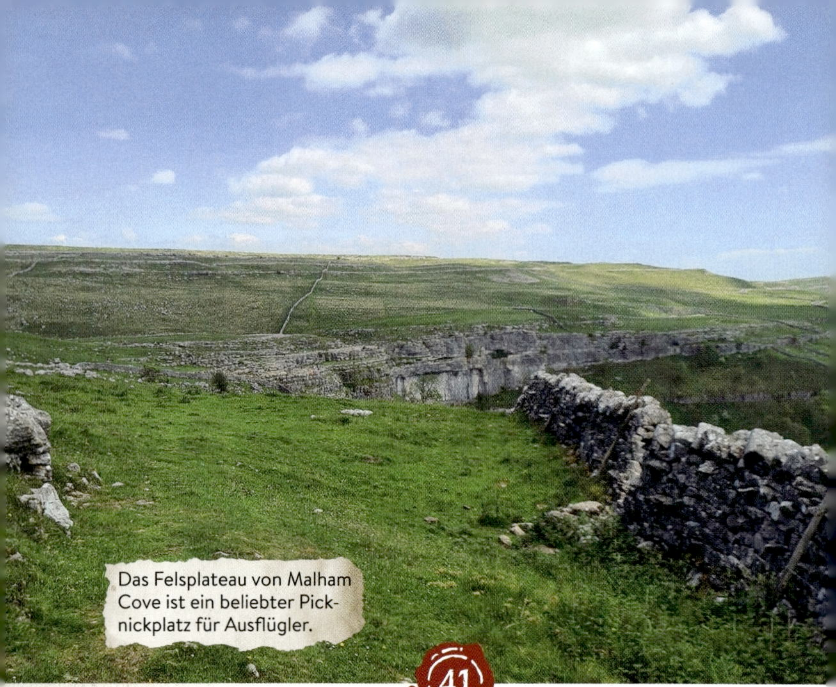

Das Felsplateau von Malham Cove ist ein beliebter Picknickplatz für Ausflügler.

41

Malham Cove

Das kleine Dörfchen Malham, das im südlichen Teil der Yorkshire Dales in North Yorkshire liegt, ist in eine atemberaubende Landschaft eingebettet. Die größte Naturattraktion der ganzen Region befindet sich in Sichtweite des Dorfes: Malham Cove. Eine spektakuläre Kalksteinformation, die sich über eine Breite von 300 Metern erstreckt und deren Steilwand 80 Meter hoch ist. Sie verläuft in einem Halbkreis, der an ein gewaltiges Amphitheater erinnert. Die Formation entstand durch das Schmelzwasser der Gletscher in der letzten Eiszeit, als ein Wasserfall an dieser Stelle in die Tiefe stürzte. Heute ist hier normalerweise kein Wasserfall mehr zu sehen, das Wasser versickert im Boden und fließt im Untergrund in die Tiefe. Aufgrund starker Regenfälle aber erwachte der Wasserfall am 6. Dezember 2015 nach vermutlich über 200 Jahren zum ersten Mal wieder zum Leben – für exakt einen Tag. Aber für diesen einen Tag konnte er einen Rekord für sich verbuchen: als höchster Wasserfall Großbritanniens.

Wo Harry und Hermine zelten

Ein relativ ebener und gut ausgebauter Fußweg führt über etwa 1,6 Kilometer von Malham zur Malham Cove. Sehenswert ist jedoch nicht nur die massive Kalksteinwand selbst, sondern vor allem auch ihre zerklüftete Oberfläche, die einen einzigartigen Lebensraum für viele seltene Blumen und Pflanzen bietet. Diese wiederum dürfte allen Potterheads bekannt vorkommen, denn hier zelteten Harry und Hermine in *Harry Potter und die Heiligtümer des Todes – Teil 1*. An diesem Ort entdeckt Harry das Geheimnis des Schnatzes und Hermine die Symbole der Heiligtümer des Todes im Märchenbuch von Beedle dem Barden. Und erinnert ihr euch an die Szene, in der Harry und Hermine miteinander tanzen? Auch diese Szene spielt im magischen Zelt auf den Kalksteinfelsen – wurde allerdings im Studio gedreht.

Schöne Wanderung durch die Yorkshire Dales

Um die beeindruckende Hochfläche zu erreichen, müsst ihr erst einmal die 400 teils steilen Stufen auf der linken Seite der Malham Cove erklimmen – nach dem schweißtreibenden Aufstieg werdet ihr dafür mit einem atemberaubenden Blick über die Yorkshire Dales belohnt. Dort oben zu zelten ist allerdings nicht erlaubt, diesen zauberhaften Campingspot durften nur Harry und Hermine mit ihrem magischen Zelt genießen.

Wenn ihr Malham Cove besuchen wollt, müsst ihr das Auto in Malham abstellen. Vor allem an den Wochenenden und an Feiertagen kann es hier – besonders bei schönem Wetter – sehr voll werden, denn es gibt nur begrenzte Parkkapazitäten. In diesem Fall solltet ihr versuchen, möglichst früh da zu sein, oder sogar vor Ort zu übernachten, um rechtzeitig starten zu können.

In Malham gibt es ein Besucherzentrum, das euch mit Informationen zu den Wanderwegen etc. versorgt. Neben Malham Cove sind auch der

INFO

Wenn ihr der schmalen **Single Track Road (Cove Road)** aus dem Dorf hinaus folgt, könnt ihr auf der linken Seite zwar Malham Cove sehen, jedoch gibt es dort keine Parkplätze. Die Straße wird zu beiden Seiten von Steinmauern flankiert und es ist gar nicht so einfach, eine Möglichkeit zum Umdrehen zu finden. Wenn ihr Malham Cove in aller Ruhe erkunden wollt, bleibt euch nichts anderes übrig, als das Auto im Dorf zu parken und zu Fuß weiterzugehen. Das Parken im Dorf ist kostenpflichtig (5,50 £/Tag).

malerische Wasserfall Janet's Foss und die Schlucht Gordale Scar sehenswert. Sie alle liegen nicht allzu weit voneinander entfernt und können im Rahmen einer etwas über sieben Kilometer langen Rundwanderung miteinander verbunden werden. Die Wanderung führt erst zur Malham Cove, dann oberhalb der Kalksteinformation nach rechts in Richtung Gordale Scar. Nach einem Blick in die Schlucht geht ihr den Weg wieder am Bach Gordale Beck entlang und weiter zum Wasserfall Janet's Foss. Früher wurden hier die Schafe gebadet, heute erfrischen sich Wanderer im kühlen Nass. Diese Rundwanderung ist auch für Familien gut machbar – Voraussetzung sind aber festes Schuhwerk und gute Trittsicherheit. Vorsicht ist vor allem auf den steilen Treppen und auf den zerklüfteten Felsen geboten. Bei Regen kann es hier sehr rutschig werden.

Die Wege sind zwar ausgeschildert, aber als solche an manchen Stellen nicht gut zu erkennen. Informationen zu den Wanderrouten und Kartenmaterial erhaltet ihr im Besucherzentrum in Malham Cove.

TIPP

THE LISTER ARMS

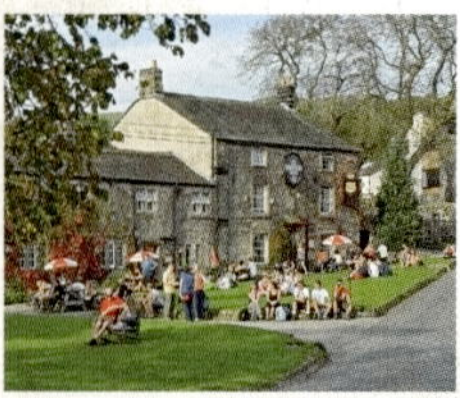

Im Herzen von Malham befindet sich das charmante Hotel The Lister Arms. Ein traditionelles Steincottage, das rundum von Kletterpflanzen bewachsen ist und richtig romantisch anmutet. Hier kann man nicht nur in schönem Ambiente gut essen, sondern auch in sehr gemütlichen und äußerst geschmackvoll eingerichteten Zimmern übernachten. Angeboten werden Zimmer in verschiedenen Kategorien, sowohl über dem Restaurant als auch in einem Nebengebäude. Eine kleine Oase inmitten der Yorkshire Dales. Bei schönem Wetter kann man draußen im Biergarten sitzen – bei Schmuddelwetter in der Bar am offenen Kamin entspannen. Gekocht wird alles frisch und mit regionalen Produkten. Hier nächtigten den Erzählungen zufolge bei den Dreharbeiten auch die Schauspieler und Schauspielerinnen sowie die Filmcrew der Harry Potter-Filme – obgleich es schon so lange zurückliegt, dass die heutigen Mitarbeiter damals noch gar nicht vor Ort waren (*The Lister Arms, Malham, Skipton BD23 4DB. DZ mit Frühstück ab 127 £, www.listerarms.co.uk*).

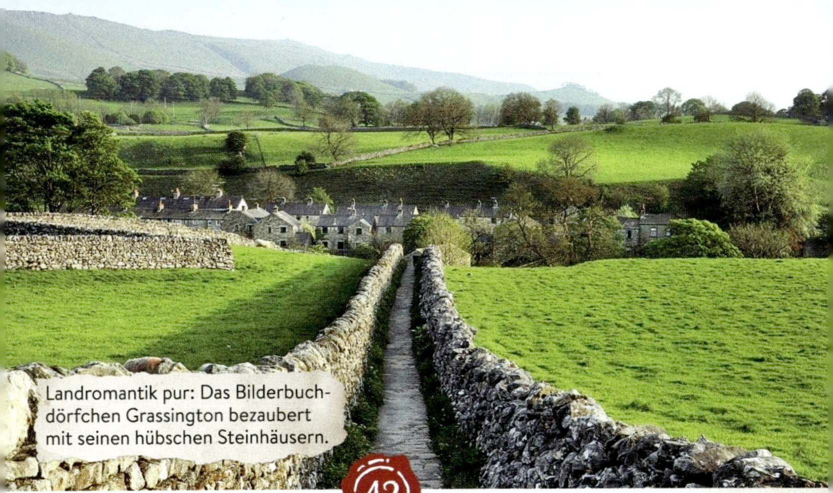

Landromantik pur: Das Bilderbuchdörfchen Grassington bezaubert mit seinen hübschen Steinhäusern.

42

Grassington Moor

Das idyllische Dörfchen Grassington liegt etwa dreißig Fahrminuten von Malham entfernt. Es lohnt schon allein deshalb einen Besuch, weil es mit seinen schmalen Gassen und hübschen Steincottages begeistert und jede Menge reizvolle Fotomotive bietet. Fans der Bücher von James Herriot und der Fernsehserie *Der Doktor und das liebe Vieh* finden hier das fiktive Städtchen »Darrowby«, in dem der Tierarzt residiert und so allerhand erlebt.

Im Grassington Moor, das direkt hinter dem Dorf beginnt, fanden auch die sogenannten Second Unit-Dreharbeiten für *Harry Potter und die Heiligtümer des Todes – Teil 1* statt. In dieser einsamen Landschaft wurden die Hintergrundbilder für das Haus von Xenophilius und Luna Lovegood gedreht. Schauspieler und Schauspielerinnen waren bei diesen Dreharbeiten nicht anwesend – und auch das schwarze, zylinderförmige Haus der Lovegoods, das in den Filmen auf einem markanten Hügel steht, sucht man hier vergeblich. Wer jedoch gerne wandert, findet im einsamen Grassington Moor den etwa fünf Kilometer langen Lead Mining Trail. Er führt zu den Ruinen alter Bleiminen, die an längst vergange Zeiten erinnern.

In den Büchern ist das Haus der Lovegoods übrigens in Süddevon verortet – unweit des »Fuchsbaus«, dem Haus der Weasleys. Weitere Informationen unter: *www.discovergrassington.co.uk*

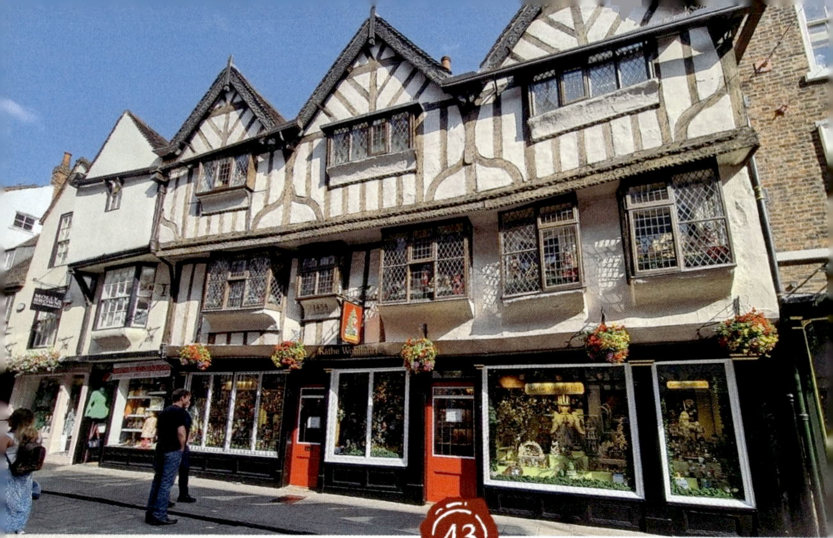

43

York

In York wurde vermutlich nur eine einzige kleine Szene für einen der Harry Potter-Filme gedreht – und zwar am Bahnhof. Eigentlich überqueren Hagrid und Harry in *Harry Potter und der Stein der Weisen* am 1. September die Fußgängerbrücke über die Gleise am Bahnhof King's Cross in London – doch tatsächlich wird gemunkelt, dass die Dreharbeiten auf der Brücke am Bahnhof von York stattgefunden haben. Im Film drückt Hagrid hier Harry sein Ticket für den Hogwarts Express in die Hand. Der Rest der Szene wurde dann aber in King's Cross gedreht.

Dennoch wird die Stadt oft in einem Atemzug mit den Filmen genannt. Vermutlich liegt es daran, dass die Gasse »The Shambles« in der Altstadt von York das Filmteam zum Aussehen der Winkelgasse in den Filmen inspiriert haben soll. Tatsächlich meldete sich J. K. Rowling auf Twitter zu Wort und erklärte, dass sie nie in York gewesen ist und »The Shambles« nie gesehen hat (vermutlich ließen sich die Autorin und die Filmemacher sowieso durch eine Mischung der Eindrücke von verschiedenen Orten inspirieren) – ein Besuch in der lebhaften Altstadt von York lohnt sich dennoch allemal. Dort flankieren uralte, schiefe Fachwerkhäuser die schmalen Gassen, in denen sich jede Menge Touristen aus aller Welt tummeln. Natürlich solltet ihr unbedingt durch »The Shambles« schlendern und durch die verschiedenen Geschäfte stöbern. Einige der

Ladenfronten erinnern wahrhaftig an die Läden in der Winkelgasse. Noch dazu gibt es gleich mehrere Shops, die Harry Potter-Merchandise verkaufen, darunter auch »The Shop That Must Not Be Named«, der für alle Besucher, die mit dem Besen anreisen, direkt vor der Tür eine Parkmöglichkeit eingerichtet hat *(The Shop That Must Not Be Named, 30 Shambles, York YO1 7LZ, www.theshopthatmustnotbenamed.co.uk)*. Am schönsten ist »The Shambles« in den Abendstunden oder bei Nacht – dann wirkt die mittelalterliche Gasse erst so richtig geheimnisvoll.

The Potions Cauldron, York

Falls ihr Lust habt, eigene Zaubertränke in Form von ganz besonderen Cocktails zu kreieren, könnt ihr das bei »The Potions Cauldron« lernen. Die »York Cauldron Experience« wird mit alkoholischen und alkoholfreien Getränken angeboten und sollte möglichst vorab gebucht werden. Vor Ort könnt ihr zudem allerlei magische Getränke zum Mitnehmen kaufen *(The Potions Cauldron, 9¾ Shambles, York YO1 7LZ, www.thepotionscauldron.com)*. Haltet auch Ausschau nach dem kleinsten ›Häuschen‹ der Shambles – es hat die Hausnummer 10 und befindet sich direkt bei »The Potions Cauldron« – wer hier wohl wohnt?

↖↓ Die Altstadt von York hat nicht nur schmale Gassen und urige Fachwerkhäuser zu bieten, die an die Winkelgasse erinnern, sondern auch zauberhafte Unterkünfte.

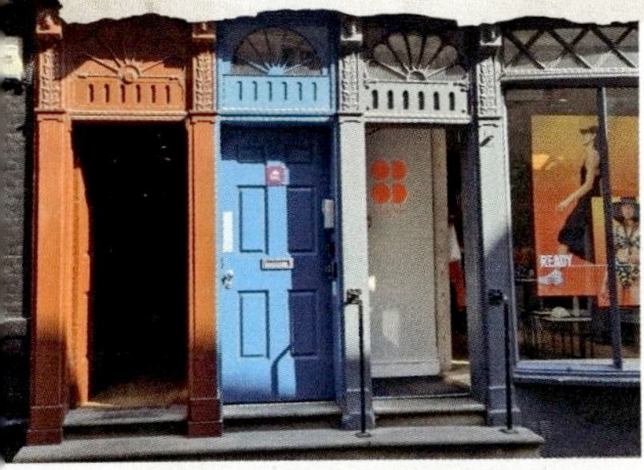

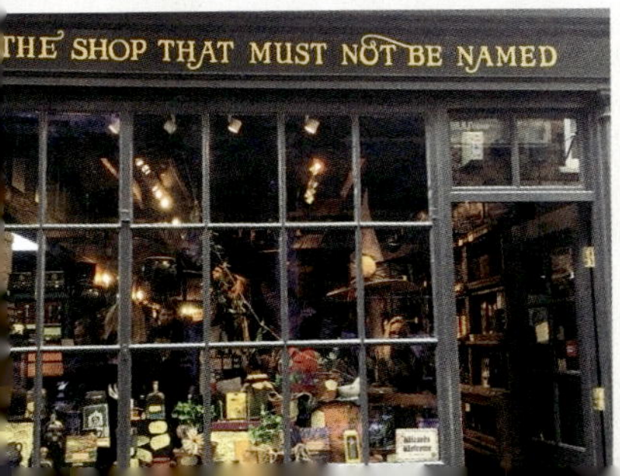

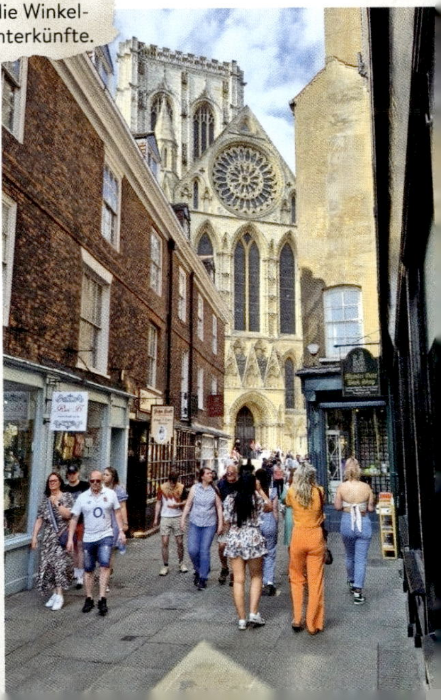

The Hole in Wand

Lust auf magisches Minigolf? Perfekt bei Schmuddelwetter ist die kleine Indoor-Zauberer-Minigolfanlage »The Hole in Wand« im Coppergate-Einkaufszentrum. Die ganze Anlage ist einfallsreich mit verschiedensten Zauberthemen dekoriert und je nach Ticket gibt es zum Abschluss sogar noch einen Zaubertrank. Geeignet ist die Anlage für Kinder ab drei Jahren *(The Hole In Wand, 14–16 Coppergate Walk, York, YO1 9NT, Standardticket: 8,29 £/Erwachsene, 6,99 £/Kinder, www.theholeinwand.com/york).*

TIPP

THE ENCHANTMENT CHAMBER

Die wahrscheinlich ungewöhnlichste Unterkunft in ganz York befindet sich nur wenige Minuten von »The Shambles« entfernt. Von außen lässt sich nicht erahnen, dass man gleich eine magische Zauberwelt betritt. Das Appartement wurde mit sehr viel Liebe zum Detail zu einem traumhaften Domizil – nicht nur – für Potterheads verwandelt. Es gibt viel Magisches zu entdecken – unglaublich, was für zauberhafte Deko-Elemente die Besitzer zusammengetragen haben. Das Selbstversorger-Appartement bietet Platz für zwei Personen, verfügt über ein Bad und eine voll ausgestattete Küche.
Achtung – aufgrund eines Besitzerwechsels gibt es mehrere Websites. Buchbar ist »The Enchantment Chamber« über die Seite www.staysyork.com/properties/enchantment-chamber (ab 139 £/Nacht).

101 HOUSE AT THE END

Kuschlige Himmelbetten und schwebende Kerzen – das »101 House at the End« wartet mit einer wahrhaft zauberhaften Umgebung für große und kleine Potterheads auf. Bei der Dekoration der Wohnung haben sich die Besitzer einiges einfallen lassen und ihr werdet euch tatsächlich fühlen, als ob ihr in die geheimnisvolle Welt der Zauberer gebeamt wurdet. In der Wohnung sind zahlreiche liebevolle kleine Details versteckt – einfach magisch.
Die Ferienwohnung ist mit Allem ausgestattet, was man braucht – ideal für Familien, die sich selbst versorgen wollen. In der Wohnung können maximal vier Personen übernachten – sie verfügt über zwei Schlafzimmer, eines mit einem Doppelbett und eines mit einem Etagenbett. Auch Haustiere sind erlaubt (ab 196 £/Nacht, min. 2 Nächte, www.101houseattheend.com).

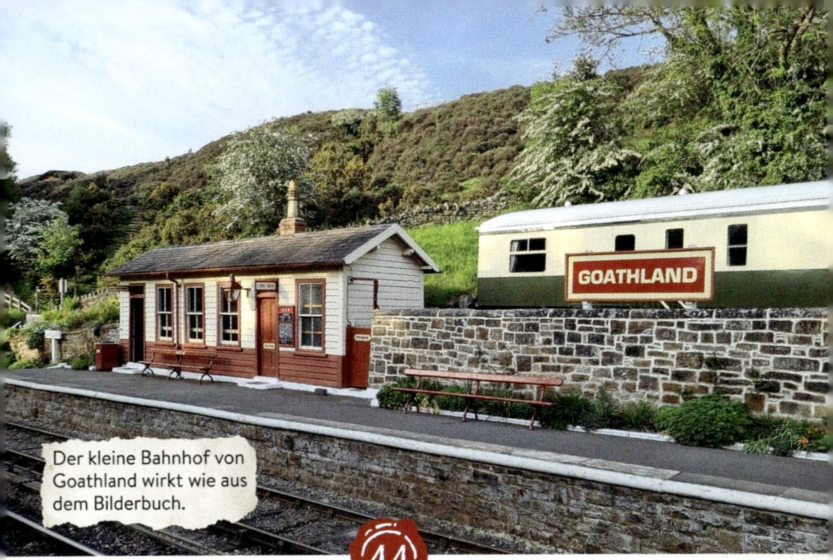

Der kleine Bahnhof von Goathland wirkt wie aus dem Bilderbuch.

44

Goathland

Das kleine 400 Seelen-Dorf im North York Moors National Park nahe der Küstenstadt Whitby ist vor allem am frühen Morgen und in den Abendstunden Idylle pur. Schafe streunen gemächlich durch das Dorf, weiden auf den Grünflächen – haben vermutlich auch die eine oder andere Pflanze aus den Gärten auf dem Gewissen – und lassen sich weder von den Autos noch von den Besuchern stören.

Goathland erfreut sich bei Tagestouristen nicht zuletzt deswegen an Beliebtheit, weil hier zwischen 1990 und 2010 die in Großbritannien populäre Fernsehserie *Heartbeat* gedreht wurde und noch heute für einen gewissen Besucherstrom sorgt. So gibt es eine – für solch ein kleines Dorf – recht gute Infrastruktur mit mehreren Shops, Cafés, Restaurants und Übernachtungsmöglichkeiten.

Der Bahnhof von Goathland

Ziel der Potterheads ist der entzückende kleine Bahnhof von Goathland. Er wurde 1865 eröffnet und hat sich seither kaum verändert. Er ist einer von sechs Bahnhöfen der 29 Kilometer langen Strecke der Museumseisenbahn North Yorkshire Moors Railway (NYMR), die durch die traumhafte Landschaft von Whitby nach Pickering führt.

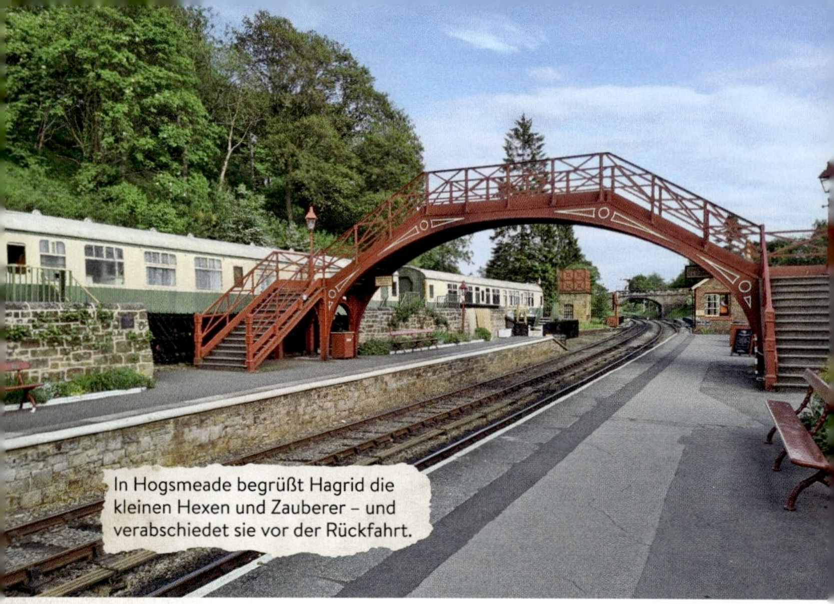

In Hogsmeade begrüßt Hagrid die kleinen Hexen und Zauberer – und verabschiedet sie vor der Rückfahrt.

Der Bahnhof ist liebevoll dekoriert und nahezu die gesamte Ausstattung stammt aus der Anfangszeit der Dampfeisenbahn. Absolut zauberhaft ist auch der gemütliche Warteraum, der sogar mit einem offenen Kamin versehen ist.

Hogsmeade

In *Harry Potter und der Stein der Weisen* dient der Bahnhof von Goathland als Filmkulisse für den Bahnhof von »Hogsmeade«. Im Dunkeln fährt der Hogwarts Express ein, während Hagrid die Schüler und Schülerinnen am Bahnsteig erwartet. Gespannt steigen Harry und Ron aus – die rotbraunen Holzbänke, die im Hintergrund zu sehen sind, stehen heute noch am Bahnsteig, allerdings sind sie in der Filmszene mit der Aufschrift »Hogsmeade« versehen.

Am Ende des Films sind Harry und Hermine vor dem Hogwarts Express zu sehen. Harry gibt den Käfig mit seiner Eule Hedwig ab und möchte gerade einsteigen, als er Hagrid entdeckt. Er läuft auf ihn zu, um sich zu verabschieden, und Hagrid überreicht ihm ein Fotoalbum mit Bildern seiner Eltern. Nach einer emotionalen Verabschiedung steigen Harry, Ron und Hermine in den Hogwarts Express. Hagrid winkt zum Abschied und wir sehen im Hintergrund die Fußgängerbrücke und den Bahnsteig von Goathland. Bei der anschließenden Luftaufnahme ist der ganze Bahnhof von Goathland zu sehen, der bergige Hintergrund und Hogwarts wurden allerdings nachträglich hinzugefügt.

Wusstet ihr, dass diese letzte Szene des Films gleichzeitig die allererste Filmszene der Harry Potter-Reihe war, die gedreht wurde?

Die Dreharbeiten in Goathland dauerten rund eine Woche lang – wobei der normale Fahrbetrieb am Bahnhof wie geplant weiterging. Gedreht wurde nicht nur auf dem Bahnsteig, sondern auch im dortigen Shop, der kurzerhand in den Raum der Vertrauensschüler und -schülerinnen von Hogwarts umfunktioniert wurde.

Einige der Kinder aus dem Dorf waren als Statisten mit dabei und es heißt, dass deren Eltern hinter den Kulissen, unter anderem in der Kostümabteilung, mithalfen.

Entlang der Strecke wurde auch gedreht, wie der Hogwarts Express mit den Schülerinnen und Schülern durch die Moorlandschaft fährt – dafür fuhr der Dampfzug gleich vier Mal auf der Strecke zwischen Levisham und Goathland hin und her.

Der Bilderbuch-Bahnhof von Goathland und die landschaftlich äußerst reizvolle Bahnstrecke ziehen übrigens regelmäßig Filmcrews in das kleine Dorf im Moor. So wurden hier auch Szenen für *Der Doktor und das liebe Vieh* gedreht, und nur wenige Kilometer entfernt stand Tom Cruise vor der Kamera für *Mission Impossible 7*, ebenso wie Harrison Ford für *Indiana Jones und das Rad des Schicksals*.

INFO

Der Bahnhof liegt etwas außerhalb von Goathland. Wenn ihr Goathland auf der Straße in Richtung Sleights/Whitby verlasst, befindet sich die kleine, steile Abzweigung nach links direkt in der ersten Rechtskurve. Seid gewarnt, man kann die Abzweigung schnell verpassen – was den Vorteil hat, dass man wenige Meter später über eine Steinbrücke fährt und einen wunderbaren Blick auf den Bahnhof hat. Der Nachteil – man muss ein ganzes Stück in Richtung Sleights fahren, bevor man eine Möglichkeit zum Umdrehen findet. Am besten kann man die wunderbare Atmosphäre an dem kleinen Bahnhof von Goathland am späten Nachmittag genießen – oder wenn gerade kein Zug dort anhält. Dann sind allerdings auch der kleine Shop und der Tea Room geschlossen. Wenn ihr Lust auf eine Fahrt mit dem historischen Dampfzug habt, könnt ihr von Ende März bis Anfang November eine Fahrt bei der North Yorkshire Moors Railway buchen. Ein Ticket für die gesamte Strecke kostet ab 45 £ und gilt das ganze Jahr über – Kinder bis 15 Jahre fahren kostenlos. Wer nur eine Teilstrecke fahren möchte, zahlt ab 12 £/Erwachsene, auch hier sind Kinder bis 15 Jahre kostenlos unterwegs (www.nymr.co.uk).

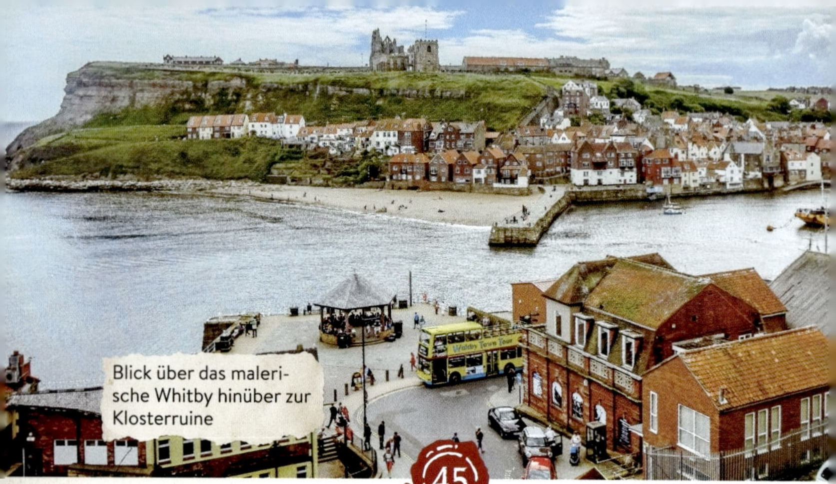

Blick über das malerische Whitby hinüber zur Klosterruine

45

Whitby

Goathland liegt nur einen Katzensprung von der Küste entfernt. Wenn ihr den Besuch in Goathland mit einem lohnenden Reiseziel in der Nähe kombinieren möchtet, solltet ihr unbedingt das historische Küstenstädtchen Whitby ins Auge fassen.

Mal davon abgesehen, dass das Hafenstädtchen mit seinen steilen Gassen und dem traumhaften Blick aufs Meer allein schon einen Besuch wert ist, gibt es dort einiges zu entdecken. Hier wurden zwar keine Szenen für die Harry Potter-Filme gedreht, dafür nahm aber eine andere berühmte Geschichte aus der Literatur in Whitby ihren Lauf …

James Cook Memorial Museum

Der berühmte Seefahrer James Cook, der 1728 im Dörfchen Marton bei Middlesbrough geboren wurde, absolvierte eine Tuchmacherlehre im nahe gelegenen Fischerdorf Staithes. Dann zog er nach Whitby, wo er eine Ausbildung zum Seemann machte. Das Haus, in dem er bei seinem Lehrmeister wohnte, ist heute ein Museum, das sich seinem turbulenten Leben und dem seiner Weggefährten widmet. Zu sehen sind Originalbriefe, Gemälde, Zeichnungen, Originalkarten, Schiffsmodelle und Artefakte, die er von seinen Reisen mitbrachte.

Seine legendären Entdeckungsreisen sorgten dafür, dass Captain Cook noch heute als Seefahrer und Entdecker bekannt ist. Er war der erste, dem es gelang, Australien, Neuseeland und die Südsee zu kartografieren. 1778 entdeckte er Hawaii, wo er ein Jahr später einen gewaltsamen Tod fand.

Die beiden Schiffe »Resolution« und »Endeavour«, die Captain Cook für seine Reisen nutzte, wurden ebenfalls in Whitby gebaut *(Captain Cook Memorial Museum, Grape Ln, Whitby YO22 4BA, Eintritt: 9 £/Erwachsene, Kinder bis 16 Jahre frei. Öffnungszeiten: 1. April – 6. November täglich 9.45–17 Uhr, 11. Februar – 31. März 10.30–15.30 Uhr, www.cookmuseumwhitby.co.uk).*

Whitby Abbey

Hoch auf den Klippen über dem Hafenstädtchen Whitby thront die beeindruckende Ruine des ehemaligen Klosters Whitby Abbey. Es wurde 657 n. Chr. gegründet. Die Bauarbeiten für die heutige Klosterruine begannen etwa um 1220, doch während der englischen Reformation unter Heinrich VIII. wurde das Kloster aufgelöst und dem Verfall überlassen. Ein Teil der Fassade wurde inzwischen rekonstruiert und steht unter Denkmalschutz. Die gewaltige Ruine ist ein bedeutendes Beispiel englisch-gotischer Architektur. Die Organisation English Heritage kümmert sich heute um den Erhalt von Whitby Abbey und betreibt dort zudem ein Besucherzentrum mit Museum, Shop und einem kleinen Café *(Whitby Abbey, Abbey Lane, Whitby, North Yorkshire, YO22 4JT, Tickets ab 10 £/Erwachsene, ab 5,90 £/Kinder, ab 25,90 £/Familien (Preise variieren je nach Saison, bei Online-Buchung spart ihr 10 %), Öffnungszeiten: i. d. R. täglich von 10–17 Uhr, www.english-heritage.org.uk/visit/places/whitby-abbey).*

Die Heimat von Dracula

In Whitby könnt ihr auf den Spuren eines weltberühmten Romans und Films wandeln. Hier ließ sich der irische Autor Bram Stoker 1890 zu seinem Horrorroman Dracula inspirieren. Die gotische Literatur jener Zeit war geprägt von schaurigen Geschichten, die sich in gruseligen Schlössern und Höhlen abspielten. So ist es nicht verwunderlich, dass die windumtoste Küste, die gewaltigen Klosterruinen, die Kirche St Mary's, deren Friedhof mit den windschiefen Grabsteinen über das Meer blickt und die zerklüfteten Klippen den Autor so beeindruckten, dass in seinen Gedanken die Geschichte des Vampirfürsten ihre Formen annahm.

Im Roman kommt der Graf des Schreckens bei einem heftigen Unwetter in Gestalt eines Hundes unterhalb der Ruinen von Whitby Abbey an und nimmt die 199 Stufen hinauf auf die Klippen – auch im wahren Leben sind es tatsächlich 199 Stufen, die hinauf zur Whitby Abbey führen. Auf dem Friedhof der Kirche St Mary's stehen Gräber mit Namen, die

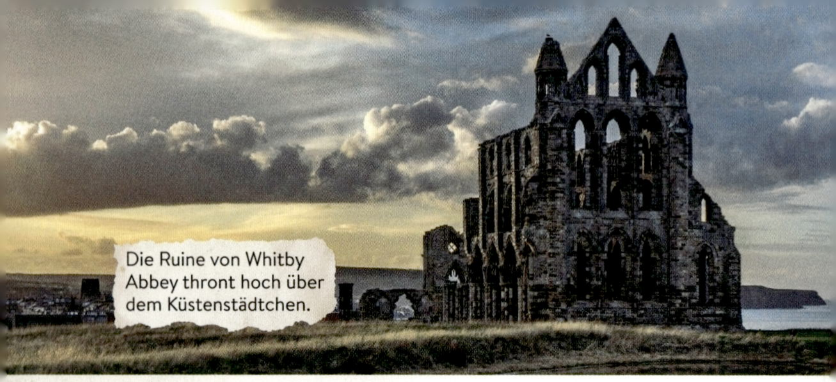

Die Ruine von Whitby Abbey thront hoch über dem Küstenstädtchen.

man auch im Roman wiederfindet und die eine oder andere Gruselgeschichte, die man sich in Whitby bis heute gerne erzählt, dürfte ebenfalls ihren Einzug in Dracula gehalten haben.

Eine Stadt voller Spukgeschichten

Wie überall in England soll es in vielen alten Gemäuern spuken – so auch in Whitby Abbey. Hier soll der Geist von St Hilda immer wieder in den Fenstern zu sehen sein. War sie das Vorbild für Lucy im Dracula-Roman? In Whitby ist man davon überzeugt. Doch sie ist hier nicht allein – auch eine Nonne namens Constance hört man des Nachts schreien und wehklagen. Sie hatte sich einst in einen gutaussehenden Ritter verliebt und ihr Keuschheitsgelübde gebrochen. Daraufhin wurde sie bei lebendigem Leib im Kloster eingemauert.

Auch in der Grape Lane (die Straße, in der sich das James Cook Memorial befindet) soll es spuken – hier, so erzählt man sich, gab es einst eine Bäckerei, in der eines der Kinder des Bäckers mithelfen wollte und beim Öffnen des Ofens Feuer fing. Der vom Feuer umgebene Geist der Bäckerstochter soll immer wieder in der Straße zu sehen sein.

Auf dem Friedhof von St Mary's sollen Geister ehemaliger Seeleute ihr Unwesen treiben und auch um den Leuchtturm von Whitby ranken sich allerlei gruselige Geschichten. Hier soll der ehemalige Leuchtturmwärter, der bei einem Sturz ums Leben kam, bis heute herumspuken.

Wallfahrtsort für Vampir-Fans

Bis heute beschert die Verbindung zu Dracula dem Städtchen jede Menge Touristen. Darunter viele Vampir-Fans, die sich auf die Spuren des Romans begeben. In Whitby ist man bestens darauf eingestellt und es werden die verschiedensten Geisterführungen angeboten. Einige sind tatsächlich ziemlich gruselig und nicht alle für Familien oder besonders schreckhafte Mitmenschen geeignet – fragt unbedingt vor der Buchung nach, was euch ungefähr erwartet.

Es gibt kein Grab von Dracula

Etwas genervt sind wohl die Mitarbeiter der Kirche St Mary's – dort weisen Schilder schon proaktiv darauf hin, dass man bitte nicht nach dem Grab von Dracula fragen soll – »Es gibt kein Grab und es gibt noch nicht einmal Dracula – es ist lediglich eine Geschichte!«, wird all jenen erklärt, die vielleicht etwas motiviert auf der Suche nach dem Vampir sind. Und ja, natürlich gebe es hier Fledermäuse, die wären durchaus echt – aber eben keine Vampire, wird weiter erklärt.

Whitby Goth Weekend

Das Küstenstädtchen mausert sich zweimal jährlich (i. d. R. im April und Oktober) zum Treffpunkt der Gothic-Szene. Dann findet das alternative Musikfestival statt und das ganze Städtchen steht Kopf. Unzählige Besucher aus der schwarzen Szene verleihen dem Städtchen mit ihren typischen Kostümen ein schauriges Flair, das die Welt aus dem Dracula-Roman zum Leben erweckt *(www.whitbygothweekend.co.uk)*.

TIPP

NORTH SHIRE

Übernachten in Hagrids Hütte? Oder im Schlafsaal der Zauberschule? Auf der North Shire Farm im Norden des North York Moors-Nationalparks ist das kein Problem. Für alle, die auf der Suche nach einer ungewöhnlichen Unterkunft sind, gibt es hier zudem ein Zauber-Cottage, eine Einhorn-Hütte, ein kleines »Schloss« und mehrere Schäfer-/Zirkuswagen. Einige Unterkünfte sind mit eigener Küche, Bad und WC ausgestattet, andere fallen eher unter die Kategorie Glamping. Auf jeden Fall haben sich die Besitzer viel Mühe gegeben, außergewöhnliche und detailverliebte Übernachtungsmöglichkeiten zu schaffen. Nicht nur Potterheads werden diese märchenhaften Selbstversorgerunterkünfte lieben. Einzig die Verfügbarkeit könnte zum Problem werden – Hagrids Hütte ist oft schon über Monate ausgebucht. Hier heißt es schnell sein und frühzeitig buchen (North Shire, Golden Hill Farm, Liverton, Saltburn-by-the-Sea, Cleveland TS13 4TJ, Tel: 01287 642228, www.northshire.co.uk, ab 285 £/Nacht).

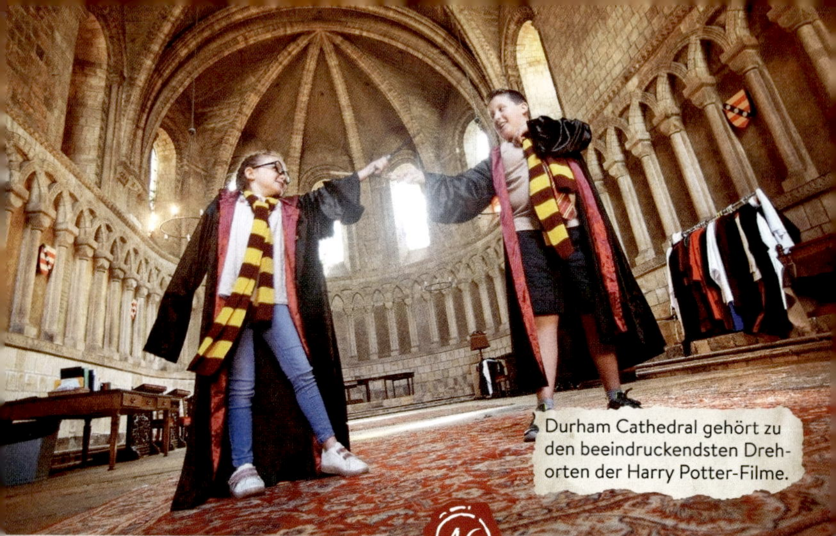

Durham Cathedral gehört zu den beeindruckendsten Drehorten der Harry Potter-Filme.

46

Durham

In den Gassen des mittelalterlichen Universitätsstädtchens Durham pulsiert das Leben. Die verwinkelte Altstadt von Durham befindet sich inmitten einer Schleife des Flusses Wear und schmiegt sich um einen steilen Fels, auf dem sich die berühmtesten Bauwerke der Stadt befinden: die Kathedrale und die Burg aus dem 11. Jahrhundert, ebenso wie Teile der Universität, die – nach Oxford und Cambridge – als drittälteste Universität Englands gilt. Das Gebäudeensemble gehört dem UNESCO-Welterbe an.

Die Saddler Street führt durch die Altstadt hinauf zu den wichtigsten Sehenswürdigkeiten. Die berühmteste Adresse der Straße ist vermutlich die Hausnummer 73. Hier erfand eine gewisse Mrs Clements um 1720 eine neue Art der Senf-Herstellung. Sie mahlte die Senfkörner erstmals sehr fein, wie bei der Herstellung von Getreide. So war der Senf aromatischer und ließ sich schneller herstellen als mit der herkömmlichen Methode, bei der die Körner mit dem Mörser grob zerstoßen wurden und vor der Verarbeitung erst eingeweicht werden mussten. Der Durham-Senf wurde in ganz England berühmt und von George I. am königlichen Hof eingeführt. Inzwischen ist die Rezeptur und die Herstellung zwar an die Firma Coleman's übergegangen, aber Durham bezeichnet sich immer noch als die Heimatstadt des englischen Senfes.

Wenn ihr Fans von Kunst und Kunsthandwerk seid, solltet ihr beim Fowlers Yard vorbeischauen. Dort findet ihr verschiedene Ateliers, in denen nachhaltige Kleidung, Stickereien, Schmuck und andere Kunstwerke entstehen *(6 Back Silver St, Durham DH1 3RA).*

In der 1851 eröffneten Markthalle könnt ihr euch hingegen durch eine wilde Mischung aus Feinkost über Kurzwaren, orientalischen Lampen und Taschen bis hin zu Pflanzen und Accessoires stöbern *(Market Place, Durham DH1 3NJ).*

In den kopfsteingepflasterten Gassen der Altstadt, die sogenannten Vennels, reihen sich zahlreiche Läden, Cafés, Bars und Restaurants aneinander, bis man schließlich die Kathedrale und die Burg erreicht. Wer es gerne ruhiger mag, kann auf dem Rückweg dem malerischen Weg durch den Wald hinab zum Ufer des Flusses Wear folgen.

Durham Cathedral

Die beeindruckende Kathedrale stammt aus dem 11. Jahrhundert. Mit einer Länge von 143 Metern nimmt sie die gesamte Breite des Felsens ein, auf dem sie erbaut wurde. Die heutigen Kreuzgänge wurden im Spätmittelalter ab 1388 erbaut.

Für *Harry Potter und der Stein der Weisen* dienten die Kreuzgänge (Cloister) als Drehort für die Gänge von Hogwarts, in denen Harry, Ron und Hermine von einem Klassenzimmer zum anderen gehen. Die Szene, in der Harry den Hauself Dobby befreit, wurde in einer Kulisse gedreht (siehe Lacock Abbey), die fast identisch mit dem Kreuzgang in der Durham Cathedral ist. Auch Szenen, in denen Hausmeister Filch durch die Gänge von Hogwarts schleicht, in der Hoffnung, die Schüler und Schüle-

INFO

Die **Kathedrale von Durham** ist in der Regel täglich von 8–18 Uhr geöffnet. Wer alle Bereiche der Kathedrale inklusive der Klostergänge und des Kapitelhauses sehen möchte, sollte von Montag bis Samstag von 10–16 Uhr bzw. sonntags von 12–16 Uhr vorbeikommen. Während der Gottesdienste kann die Kathedrale nicht besichtigt werden und Bereiche können aufgrund von Veranstaltungen geschlossen sein. Prüft unbedingt vorher die aktuellen Öffnungszeiten auf der Website – www.durhamcathedral.co.uk. Der Eintritt ist frei, man freut sich aber über eine Spende. Bitte beachtet, dass die Durham Cathedral in einer Zone liegt, für die eine City-Maut gilt. Daher ist es empfehlenswert, außerhalb dieser Zone zu parken. Parkempfehlung: Prince Bishops Carpark, Leazes Rd. – im Parkhaus führt ein Aufzug bis in die Altstadt hinauf.

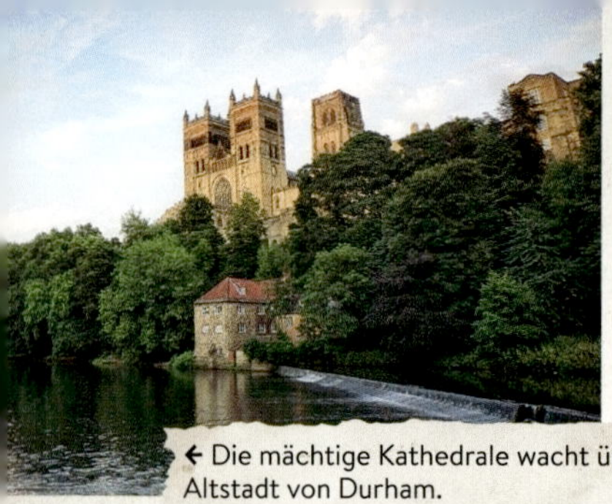
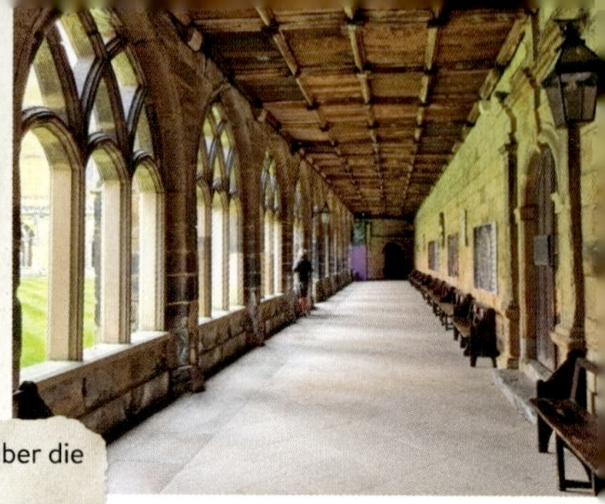

← Die mächtige Kathedrale wacht über die Altstadt von Durham.
→ Die Kreuzgänge von Durham Cathedral

rinnen bei allerlei Unfug zu erwischen, wurden hier gedreht. Oft hält der Hausmeister auf seinen Kontrollgängen einen altmodischen Schlüsselbund in der Hand – bei den Dreharbeiten in der Durham Cathedral wurde tatsächlich der echte alte Schlüsselbund der Kathedrale als Requisite verwendet. So konnte Filch zumindest sicher sein, im Ernstfall auch wirklich alle Türen öffnen zu können.

Für *Harry Potter und der Stein der Weisen* verwandelte sich der Innenhof (Cloister Garth) der Kreuzgänge mit Hilfe einer großzügigen Menge an Kunstschnee in eine eisige Winterlandschaft. Hier lässt Harry seine Eule Hedwig frei, damit sie eine Runde um Hogwarts fliegen kann.

Im Innenhof spielte sich auch die vielleicht ekligste Szene der Harry Potter-Reihe ab, die euch ganz sicher im Gedächtnis geblieben ist. Hier treffen sich in *Harry Potter und die Kammer des Schreckens* die Quidditch-Mannschaften von Gryffindor und Slytherin – und Malfoy wird als neuer Sucher vorgestellt. Es kommt zu einer Auseinandersetzung, in der Malfoy erst Ron und dann Hermine beleidigt. Ron möchte Hermine verteidigen, doch sein Zauberstab, der bei der Bruchlandung mit dem fliegenden Auto auf der Peitschenden Weide beschädigt wurde, feuert den Fluch rückwärts. So spuckt statt Malfoy nun der arme Ron selbst schleimige Nacktschnecken aus …

In der Durham Cathedral findet sich auch ein Hogwarts-Klassenzimmer. Das Kapitelhaus (Chapter House) kam in den ersten beiden Harry Potter-Filmen als Drehort für Professor McGonagalls Klassenzimmer zum Einsatz. Dort unterrichtet sie das Fach »Verwandlung« – und ihr erinnert euch sicherlich noch gut an die fassungslosen Gesichter von Harry und Ron, als sie gleich zur ersten Stunde zu spät kommen und erst einmal erleichtert sind, dass die Lehrerin noch nicht im Klassenzimmer ist – und sich die Katze, die auf dem Schreibtisch sitzt, plötzlich in Professor McGonagall verwandelt …

Hier üben die Nachwuchszauberinnen und -zauberer die Verwandlung von Tieren in einen Wasserkelch – was Ron nicht so richtig gelingen mag. Hermine fragt nach der Kammer des Schreckens und die Zauberklasse erschauert bei der Erklärung von Professor McGonagall.

Die Durham Cathedral diente nicht nur als Drehort für die Harry Potter-Filme – in den Klostergängen, der »Galilee Chapel« und dem Kirchenschiff entstanden auch Szenen für den Film *Avengers: Endgame*.

Durham Castle

Die trutzige Burg von Durham wurde auf Befehl von Wilhelm dem Eroberer in den 1070er-Jahren erbaut. Ursprünglich als Festung gedacht, diente sie später viele Jahre dazu, den Reichtum der Fürstbischöfe zur Schau zu stellen, die damals zu den einflussreichsten Männern des Landes, nicht nur in kirchlichen, sondern auch in politischen und militärischen, Belangen gehörten.

Heute sind in der Burg Studierende untergebracht und so lassen sich auch hier enge Parallelen zu Hogwarts ziehen. Gerüchte besagen, dass die Great Hall als Filmlocation für den Hogwarts-Speisesaal im Gespräch war, sich die Filmemacher jedoch entschlossen, die Kulissen in den Studios nachzubauen zu lassen – vielleicht, um die aufwendige Reise der gesamten Filmcrew in den Norden Englands zu umgehen. Beeindru-

TIPP

ÜBERNACHTEN IM DURHAM CASTLE

Nicht jeden Tag bietet sich die Gelegenheit, in einer echten Burg, die noch dazu ein UNESCO-Welterbe ist, zu übernachten. Durham Castle verfügt über zwei prunkvolle Suiten, die ganzjährig gemietet werden können. Während der Semesterferien werden auch die Studentenunterkünfte auf Bed & Breakfast-Basis vermietet. So könnt ihr zu verhältnismäßig günstigen Preisen auf der Burg residieren und die einzigartige Atmosphäre und den wunderbaren Ausblick genießen. Die Studentenzimmer sind einfach ausgestattet, ein Full-English-Breakfast ist im Preis inbegriffen – und jetzt haltet euch fest: Es wird in der prunkvollen Great Hall serviert – mehr Hogwarts-Feeling geht kaum! Fehlen nur noch die Geister, die Eulenpost und die schwebenden Kerzen, aber wer weiß … *(DZ/Frühstück ab 85 £, www.durham.ac.uk)*

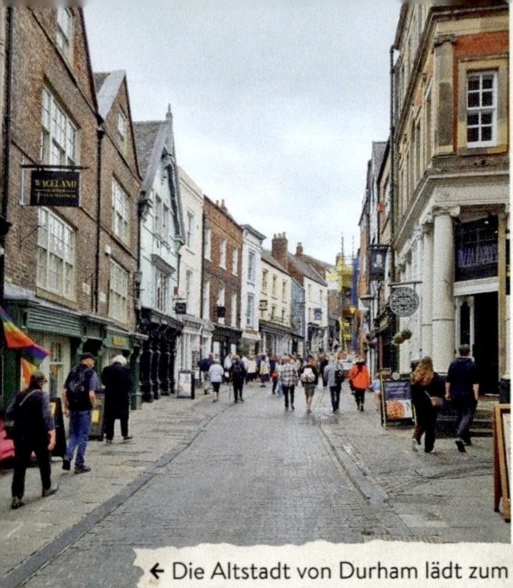

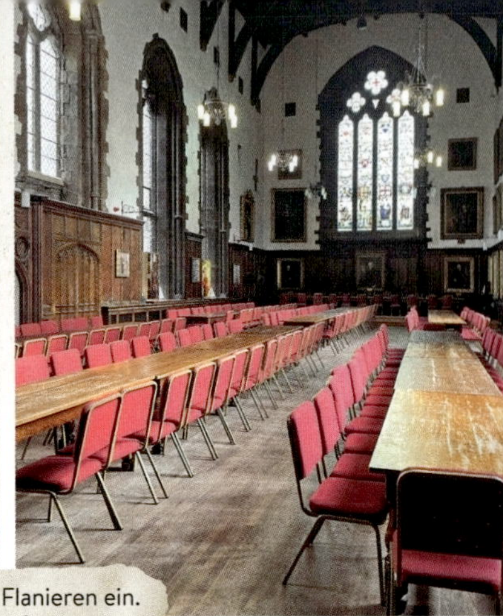

← Die Altstadt von Durham lädt zum Flanieren ein.
→ Die Great Hall kann in den Semesterferien sogar angemietet werden.

ckend ist der Saal allemal und lässt zudem echtes Hogwarts-Feeling aufkommen. Die Burg kann im Rahmen einer geführten Tour oder mit dem Audio-Guide besichtigt werden (Dauer der Führung: 45 Minuten, 5 £/Erwachsene, Kinder bis 16 Jahre frei).

Rudern auf dem River Wear

Fast fühlt ihr euch wie die Hogwarts-Schülerinnen und -Schüler, wenn ihr mit den nostalgischen Holzruderbooten auf dem River Wear unterwegs seid. Statt der Zauberschule ragen über euch die imposanten Gemäuer der Kathedrale und der Burg von Durham auf dem steilen Felsen empor. Eine weitere beeindruckende Kulisse bieten die alten Steinbrücken. Ansonsten könnt ihr hier Stille der Natur genießen und vielleicht sogar einen Reiher in seiner natürlichen Umgebung beobachten. Alle Holzruderboote sind traditionell handgefertigt.

INFO

Die **Bootsvermietung** ist in der Regel von Mitte März bis Ende September, täglich von 10–18 Uhr geöffnet. Die Boote müssen nicht vorreserviert werden. Schwimmwesten stehen zur Verfügung. Hunde dürfen mit an Bord. Preise: Erwachsene 10 £, Kinder 5 £, Familien 25 £ *(Brown's Rowing Boats, The Boathouse Elvet Bridge, Durham DH1 3AF)*

The Magic Corner

Selbstverständlich darf an so einem zauberhaften Ort auch ein ›echter‹ Zauberer nicht fehlen. Der Magier – und eingefleischte Harry Potter-Fan – Tom Bolton bringt die Besucher seines »Magic Corners« mit einer faszinierenden und interaktiven Show zum Staunen und Rätseln. Ein Ausflug in die Welt der Magie und der Illusionen – und so verwundert es nicht, dass die Adresse des Magic Corners tatsächlich 19 ½ Old Elvet lautet …

Da der Magic Corner nur für wenige Besucher Platz bietet und die Tickets sehr begehrt sind, solltet ihr unbedingt vorab buchen. Die Show dauert ca. 1,5 Stunden und wird für Besucher ab acht Jahren empfohlen *(The Magic Corner, 19 ½ Old Elvet, Durham DH1 3HL, www.tomboltonmagic.com, Tickets 29,50 £/Erwachsene, 24 £/Kinder unter 16 Jahren).*

TIPP

LUMLEY CASTLE

Inmitten weitläufiger Ländereien und nur acht Meilen von Durham entfernt, liegt Lumley Castle, eine beeindruckende Burg aus dem 14. Jahrhundert. Plüschige Zimmer, teils mit Himmelbetten und nostalgischen Badewannen, knarzende Holzdielen, verwinkelte Gänge, gemütliche Räume und ganz viel alter Charme lassen ein märchenhaftes Schloss-Feeling aufkommen – und das zu vergleichsweise fairen Preisen. Auf Lumley Castle werden regelmäßig Veranstaltungen wie Elisabethanische Bankette, Mörderdinner etc. angeboten. Zudem gibt es auch die Möglichkeit, ein Escape-Room-Abenteuer zu buchen (15 £ pro Person) *(Lumley Castle Hotel, Chester-le-Street, County Durham DH3 4NX, DZ ab 72 £, www.lumleycastle.com).*

← Mit nostalgischen Ruderbooten kann man den River Wear erkunden.
→ Auf Lumley Castle lässt es sich gar fürstlich übernachten.

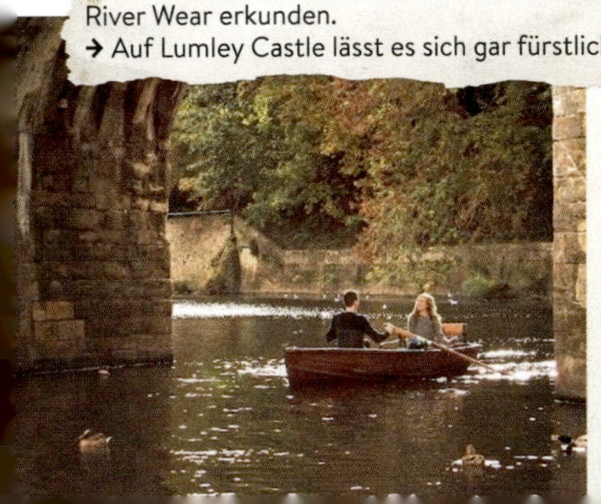

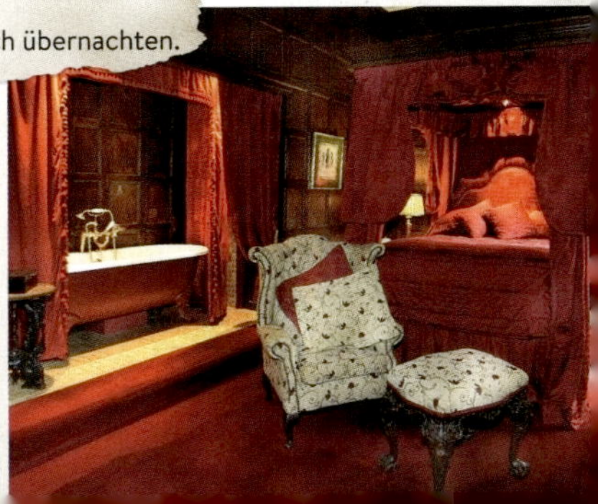

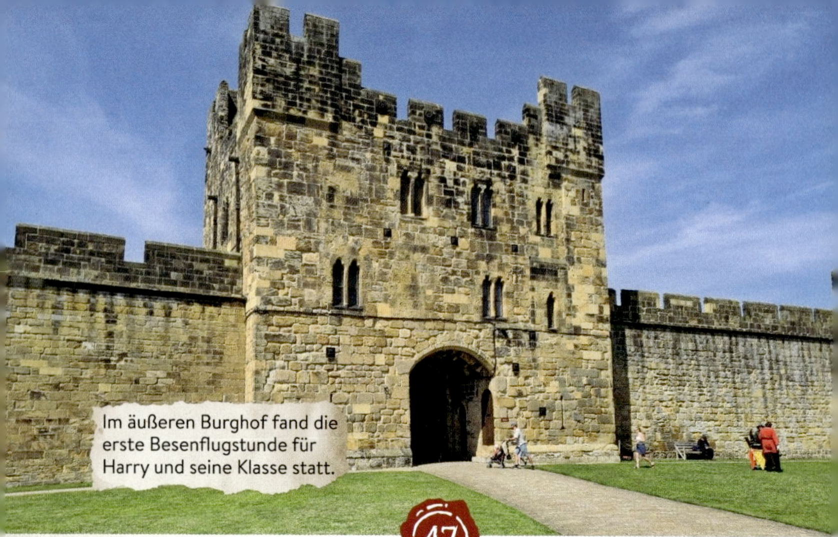

47

Alnwick Castle

Willkommen im Zauberschloss Hogwarts! Alnwick Castle, etwa 50 Kilometer nördlich von Newcastle in der Grafschaft Northumberland gelegen, durfte in den ersten beiden Harry Potter-Filmen als Kulisse für die Zauberschule herhalten. Zahlreiche Außenaufnahmen wurden hier gedreht – allerdings nachträglich bearbeitet und mit weiteren Zinnen, Türmen, Brücken etc. ausgestattet. Für die Dreharbeiten der Außenaufnahmen wurde vor allem ein riesiges Hogwarts-Modell genutzt, das ihr in den Warner Bros. Studios in Leavesden (siehe S. 64) bewundern könnt. Tatsächlich gibt es Hogwarts – so wie wir das Schloss aus den Filmen kennen – in Wirklichkeit leider nicht.

Die mächtige Burg grenzt an das mittelalterliche Dorf Alnwick und liegt inmitten eines großen Landschaftsparks am Ufer des Flusses Aln. Sie ist – nach Windsor Castle – der zweitgrößte Adelssitz in England. Seit Beginn des 14. Jahrhunderts ist sie der Stammsitz der Familie Percy und dem heutigen Duke of Northumberland. Noch immer ist Alnwick Castle in Familienbesitz und die Räumlichkeiten werden regelmäßig von den Familienmitgliedern bewohnt. Die prunkvollen State Rooms können besichtigt werden. Falls ihr euch über das eine oder andere ausgestopfte Tier wundert – die Duchess of Northumberland sammelt ausgestopfte Tiere und platziert sie, zur Überraschung ihrer Gäste, gerne in den

Wohnräumen. Aufmerksame Besucher entdecken neben präparierten Hunden auch Eichhörnchen, Ratten und anderes Getier – und so ein bisschen erinnert der Anblick an manche Klassenräume auf Hogwarts …

Dreharbeiten auf Alnwick Castle

Bei Filmcrews ist Alnwick Castle sehr beliebt und es wurde schon so mancher Blockbuster in den mittelalterlichen Gemäuern gedreht. Ob *Downton Abbey, Elizabeth, Robin Hood – König der Diebe, Blackadder* mit Rowan Atkinson und zuletzt *Transformers – The Last Knight*, Alnwick beherbergte so einige Produktionen.

Und für die wird hier jede Menge Aufwand getrieben – die Bewohner von Alnwick Castle werden wohl noch lange an den Schreck zurückdenken, den sie bekamen, als heftige Explosionen die Burg und das Dorf erschütterten. Zwar waren die Explosionen ›nur‹ laut und zerstörten nichts, denn sie gehörten zu einer Szene von *Transformers*, doch das wussten die Dorfbewohner zu dem Zeitpunkt nicht, da man leider vergessen hatte, sie darüber zu informieren …

Viele Szenen aus den ersten beiden Harry Potter-Filmen wurden im Herbst 2000 und im März 2002 im Eingangsbereich und im Innenhof von Alnwick Castle gedreht – die Innenräume wurden für die Filme nicht genutzt. Auch die malerische Landschaft um die Burg diente als Kulisse. Den berühmten Hogwarts-See sucht ihr hier allerdings vergeblich. Die Dreharbeiten am See fanden am Loch Shiel in Schottland und bei Virginia Water im Windsor Great Park nahe London (siehe S. 54) statt – die Szenen wurden anschließend am Computer zusammengefügt und bilden dann erst die magische Hogwarts-Kulisse, die ihr aus den Filmen kennt. »Movie-Magic« eben …

Die erste Besenflugstunde

Ihr erinnert euch sicher an die ereignisreiche erste Besenflugstunde bei Madam Hooch, in der die Schüler und Schülerinnen lernen sollten, wie man den Besen vom Boden aufhebt – und keinesfalls direkt losfliegen. Leider eskalierte die Schulstunde – die im äußeren Burghof gedreht wurde – so ziemlich.

Hier jagt Harry Nevilles »Erinnermich« auf dem Besen hinterher und passiert aus Versehen das Bürofenster von Professor McGonagall – das ihr vom Innenhof aus sehen könnt. Auch die Szenen, in denen der arme Neville Longbottom die Kontrolle über seinen Besen verliert und bei seinem Absturz erst einmal an der Fassade eines Turms hängenbleibt, wurden hier gedreht.

Im äußeren Burghof bekommt Harry auch erstmals die Regeln des Quidditch-Spiels erklärt – die Burg und der Innenhof dienten zudem als Hintergrund für die wilde Verfolgungsjagd beim Quidditch-Spiel.

Der verfluchte Besen und Nicholas Flamel

Der »Lion Arch« von Alnwick Castle wurde als Eingangstor von Hogwarts genutzt. In *Harry Potter und der Stein der Weisen* gehen Harry, Ron und Hermine zusammen mit Hagrid durch das Tor. Die Kinder vermuten, dass Snape beim Quidditch-Spiel Harrys Besen verzaubert hat, sodass dieser die Kontrolle darüber verlor. Bei diesem Gespräch rutscht Hagrid aus Versehen der Name des dreiköpfigen Hundes »Fluffy« heraus – ebenso wie der Name »Nicholas Flamel« – und das bringt Harry, Ron und Hermine auf eine heiße Spur …

Hogwarts Pausenhof

Alnwicks Innenhof ist in mehreren Szenen zu sehen, wenn die Hogwarts-Schüler und -Schülerinnen in den Pausen auf dem Weg von einem Klassenzimmer zum anderen sind. Darunter auch die Szene, als Ron bei Harry über Hermine lästert, die ihn im Unterricht beim Zauberspruch »Wingardium Leviosa« korrigiert hat. Ach, Ron …

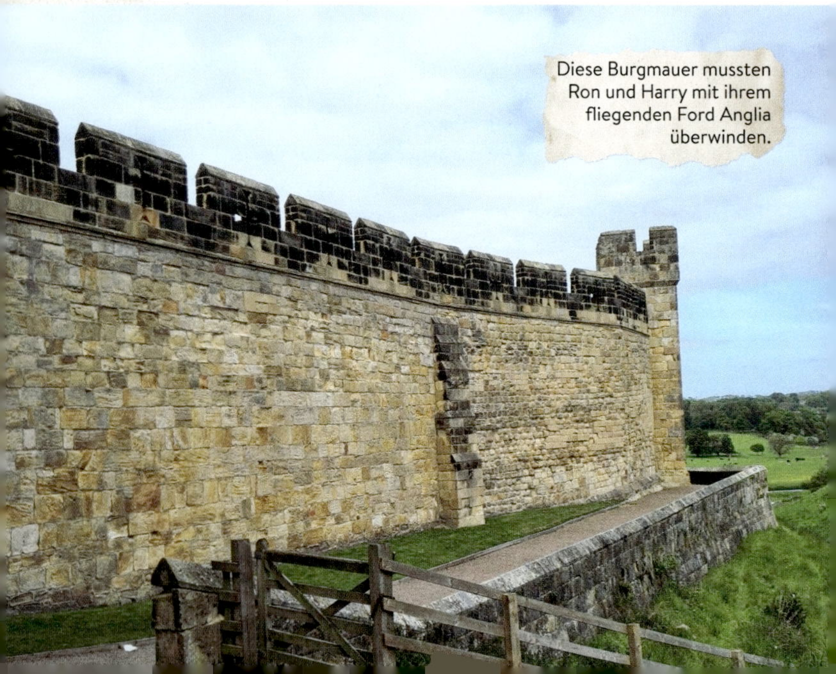

Diese Burgmauer mussten Ron und Harry mit ihrem fliegenden Ford Anglia überwinden.

Hagrid und der Weihnachtsbaum

In *Harry Potter und der Stein der Weisen* ist Hagrid zu sehen, wie er den riesigen Weihnachtsbaum vom Eingangstor durch den Innenhof schleppt. Mithilfe von Papierschnipseln und Computertechnik wurde Alnwick Castle dazu in ein Winterwunderland verwandelt – der Wind half während der Dreharbeiten kräftig beim Verteilen der kleinen Papierschnipsel mit und das Entfernen derselben hielt die Crew und die Angestellten noch ganz schön lange auf Trab.

Die peitschende Weide

Gleich zu Beginn von *Harry Potter und die Kammer des Schreckens* spielen sich dramatische Szenen ab: Harry und Ron verpassen den Hogwarts Express und fliegen stattdessen mit dem verzauberten Auto von Rons Vater nach Hogwarts. Bei der Ankunft streikt der fliegende Ford Anglia und die beiden schaffen es gerade so, zwischen den Türmen von Hogwarts hindurch in den Innenhof zu navigieren. Dort landen sie allerdings in den Ästen der peitschenden Weide – die sich prompt für die nächtliche Störung rächt.

Auch diese Szene wurde auf Alnwick Castle gedreht. Die beiden überfliegen die Außenmauer, die sich, wenn ihr vom Park aus auf den »Lion Arch« blickt, auf der rechten Seite befindet. Im Film befindet sich die Mauer dann mitten im nächtlichen Hogwarts – auch das ein Resultat der Computertechnik.

Einige Szenen mit der peitschenden Weide wurden im Innenhof von Alnwick Castle auf Kamera gebannt – die findet ihr in Wirklichkeit allerdings nicht – genau genommen, gibt es hier noch nicht mal einen Baum. Aber Computeranimation erweckt sogar leicht reizbare Pflanzengewächse zum Leben!

Für die Dreharbeiten wurden übrigens nicht weniger als 16 Ford Anglias benötigt – die peitschende Weide leistete ganze Arbeit …

Ein Besuch auf Alnwick Castle

Für den Besuch von Alnwick Castle solltet ihr einen ganzen Tag einplanen, denn es gibt jede Menge zu tun und zu entdecken. Am besten kommt ihr schon morgens und schaut euch das Tagesprogramm am Eingang an. So könnt ihr sicherstellen, dass ihr auch wirklich alles zu sehen bekommt, was euch interessiert.

Das ganze Jahr über wird ein abwechslungsreiches Programm geboten. Zum Standardprogramm gehören verschiedene Themenführungen (darunter eine zu den Film-Locations auf Alnwick Castle), Ausstellungen, Besenflugtraining und verschiedene Vorführungen. Je nach Saison könnt ihr dort auch eine Greifvogelvorführung sehen, mittelalterlicher Musik lauschen, Gaukler beobachten und jede Menge über mittelalterliche Kunsttechniken und Waffen lernen. Auf Kinder wartet die Dragon Quest mit dem hauseigenen Drachen. Der Eintritt hierfür ist frei, allerdings muss man, wenn viele Besucher da sind, Tickets für ein bestimmtes Zeitfenster bei den Mitarbeitern holen.

Auf dem Gelände gibt es auch ein Restaurant und ein Café. Die Öffnungszeiten können je nach Saison und Wochentag variieren.

Besenflugstunden

Genau da, wo Harry und all die anderen jungen Zauberschüler und -schülerinnen ihre allererste Besenflugstunde hatten, kannst du ebenfalls deine Besenflugkarriere starten. Mehrmals täglich finden hier Besenflugstunden statt, bei denen du den Grundstein für deine Quidditch-Karriere legen kannst – ein Riesenspaß für die ganze Familie. Die Besenflugstunden sind im Eintrittspreis inbegriffen, ihr müsst euch aber vorab anmelden. Das solltet ihr am besten direkt nach eurer Ankunft tun, denn die

↙ Ungefähr hier würde die peitschende Weide stehen.
↓→ Der Innenhof von Alnwick Castle wurde zum Hogwarts-Pausenhof.

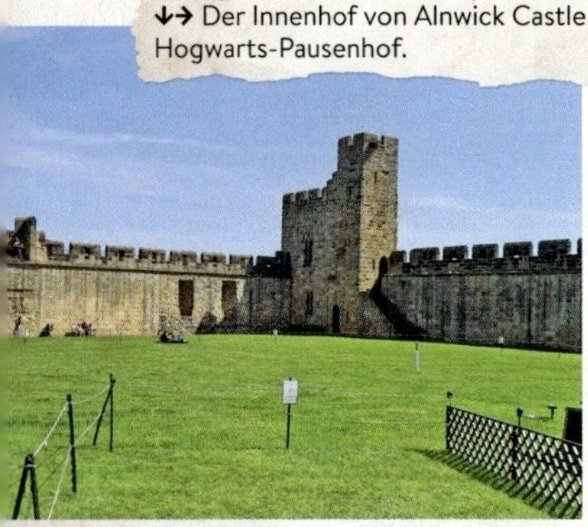

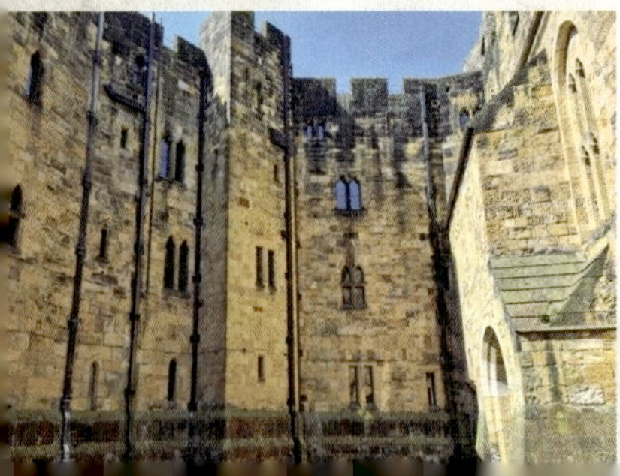

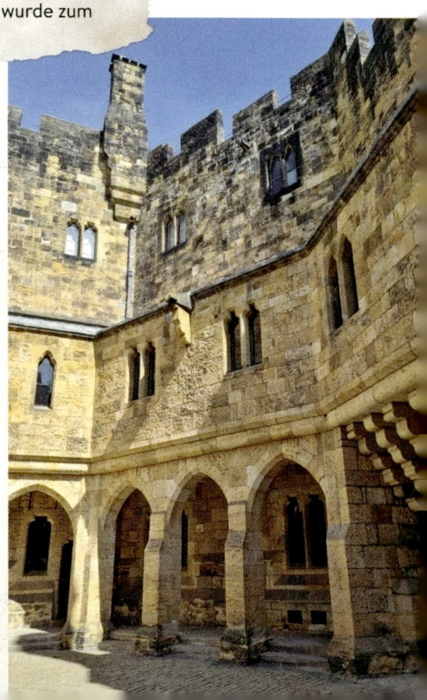

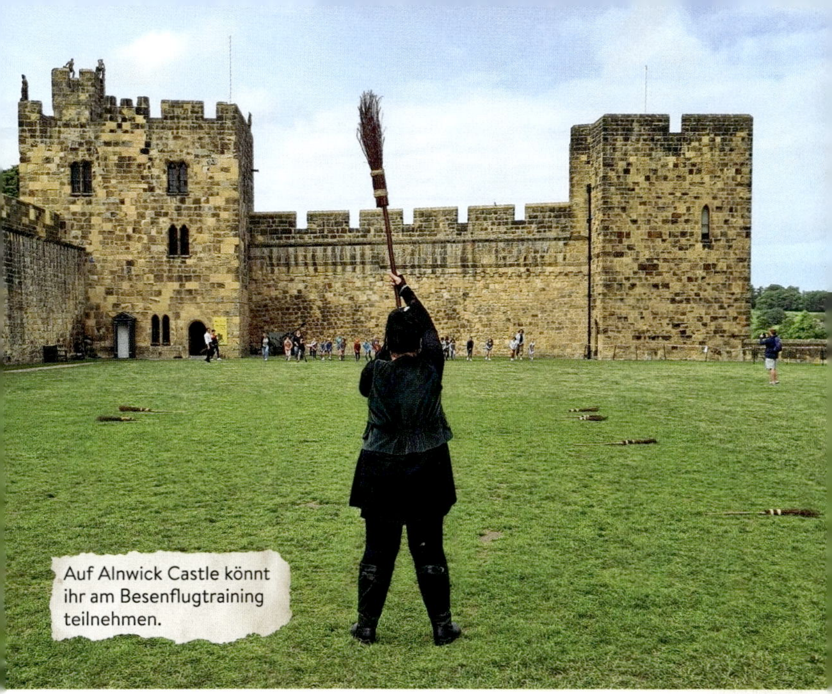

Auf Alnwick Castle könnt ihr am Besenflugtraining teilnehmen.

Plätze sind begehrt. Wann genau das Besenflugtraining stattfindet, könnt ihr dem Tagesprogramm entnehmen, das direkt an den Eingängen aushängt. Das Flugtraining ist in erster Linie für die Kinder gedacht – sollten noch Tickets übrig sein, dürfen auch die Großen teilnehmen (einfach bei der Anmeldung nachfragen). Die Besen werden gestellt.

Auch wenn die Besenfluganfänge am Boden stattfinden – die Flugtrainer geben euch am Ende des Besenflugtrainings Tipps, wie ihr perfekte Fotos und Filme von den ersten Flugversuchen macht, mit denen ihr eure Familie und Freunde daheim so richtig beeindrucken könnt.

INFO

Alnwick Castle, Alnwick, Northumberland NE66 1NQ, Tickets: ca. 22 £/Erwachsene, ca. 12 £/Kinder, ca. 58 £/Familien, die Tageskarten sind gleichzeitig Jahreskarten und ermöglichen kostenlosen Eintritt das ganze Jahr über, Öffnungszeiten: Ende März bis Ende Oktober, täglich 10–17.30 (www.alnwickcastle.com)

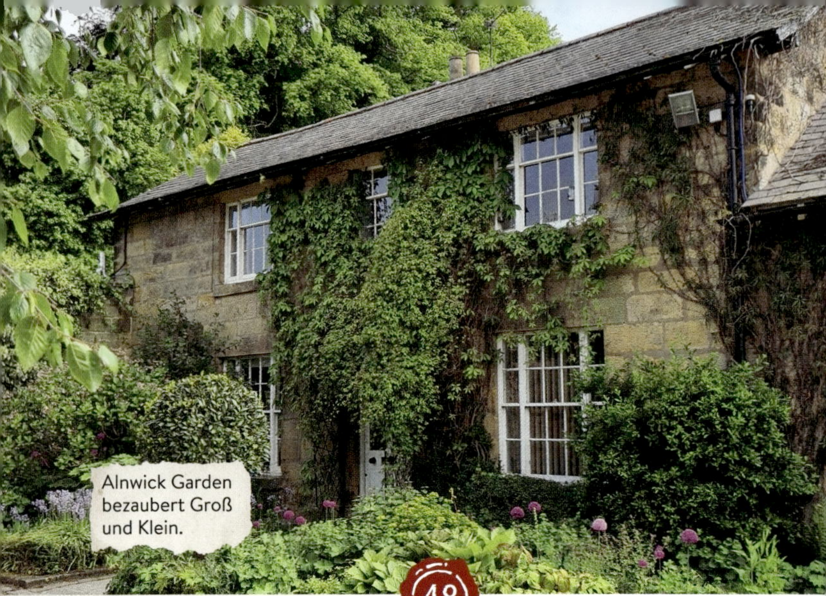

48

Alnwick Garden

Gleich neben Alnwick Castle liegt der zauberhaft angelegte Alnwick Garden. Plätschernde Kaskaden und Springbrunnen, ein geheimnisvolles Bambus-Labyrinth, Obst- und Blumenwiesen, Rosenbeete und noch vieles mehr gibt es hier zu entdecken. In den Sommermonaten wird zudem ein buntes Kinderprogramm mit den verschiedensten Aktivitäten angeboten.

Die Gartenanlage wird von einer Stiftung betrieben und gehört, trotz der direkten Nachbarschaft, nicht zu Alnwick Castle. Daher ist für den

INFO

Lilidorei, The Alnwick Garden, Gardeners Cottage, Greenwell Rd, Alnwick NE66 1FJ, Öffnungszeiten: i. d. R. 9–19 Uhr, allerdings gelten die Tickets nur für die knapp dreistündigen Slots, die vorab reserviert werden müssen. Tickets: Kombitickets Alnwick Garden & Lilidorei: ca. 29 £/Erwachsene, ca. 17 £/Kinder (Kinder unter 3 Jahren kostenlos), nur Lilidorei: ca. 17 £ für Erwachsene und Kinder ab 3 Jahren

TIPP

HALLOW & CRUX

Mitten in Alnwick, nur wenige Minuten von Alnwick Castle entfernt, könnt ihr übernachten wie die Zauberer. Das kleine Hotel Hallow & Crux bietet vier individuell gestaltete Zimmer, die euch allesamt in die Zauberwelt versetzen. Je nach Zimmer können bis zu vier Personen übernachten. Zum Hotel gehört auch das Restaurant Dirty Bottles, in dem sich hervorragend speisen lässt. Auf der Karte stehen typische englische Pub-Gerichte.
Hallow & Crux, 34 Narrowgate, Alnwick NE66 1JG, Zimmer für 2–4 Personen ab 170 £ (www.hallow-and-crux.co.uk)

Garten ein separates Ticket zu erwerben (*The Alnwick Garden, Denwick Lane, Alnwick NE66 1FJ, Öffnungszeiten: in den Sommermonaten 9–17 Uhr, in den Schulferien bis 18 Uhr. Tickets: 16 £/Erwachsene (bei Online-Buchung), 18 £/Erwachsene am Eingang, Kinder bis 16 Jahre frei, www.alnwick-garden.com).*

Lilidorei

Zum Gelände des Alnwick Garden gehört die Elfenstadt Lilidorei – ein wahrhaft magisch gestalteter Ort mit den verschiedensten Spielelementen, rasanten Rutschen und einem durch Netzen gesicherten Parcours in luftiger Höhe. Hier gehen Kinderträume in Erfüllung und man fühlt sich, als ob man mitten in ein Märchen hinein gebeamt wurde.

Der Spielbereich kostet allerdings extra Eintritt und man muss vorab einen Zeit-Slot reservieren.

← Zu jeder Jahreszeit verändert der Garten sein Gesicht.
→ Verpflegung für Hexen und Zauberer in Alnwick

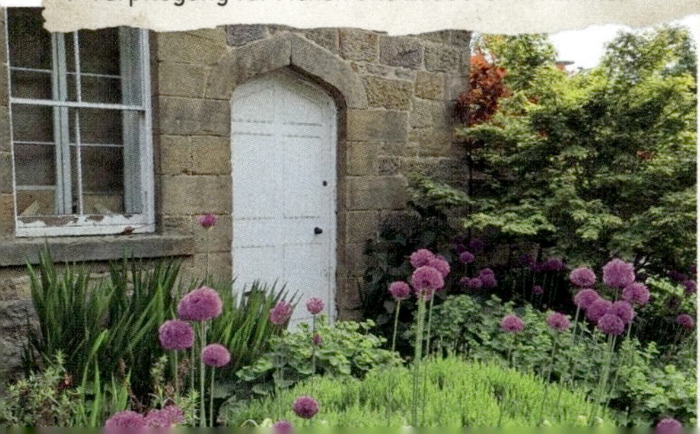

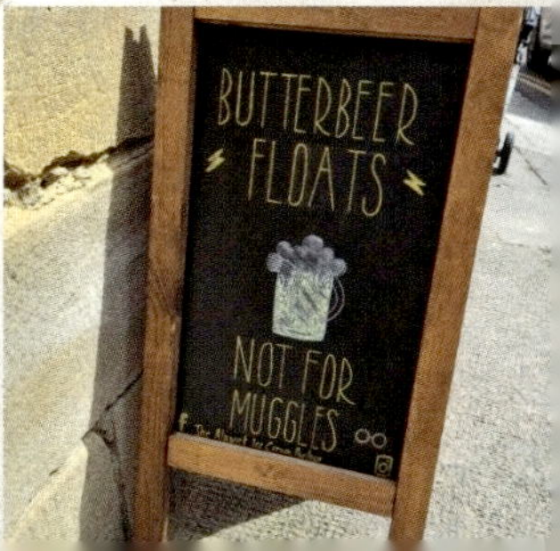

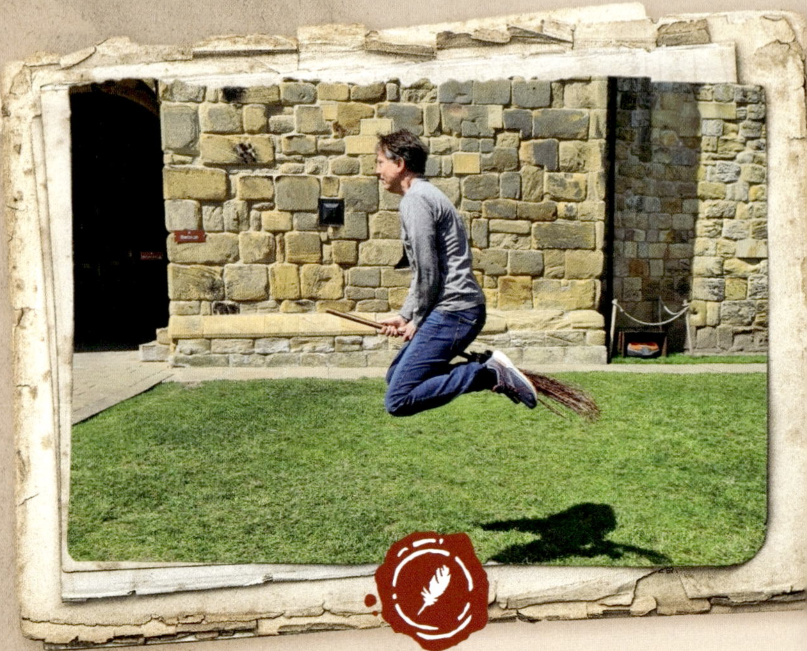

Quidditch – Es lebe der Zaubersport!

Ob Fußball, Hockey oder Badminton – kaum etwas verbindet die Menschen so sehr wie gemeinsam Sport zu betreiben. Dieses Phänomen beschränkt sich jedoch nicht nur auf die Welt der Muggel. Auch die Hexen und Zauberer wissen, wie sie ihre Zeit mit spannenden Aktivitäten füllen können.

Neben magischen Spielen wie Zauberschach hat sich der Extremsport Quidditch als beliebteste Beschäftigung unter Zauberern und Hexen etabliert. Der Name »Quidditch« mag zunächst verwirrend klingen, doch er bezeichnet tatsächlich die berühmteste Sportart der Zauberer. Quidditch ist die mit Abstand bekannteste, beliebteste und wahrscheinlich spektakulärste Sportart im ganzen Harry Potter-Universum.

Das Spiel

Die meisten Hexen und Zauberer wären zwar empört, doch tatsächlich lässt sich Quidditch mit dem uns bekannten Fußball vergleichen. Es gibt Bälle, Tore, zwei Mannschaften, jubelnde Fans und die Garantie auf ein spannendes Spiel.

Der entscheidende Unterschied: Quidditch wird in der Luft gespielt! Neben Schutzkleidung und Trikots ist ein Besen die wichtigste Ausrüstung der Quidditch-Spieler und -Spielerinnen. Auf den Besen fliegen sie durch die Lüfte, werfen sich gegenseitig die Bälle zu und starten waghalsige Flugmanöver. Um das Spiel zu gewinnen, müssen möglichst viele Punkte erzielt werden. Dazu wird der »Quaffel«, so nennt sich einer der vier Bälle im Quidditch, in die ringförmigen Tore der Gegner geworfen. Ganz so einfach bleibt es allerdings nicht. Neben dem Quaffel gibt es auch noch zwei magische Klatscher, welche über das Spielfeld fliegen und die Spieler behindern oder gar vom Besen werfen.

Und zu guter Letzt ist da noch der goldene Schnatz. Der Schnatz ist zwar lediglich so groß wie ein Tischtennisball, besitzt aber die größte Macht im ganzen Spiel. Die Mannschaft, die den kleinen Flitzer zuerst findet und fängt, erhält eine große Anzahl an Punkten, die das Spiel nicht selten noch umentscheidet. Das Match endet erst, wenn der Schnatz gefangen ist, und so kann sich ein Quidditch-Spiel auch schon mal über Wochen ziehen, da der kleine und flinke Ball ein Meister des Entwischens ist.

Quidditch und Harry Potter

Gleich im ersten Teil entdeckt Harry sein Talent als Quidditch-Spieler bzw. tut dies Professorin McGonagall, als sie beobachtet, wie Harry vor ihrem Fenster gekonnt Nevilles Erinnermich abfängt. Harry findet mit Quidditch zum ersten Mal etwas, das er wirklich gut kann. Von da an ist er aus der Mannschaft für Gryffindor nicht mehr wegzudenken.

Quidditch hat für Harry stets eine große Bedeutung. Nicht selten hilft ihm sein Talent dabei, aus riskanten Lagen mit dem Besen zu entfliehen, oder seine Freunde und Freundinnen in riskanten Flugmanövern zu retten.

Quidditch und Hogwarts

Häufig finden in Hogwarts Spiele statt, in welchen die vier Häuser um den jährlichen Quidditch-Pokal kämpfen. Die Spiele, ob im Buch oder im Film, faszinieren uns Leser mit ihrer Mischung aus Magie und sportlichem Ehrgeiz. Von Anfang an wird klar, dass Quidditch mehr ist als nur ein Spiel – es wird zu einer Leidenschaft für die Zauberer und Hexen in Hogwarts, an der alle teilhaben.

Findet ein Spiel in Hogwarts statt, so versammeln sich alle Schüler und Schülerinnen, Lehrer und Lehrerinnen und sogar der Schulleiter, um dieses Spektakel mitzuerleben. Besonders in den Filmen kann man sich als Zuschauer den

Flugmanövern voll hingeben und fiebert gemeinsam mit den Fans gespannt mit.

Die Weltmeisterschaft

Doch auch außerhalb der Mauern Hogwarts ist Quidditch ein großes Thema. Fans auf der ganzen Welt fiebern mit ihren Teams in Meisterschaften mit und besuchen die Turniere. Sogar J. K. Rowling schreibt heute noch auf der offiziellen »Wizarding World Website« (*www.wizardingworld.com*) über Quidditch-Spiele, Meisterschaften und berühmte Spieler aus aller Welt.

Alle vier Jahre finden die Quidditch-Weltmeisterschaften statt. Dies muss zwar mit höchster Diskretion gegenüber den Muggeln behandelt werden, hindert die Fans jedoch nicht daran, die Meisterschaften live mitzuerleben. So besucht Harry gemeinsam mit den Weasleys in *Harry Potter und der Feuerkelch* auch eine der Weltmeisterschaften – mit dramatischem Ausgang.

Quidditch für uns Muggel

Die Sehnsucht, selbst in die Welt der Magie und Mysterien einzutauchen, ist in der Harry Potter-Fangemeinde riesig. So gibt es inzwischen ganze Themenparks rund um Harry Potter und Merchandise wie Zauberstäbe, Umhänge, Kuscheltiere und Schmuck. Wer diese Entwicklung mitverfolgt hat, sollte sich im Klaren sein, dass Quidditch kein ausschließlich fiktionaler Sport bleiben konnte.

So verwundert es kaum, dass es seit 2005 den Sport Quidditch auch offiziell für Muggel gibt. Der Teamsport wurde am Middlebury College in den Vereinigten Staaten zum Leben erweckt und hat sich rasant weltweit verbreitet. Wenn man das hört, hat man vermutlich unmittelbar Bilder von Kindern im Kopf, die in Umhängen und mit aufgemalten Blitz-Narben auf der Stirn durch die Gegend rennen. So manch einer wäre überrascht zu sehen, wie sich die Sportart tatsächlich entwickelt hat. Die Wurzeln der Idee liegen zwar eindeutig bei der magischen Version, die J. K. Rowling erfunden hat, doch wird heute ganz klar differenziert. Um Verwirrungen zu vermeiden, wurde das Real-Life-Quidditch bis vor Kurzem noch bewusst mit einem kleinen »q« geschrieben.

Seit Neuestem hat die Sportart einen eigenen Namen: »Quadball«, welcher sogar ins Oxford-Lexikon aufgenommen wurde. Das Spielprinzip ist ähnlich: Zwei Teams, 14 Spieler und Spielerinnen, mehrere ringförmige Tore, ein Schnatz und viel Weiteres, was wir auch aus dem magischen Quidditch kennen. Der entscheidende Unterschied jedoch ist, dass das Spiel am Boden und nicht in der Luft ausgetragen wird. Zwar klemmen sich die Spieler auch im Quadball einen Besenstiel zwischen die Beine, können

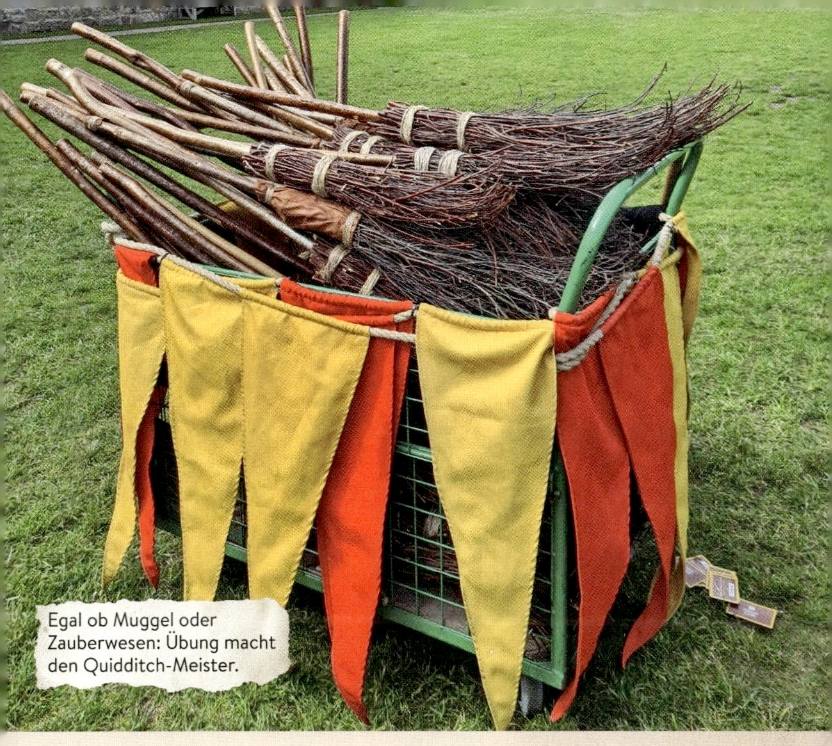

Egal ob Muggel oder Zauberwesen: Übung macht den Quidditch-Meister.

damit aber bloß rennen und leider nicht fliegen.

Auch der Schnatz wurde etwas weniger elegant gelöst, als man es aus dem Original kennt. Ein gelb gekleideter Spieler rennt über das Spielfeld und muss von den anderen, parallel zum eigentlichen Spiel, gefangen werden. Durch die einzigartige Mischung aus Rugby, Völkerball und Fangspiel bietet »Quadball« dennoch ein spannendes Spiel und jede Menge Spaß für alle Beteiligten und Zuschauer.

Durch die stark angestiegene Popularität über die letzten Jahre, gibt es inzwischen sogar Quadball-Weltmeisterschaften, ein offizielles Regelbuch und ein weltweites Netz an Quadball-Fans und -Vereinen. Es wurde ein Sport geschaffen, in welchem Potterheads voll aufgehen können, aber auch Muggel, die noch nie von Quidditch gehört haben, aufgenommen werden. Zwar hilft der Quidditch-Hintergrund, um den Kontext der Besenstiele im Spiel zu verstehen, doch auch ohne verspricht Quadball eine Menge Spaß *(Weitere Infos: International Quadball Association www.iqasport.org, Deutscher Quidditchbund (Quadball) www.deutscherquidditchbund.de).*

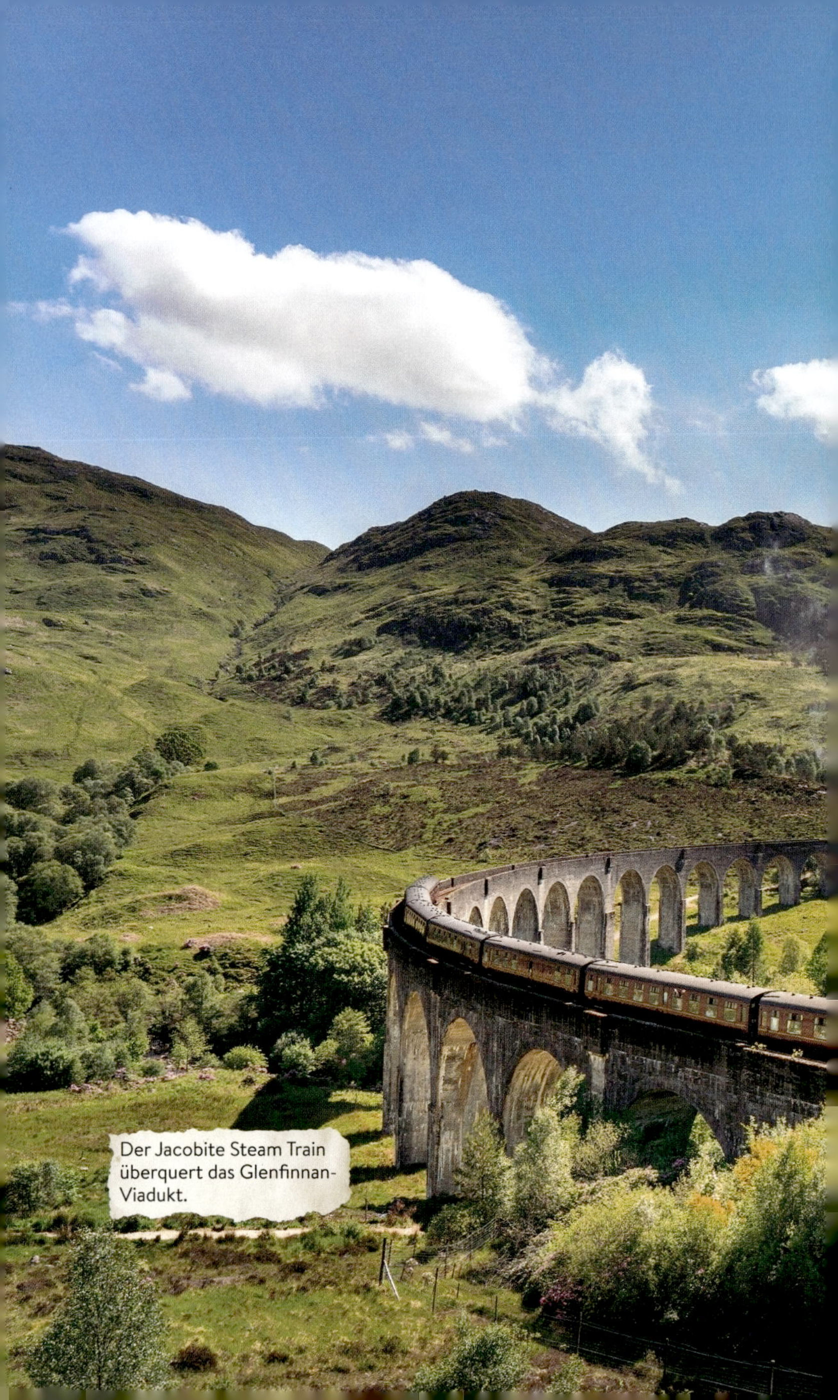

Der Jacobite Steam Train überquert das Glenfinnan-Viadukt.

Schottland

Spektakuläre Landschaften,
mystische Moore
und geheimnisvolle Seen

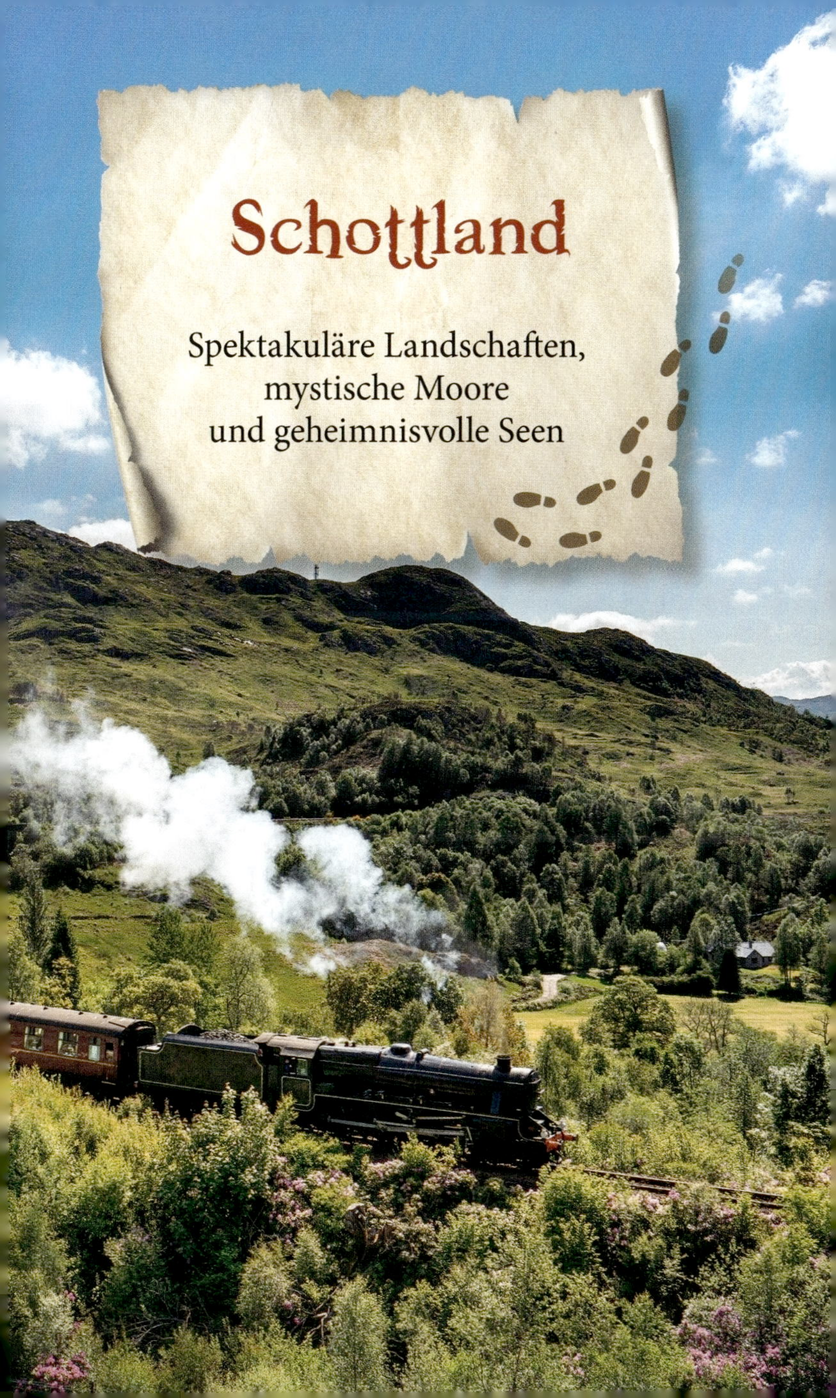

Die unglaubliche Landschaft, die Weite und die mystische Atmosphäre – Eine Reise durch Schottland auf Harry Potters Spuren führt euch durch die traumhafte Natur zu einigen der spektakulärsten Orte des Landes. Hier könnt ihr den Jacobite Steam Train besteigen, der tagtäglich über das berühmte Glenfinnan-Viadukt rollt, und den Standort von Hagrids Hütte sowie die Umgebung von Hogwarts erkunden. Dazu jede Menge geheimnisvolle Schluchten, zauberhafte Seen und raue Moorlandschaften.

Magisch

WEIL

In diesem Land könnt ihr die atemberaubende und mystische Umgebung erkunden, in die Hogwarts in den Romanen und Filmen eingebettet ist. Hier befindet sich die Bahnstrecke des Hogwarts Express ebenso wie das berühmte Viadukt von Glenfinnan.

DIE 3 MUST DOS:

Glenfinnan ⋆ Glen Etive und Loch Etive ⋆ Steall Falls

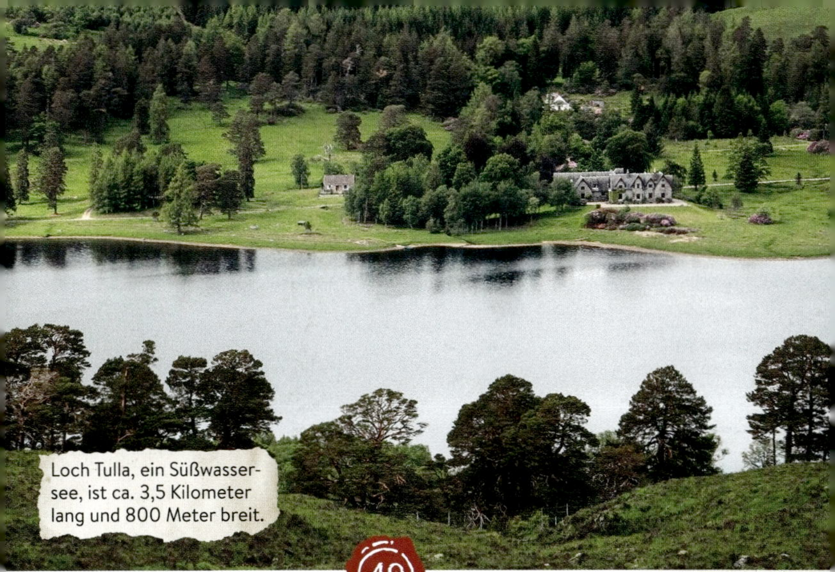

Loch Tulla, ein Süßwassersee, ist ca. 3,5 Kilometer lang und 800 Meter breit.

49

Der Weg in die Highlands

Vermutlich werdet ihr eure Reise durch Schottland von Glasgow oder Edinburgh aus starten – ihr solltet eure Route auf jeden Fall so wählen, dass ihr auf der Straße A82 in Richtung Loch Leven fahrt, denn sie führt durch eine der spektakulärsten Landschaften Schottlands – und zu mehreren bekannten Harry Potter-Drehorten.

Bei Crianlarich treffen sich die Straßen A85 und A82 – folgt hier der A82 in Richtung Glencoe Village. Sie bringt euch geradewegs hinauf in die schottischen Highlands. Im Dörfchen Tyndrum reihen sich mehrere Restaurants und Shops dicht aneinander. Eine gute Möglichkeit für eine kleine Rast oder um sich mit Proviant einzudecken, bevor es hinauf in die einsamen Highlands geht.

Aussichtspunkt Loch Tulla

Vorbei am Dörfchen Bridge of Orchy und dem Loch Tulla führt die Straße nun über eine weite Kurve steil bergauf. Oben angekommen, seht ihr links einen großen Parkplatz – hier solltet ihr unbedingt kurz anhalten und den traumhaften Blick über Loch Tulla genießen. Mit etwas Glück findet ihr dort auch einen Foodtruck, der Snacks, Getränke und frischen Kaffee anbietet.

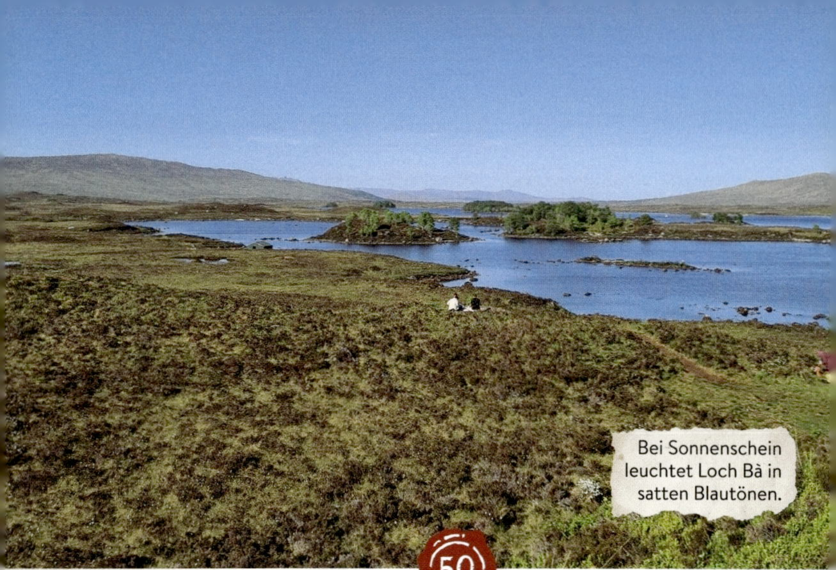

Bei Sonnenschein leuchtet Loch Bà in satten Blautönen.

50

Rannoch Moor

Die Straße führt nun weiter über die Highlands. Rechts von euch erstreckt sich das weitgehend unbewohnte, etwa 130 Quadratkilometer große Rannoch Moor. Eine karge, raue Landschaft, die oft von Nebelschwaden durchzogen und entsprechend düster und geheimnisvoll ist. Selbst bei strahlendem Sonnenschein herrscht hier die Farbe Braun in allen Schattierungen vor – unterbrochen vom Blau der zahlreichen Seen und im Sommer vom Grün der Gräser und Büsche. Hier verläuft auch die Strecke der West Highland Railway, die zu den landschaftlich schönsten Eisenbahnstrecken der Welt zählt.

Der Hogwarts Express in den Highlands

Auf dem Streckenabschnitt zwischen Rannoch und Corrour wurden im Oktober 2007 Aufnahmen des Hogwarts Express für *Harry Potter und der Halbblutprinz* gedreht. Dabei handelte es sich vor allem um Luftaufnahmen, die vom Helikopter aus eingefangen wurden.

Dementoren durchsuchen den Hogwarts Express

Zwei Jahre später wurde abermals im Rannoch Moor gedreht – dieses Mal für *Harry Potter und die Heiligtümer des Todes – Teil 1*. Ihr erinnert euch sicher an die für Gänsehaut sorgende Szene, in der der Hogwarts Express von Dementoren angehalten und durchsucht wird.

Blick über das Rannoch Moor

Wenn ihr vom Aussichtspunkt über den Loch Tulla weiter in Richtung Glencoe Village fahrt, finden sich entlang der Straße zu beiden Seiten mehrere Möglichkeiten, anzuhalten, um den Blick über das Rannoch Moor zu genießen.

Die einsame Landschaft rundum täuscht – die A82 ist eine der wichtigsten Verbindungsstraßen in die Highlands und entsprechend stark befahren. Dafür, dass hier so ein hohes Verkehrsaufkommen herrscht, ist die Straße (wie die meisten Straßen in Schottland) sehr schmal und es ist höchste Konzentration auf den Verkehr erforderlich. Das wiederum macht es schwierig, der spektakulären Landschaft um einen herum die angemessene Beachtung zu schenken, geschweige denn, sie richtig zu genießen. Deshalb sei euch empfohlen, so oft wie möglich anzuhalten und die Umgebung in aller Ruhe auf euch wirken zu lassen. Wenn ihr am Straßenrand parkt, stellt sicher, dass ihr weit genug von der Straße entfernt steht, damit euer Auto nicht von den passierenden Fahrzeugen gestreift wird.

Leider gibt es entlang der Straße nur begrenzte Haltemöglichkeiten, passt daher eure Geschwindigkeit an und nutzt die Chance, wenn ihr am Straßenrand einen freien Parkplatz entdeckt.

Lochan na h-Achlaise und Loch Bà

Etwa zwei Kilometer nach dem Aussichtspunkt bei Loch Tulla findet ihr links einen Parkplatz am Straßenrand zum Aussichtspunkt Lochan na h-Achlaise, der sich zu eurer Linken befindet, und etwa 500 Meter weiter eine zusätzliche Haltemöglichkeit.

Noch einmal 500 Meter weiter befindet sich auf der rechten Seite ein kleiner Parkplatz abseits der Straße. Von hier könnt ihr den Loch Bà überblicken und die herrliche Umgebung erkunden. Dieser Ort eignet sich auch wunderbar für ein Picknick – wenn das Wetter mitmacht.

Ein paar hundert Meter weiter findet ihr einen weiteren Aussichtspunkt über das Rannoch Moor auf der rechten Seite. Fahrt langsam, um die schmale Einfahrt in den Parkplatz auf der rechten Seite (der nicht ausgeschildert ist) nicht zu verpassen. Von hier habt ihr einen schönen Blick über die Weite des Rannoch Moor, bevor sich die Berge zu beiden Seiten der Straße erheben und das Tal von Glen Coe allmählich immer schmaler wird.

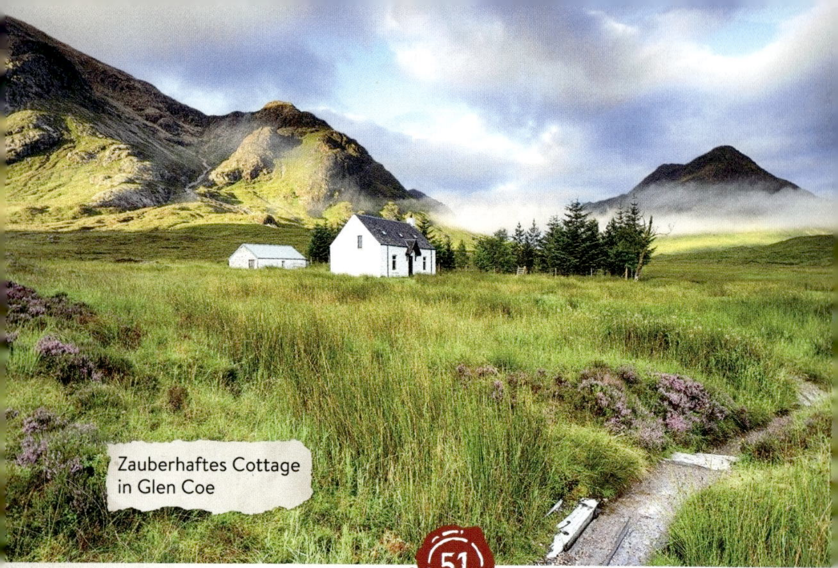

Zauberhaftes Cottage in Glen Coe

51

Glen Coe

Die Straße macht nun eine Linkskurve und die Landschaft beginnt sich zu verändern. Das Tal mit seiner spektakulären Kulisse verengt sich allmählich. Vor euch ragen nun die Berge des Massivs Buachaille Etive Mòr empor und ehe ihr euch verseht, befindet ihr euch mitten in einem Skigebiet.

Skifahren und Snowboarden im Winter

Im Glencoe Mountain Resort befördern neun Lifte die Wintersportler von 360 bis hinauf auf 1070 Höhenmeter. Mehr als 24 Pistenkilometer aller Schwierigkeitsstufen stehen für Ski- und Snowboardspaß zur Verfügung. Die Saison dauert in der Regel von Dezember bis April – je nach Schneelage *(Tages-Skipass: 32 £/Erwachsene, 24 £/Kinder, 105 £/Familien. Das Equipment könnt ihr euch gegen Gebühr vor Ort ausleihen)*

Tubing und Mountain-Biken im Sommer

Auch im Sommer wird hier einiges geboten: Vom ersten Mai bis Anfang November können Tubing-Sessions gebucht werden (30 Minuten 10 £, Familien 35 £, Kinder unter 5 frei, wenn sie mit den Eltern fahren) und ihr könnt mit Gummireifen über Matten ins Tal flitzen. Auch Mountainbiker kommen hier voll auf ihre Kosten. Mit dem Sessellift geht es auf den Berg – und über Trails verschiedener Schwierigkeitsgrade wieder hinab ins Tal – atemberaubende Ausblicke inklusive! *(Berg- und Talfahrt ca. 17 £, Bike-Tageskarte ca. 35 £)*

Vom Glencoe Mountain Resort startet – neben einigen anderen – auch eine rund 130 Kilometer lange Radrunde, die von Ballachulish über Glen Etive und Tyndrum führt. Die passende Ausrüstung kann dort ausgeliehen werden. Weitere Informationen und Öffnungszeiten: *www.glencoemountain.co.uk*

Atemberaubendes Tal

Nach etwa einem Kilometer passiert ihr das Kingshouse Hotel auf der rechten Seite und überquert den Fluss Etive. Kurz darauf zweigt die schmale Straße nach Loch Etive nach links ab, und zu einem Drehort, auf den wir an späterer Stelle noch zu sprechen kommen (siehe S. 168).

Das Tal wird nun nach und nach immer schmaler und wird von beiden Seiten von hohen Bergmassiven flankiert. Die enge, kurvige Straße führt bergab und fordert die volle Aufmerksamkeit der fahrenden Person. Deshalb solltet ihr euch unbedingt einen Parkplatz suchen, um die Szenerie in Ruhe genießen zu können. Immer wieder gibt es zu beiden Seiten der Straße kleine Ausbuchtungen. Wenn ihr hier parkt, stellt sicher, dass ihr weit genug von der Straße entfernt steht, ansonsten ist euer Seitenspiegel gefährdet. Selbiges gilt für das Öffnen der Autotüren –, denn hier gibt es kaum eine Möglichkeit, auszuweichen.

Ideal ist es, wenn ihr einen Parkplatz ansteuert, der etwas von der Straße entfernt liegt. Dort könnt ihr dann auch etwas länger stehen und die Gegend erkunden.

Einen Blick wert ist auch »The Meeting of Three Waters«, vor allem wenn die Wasserfälle viel Wasser führen – allerdings gibt es hier nur sehr wenige Parkplätze.

Absolut spektakulär ist die Aussicht auf die Bergformation »Three Sisters of Glencoe« zu eurer Linken. Der etwas größere Parkplatz auf der linken Seite bietet zudem eine wunderbare Location während des Sonnenuntergangs, wenn das Tal in ein goldenes Licht getaucht wird.

Loch Achtriochtan

Langsam weitet sich Glen Coe nun wieder und ihr passiert den Loch Achtriochtan auf der linken Seite. Auch hier lohnt ein Zwischenstopp auf dem Parkplatz nach dem See auf der linken Seite – der Blick zurück in die Schlucht mit dem See im Vordergrund ist traumhaft.

Die Landschaft um Hogwarts I

Nur wenige Meter weiter zweigt eine schmale Straße nach rechts in Richtung Clachaig Inn und Youth Hostel ab – hier findet ihr einen weiteren Harry Potter-Drehort (siehe S. 170).

Falls euch die Berge rundum bekannt vorkommen – sie dienten in den Harry Potter-Filmen bei mehreren Szenen als Hintergrundlandschaft zum Beispiel für die Quidditch-Spiele in Hogwarts.

Glencoe Visitor Center

Nur wenige Minuten später erreicht ihr das Glencoe Visitor Centre auf der linken Seite. Es lohnt sich, dort anzuhalten. Das Visitor Centre ist wirklich gut gemacht und gibt Auskunft über Wanderwege und Ausflugsmöglichkeiten in der Region, ebenso wie über die bewegte Geschichte des Tals, das am 13. Februar 1692 zum Schauplatz eines politisch motivierten Massakers gegen den Clan der MacDonalds von Glen Coe wurde. Im Visitor Centre gibt es zudem einen sehr gut sortierten Laden mit Wanderausrüstung, Büchern und Souvenirs aus der Region.

Glencoe Village

Kurz darauf erreicht ihr das Dörfchen Glencoe am Ufer des Loch Leven. Mit seinen kleinen Steinhäusern inmitten der beeindruckenden Landschaft bietet es eine schöne Location für einen Zwischenstopp. In dem kleinen strohdachgedeckten Museum könnt ihr euch außerdem über die Geschichte der Gegend informieren (*https://www.glencoemuseum.com*).

← Blick auf Clachaig Gully
→ Die Berge um Glencoe Village dienten als Hintergrund für viele Szenen.

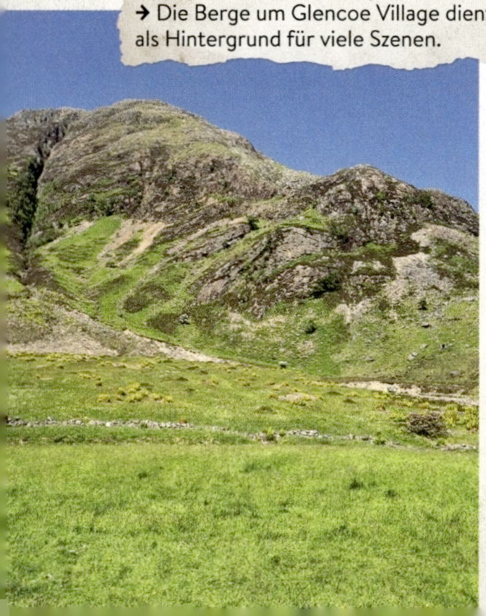

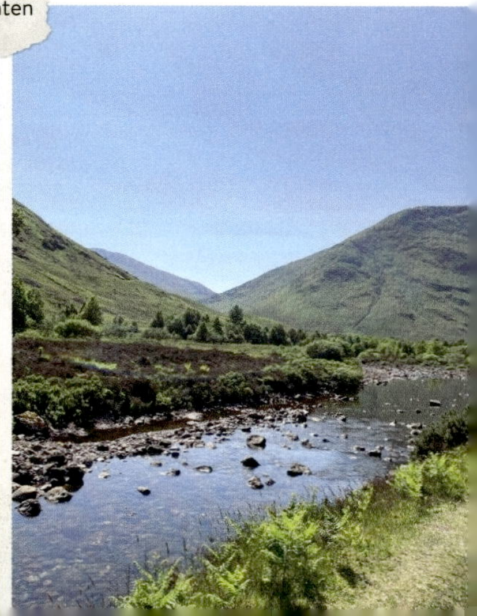

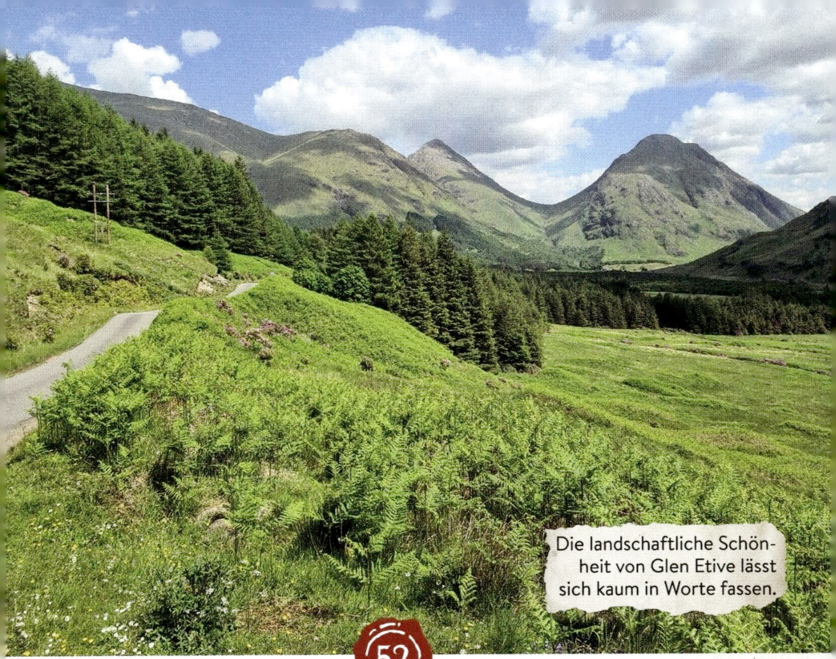

Die landschaftliche Schönheit von Glen Etive lässt sich kaum in Worte fassen.

52

Glen Etive & Loch Etive

Kurz nach dem Skigebiet Glencoe Mountain Resort bzw. nach dem Kingshouse Hotel zweigt eine schmale Straße nach links ab. Auf dem wegweisenden Schild steht »Glen Etive«, doch die – auf den ersten Blick – unscheinbare Straße ist allgemein unter dem Namen »Skyfall Road« bekannt.

Skyfall Road

Tatsächlich wurden hier Szenen für den James Bond-Film *Skyfall* mit Daniel Craig gedreht. Im Film sehen wir Bond und M in seinem ikonischen Aston Martin auf der A82 durch die faszinierende Landschaft von Glen Coe fahren. Unvergessen die Szene, in der James Bond über das atemberaubende Tal blickt, in dem sein Elternhaus steht. Das beeindruckende Herrenhaus werdet ihr nicht finden – das wurde an einem anderen Ort als Kulisse errichtet. Allerdings steht dort ein ähnliches Haus, das zwar als Vorlage für die Kulisse von Bonds Elternhaus diente, jedoch weiträumig eingezäunt ist und nicht besichtigt werden kann.

Zauberhaftes Tal

Tatsächlich verbirgt sich hier eine der landschaftlich schönsten Straßen, die man sich überhaupt vorstellen kann. Diese Fahrt solltet ihr euch auf gar keinen Fall entgehen lassen – sie ist jeden Meter dieser knapp 20 Kilometer langen Strecke wert. Da es sich aber um eine Sackgasse handelt, solltet ihr das für den Rückweg mit einplanen.

Nehmt euch Zeit, dieses absolut zauberhafte Tal in aller Ruhe und mit allen Sinnen zu genießen. Packt euch ein Picknick ein und lasst euch einfach treiben.

Die Straße ist eine Single-Track-Road, die für Schottland durchaus typisch ist. Diese Sträßchen sind gerade mal breit genug für ein Fahrzeug – kommt Gegenverkehr, muss man entsprechend ausweichen. Die Skyfall Road ist dennoch sehr gut zu befahren, denn es gibt jede Menge Ausweichbuchten am Straßenrand. Noch dazu hat man dadurch die Möglichkeit, immer mal wieder anzuhalten, um die Landschaft zu genießen und zu fotografieren. Sie ist durchgängig geteert und führt am Fluss Etive entlang.

Zu jeder Jahreszeit anders

Je nach Jahreszeit bietet Glen Etive immer wieder ein anderes Gesicht. Mal blühen riesige Rhododendren in leuchtendem Pink und die Berge rundum sind sattgrün, dann ziehen dichte Nebelschwaden durch das Tal und geben ihm ein ganz mystisches Gesicht. Bei starkem Regen schwillt der Etive an und wird von zahlreichen Wasserfällen gespeist. Wer Glück hat, begegnet unterwegs dem hier zahlreich vertretenen Rotwild.

Loch Etive

Nach etwa 30 bis 40 Minuten kurzweiliger Fahrt (und vermutlich unzähligen Fotostopps) erreicht ihr den See bzw. den Fjord Loch Etive, der über einen weiten Sund zwischen dem schottischen Festland und der Isle of Mull mit dem Atlantik verbunden ist.

Hier findet ihr einen kleinen Parkplatz, auf dem einige wenige Autos Platz finden (aus diesem Grund ist es empfehlenswert, möglichst früh vor Ort zu sein). Vom Parkplatz aus sind es nur wenige Meter bis zum Fluss Etive, der hier in den Loch Etive mündet. Je nach Stand der Gezeiten ändert sich die beeindruckende Flusslandschaft beträchtlich.

Hintergrundbilder für Harry Potter

Rund um Loch Etive und Glen Etive sind einige der beeindruckenden Landschaftsaufnahmen entstanden, die als Hintergrundbilder für ver-

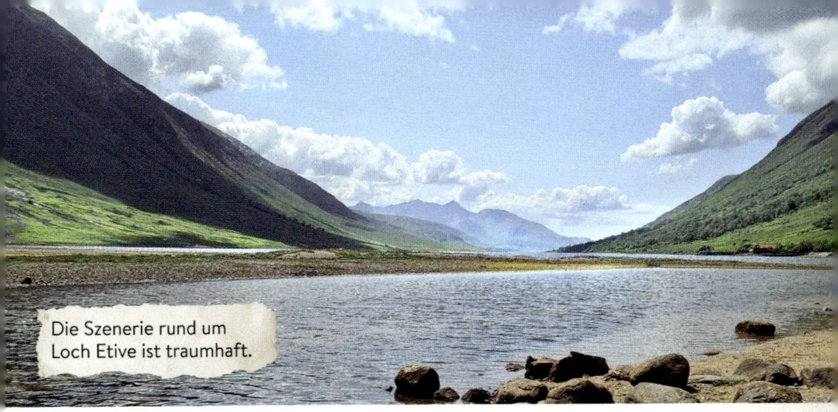

Die Szenerie rund um Loch Etive ist traumhaft.

schiedene Szenen genutzt wurden. So ist der Loch Etive beispielsweise in *Harry Potter und der Orden des Phönix* zu sehen, als der Hogwarts Express auf seiner Reise zur Zauberschule durch die schottischen Highlands fährt.

Harry, Ron und Hermine campen am Ufer

In *Harry Potter und die Heiligtümer des Todes – Teil 1* campen Harry, Ron und Hermine während ihrer Suche nach Horkruxen am nördlichen Ende des Loch Etive. Hier findet Hermine heraus, warum Professor Dumbledore Harry das Schwert Gryffindors vererbt hat. Dann kommt es zum Streit zwischen Ron und Harry, bis Ron schließlich das Trio wutentbrannt verlässt. Schließlich bindet Hermine einen Schal an einen Baum nahe des Sees, um Ron ein Zeichen zu hinterlassen, dass sie und Harry den Ort verlassen haben.

Das Trio trifft auf die Greifer

Im gleichen Film sehen wir die Location noch einmal – Ron ist zurückgekehrt und das Trio wieder komplett. Nach einem Besuch bei Xenophilius Lovegood treffen die drei unerwartet auf eine Gruppe Greifer. Die Freunde flüchten und werden schließlich von den Greifern gefangen genommen – wobei die Szenen der Jagd und anschließenden Ergreifung nicht hier, sondern im Swinley Forest in Südengland gedreht wurden (siehe S. 60).

Nasse Landung nach der Flucht aus Gringotts

Auch in *Harry Potter und die Heiligtümer des Todes – Teil 2* ist der Loch Etive zu sehen. Es ist der See, in den Harry, Ron und Hermine nach ihrer halsbrecherischen Flucht aus der Zaubererbank Gringotts in London vom Rücken eines Drachen hinein springen.

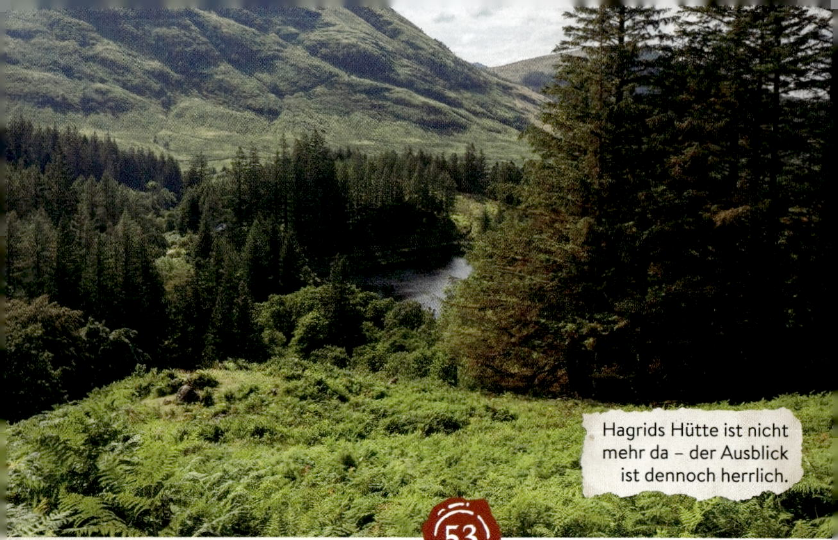

Hagrids Hütte ist nicht mehr da – der Ausblick ist dennoch herrlich.

53

Clachaig Gully

Nur wenige Meter, nachdem ihr Loch Achtriochtan passiert habt, zweigt eine schmale Straße nach rechts zum Pub und B&B Clachaig Inn ab. Es handelt sich dabei um die alte Dorfstraße nach Glencoe Village. Das Clachaig Inn seht ihr schon von der Hauptstraße aus. Stellt euer Auto am besten auf dem Parkplatz vor dem Pub ab und macht euch zu Fuß auf die Suche nach dem Standort von Hagrids Hütte.

Wenn ihr der alten Dorfstraße weiter folgt, kommt ihr zwar direkt unterhalb der Filmlocation vorbei, doch entlang der Single-Track-Road gibt es keine Möglichkeit, zu parken. Bitte stellt euer Auto nicht in den Ausweichbuchten ab, sonst bildet ihr schnell ein Verkehrshindernis.

Hagrids Hütte

Folgt dann dem kleinen Wiesenweg, der auf der rechten Seite parallel zu der geteerten Single-Track-Road in Richtung Glencoe Village verläuft. Er führt gemächlich bergauf und nach etwa zehn Minuten erreicht ihr den Platz, auf dem während der Dreharbeiten Hagrids Hütte stand – zu Füßen des imposanten Berges Clachaig Gully.

Gefilmt wurde hier erstmals für *Harry Potter und der Gefangene von Askaban* im Mai und Juni 2003 – was eine ziemliche Veränderung der Location von Hagrids Hütte bedeutete. Diese stand während der Dreharbeiten von *Harry Potter und der Stein der Weisen* sowie von *Harry Potter und die Kammer des Schreckens* nämlich in Black Park nahe London (siehe S. 58). Allerdings wurde für den zweiten Teil der Harry Potter-Filme bereits die Landschaft von Glen Coe als Hintergrund verwendet.

Für den dritten Teil wurden hier mehrere Kulissen für die Dreharbeiten aufgebaut. Zum einen Hagrids Hütte samt Gemüse- bzw. Kürbisgarten, die den zauberhaften kleinen See überblickt, die überdachte Holzbrücke »Bridge to Nowhere«, mehrere aufrecht stehende Steine, die an prähistorische Menhire erinnern und ein kapellenähnliches Gebäude, dem Eingang nach Hogwarts. Die Kulissen wurden nach Abschluss der Dreharbeiten wieder entfernt.

Die Filmcrew kehrte für *Harry Potter und der Feuerkelch* sowie *Harry Potter und der Halbblutprinz* nach Glen Coe zurück. Für diese Dreharbeiten wurden die Kulissen jedoch nicht wieder aufgebaut, sondern lediglich die Landschaft rundum als Hintergrund für die Szenen genutzt. Die Gebäude wurden digital in die Szenerie eingefügt.

Seidenschnabels Rettung

Mehrere Szenen wurden in der Umgebung und im nahe gelegenen Wald um Signal Rock gefilmt. So sind in *Harry Potter und der Gefangene von Askaban* die Landschaft um Hagrids Hütte und der Blick über den kleinen See deutlich zu sehen. Hier wurden auch die Szenen mit dem Hippogreif »Seidenschnabel« gefilmt, der exekutiert wird, aber später von Harry und Hermine dank des Zeitumkehrers doch noch ganz knapp gerettet wird. Wahrlich eine Szene, die immer wieder aufs Neue zu Schnappatmung führt!

Ein Hirsch-Patronus rettet Harry und Sirius Black

Am Ufer des kleinen Sees Torren Lochan sieht Harry zum ersten Mal den Hirsch-Patronus, der ihn und den verletzten Sirius Black vor den Dementoren rettet. Er denkt in diesem Moment, sein Vater habe den rettenden Schutzzauber geschickt, doch später stellt sich heraus, dass es sein eigener Patronus gewesen ist, den er während seiner Zeitreise mit dem Zeitumkehrer beschworen hat. Einige der Szenen – vor allem die Nahaufnahmen – wurden in Virginia Water gedreht (siehe S. 54) und später am Computer zusammengeschnitten.

Harry sieht Thestrale

In *Harry Potter und der Orden des Phönix* sieht Harry hier auch die Thestrale, die geflügelten schwarzen Pferde, zum ersten Mal. Sie sind nur für

Menschen sichtbar, die bereits den Tod gesehen haben. Apropos geflügelte Wesen – jedes Paradies hat auch seine Schattenseiten – in Schottland sind es die *Midges*, die kleinen, aber biestigen Stechmücken, die auch der Filmcrew zu schaffen machten. Sie sollen – so munkelt man – der Grund dafür gewesen sein, dass einige der Szenen, die an einem See spielen, statt in Schottland in Südengland gedreht und digital in die schottische Landschaft eingebettet wurden.

Umbridge feuert Hagrid

Auch die Szene, in der die verhasste Dolores Umbridge Hagrid in seiner Hütte besucht, wurde hier gedreht. Sie feuert den treuen Wildhüter, während Harry, Ron und Hermine durch das Fenster alles mit anhören müssen und nicht eingreifen dürfen.

Abschied von Aragog

In *Harry Potter und der Halbblutprinz* sehen wir Hagrid, Professor Slughorn und Harry, wie sie dem verstorbenen Aragog, dem Herrscher über die Acromantula-Kolonie, die Hagrid im verbotenen Wald versteckte, die letzte Ehre erweisen.

TIPP

CLACHAIG INN

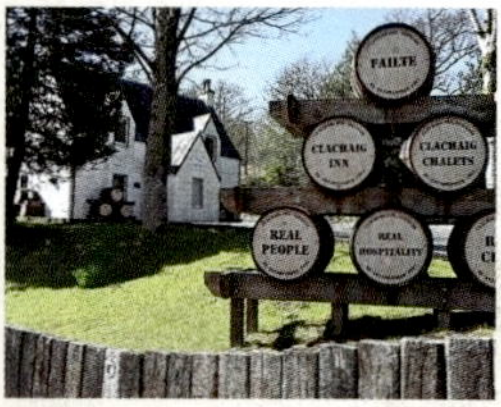

Seit über 300 Jahren steht das Clachaig Inn im Herzen von Glen Coe inmitten der überwältigenden Landschaft. Das urige Pub bietet typische britische Küche und auch vegane Gerichte. Dazu gibt es drei Bars – und man rühmt sich, dass über 400 schottische Whisky- und mehr als 150 schottische Gin-Sorten im Angebot sind. Dazu zahlreiche Biersorten aus der Region. Wer übernachten möchte, kann zwischen Einzel-, Doppel- und Familienzimmern sowie einer Selbstversorger-Unterkunft wählen. Die Zimmer wurden modernisiert und sind gemütlich und einladend. Morgens wird ein typisch schottisches Frühstück serviert. Eine ideale Unterkunft, um die herrliche Umgebung und die Harry Potter-Drehorte in Glen Coe zu erkunden *(Clachaig Inn, Old Village Road, Glencoe, Ballachulish PH49 4HX, DZ/Frühstück ab 125 £, www.clachaig.com).*

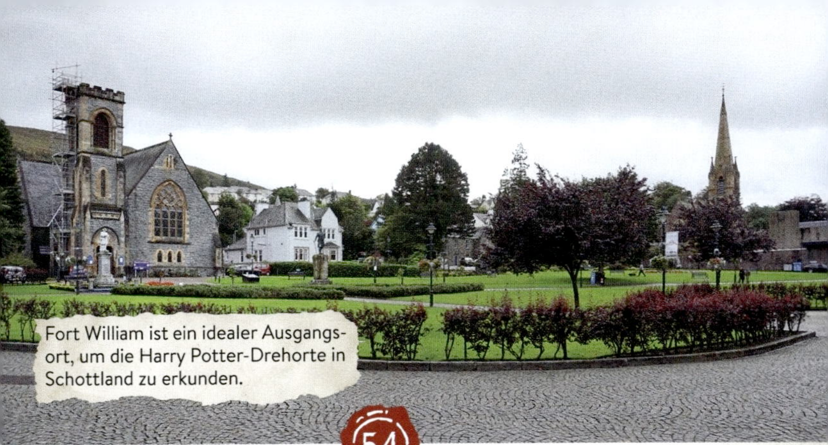

Fort William ist ein idealer Ausgangsort, um die Harry Potter-Drehorte in Schottland zu erkunden.

54

Fort William

Folgt am besten der alten Dorfstraße bis nach Glencoe Village – die Umgebung ist zauberhaft und es ist weniger los als auf der Hauptstraße. Am Ende des Dorfes gelangt ihr wieder auf die A82, die direkt am Ufer von Loch Leven entlangführt und einen traumhaften Blick über den See bietet. Über die Ballachulish Bridge geht es auf die andere Seite der Seen und ihr folgt nun der Straße am Ufer des schönen Loch Linnhe bis nach Fort William.

Das Städtchen Fort William liegt in der Region Lochaber in den westlichen schottischen Highlands und gilt als »Outdoor-Hauptstadt« Großbritanniens. Tatsächlich hat das kleine Städtchen mit seinen knapp 6000 Einwohnern einiges zu bieten, allen voran eine perfekte Lage zu Füßen des Ben Nevis direkt am Ufer von Loch Linnhe, einer etwa 50 Kilometer langen Meeresbucht. In der Umgebung findet ihr jede Menge Wandermöglichkeiten, ein Skigebiet und zahlreiche weitere Outdoor-Aktivitäten und Ausflugsmöglichkeiten – kein Wunder also, dass die Dichte an Outdoor-Läden in der einzigen Einkaufsstraße in Fort William so hoch ist wie in kaum einer anderen Stadt.

Fort William ist der quirlige Mittelpunkt der Region, mit zahlreichen Hotels, Campingplätzen, Cafés, Restaurants und Läden. Hier startet der Jacobite Steam Train aka Hogwarts Express seine spektakuläre Fahrt durch die atemberaubende Landschaft der Highlands, über das berühmte Glenfinnan-Viadukt ins Küstenstädtchen Mallaig. Das alles macht Fort William zu einem idealen Ausgangspunkt für Ausflüge in die Region.

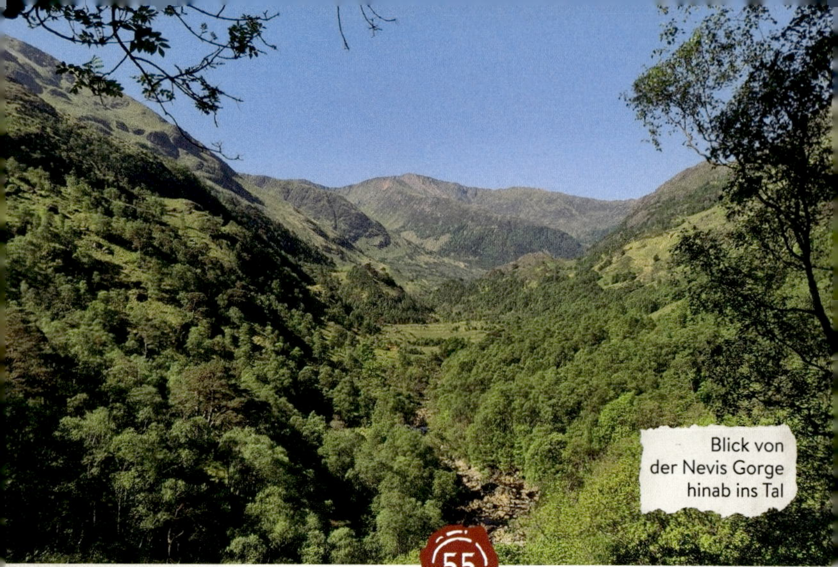

Blick von der Nevis Gorge hinab ins Tal

55

Steall Falls

Eine kurze, aber reizvolle Wanderung führt durch die Nevis Gorge hinauf zu den Steall Falls, die mit einer Fallhöhe von 120 Metern die zweithöchsten Wasserfälle Schottlands sind.

Der Standort von Hogwarts

Die beeindruckenden Wasserfälle sind in mehreren Harry Potter-Filmen im Hintergrund des Quidditch-Stadions von Hogwarts zu sehen – das bedeutet, dass sich hier oben tatsächlich die Location der Zaubererschule Hogwarts befinden könnte – auch wenn sie durch einen Muggel-Abwehrzauber und Desillusionierungs-Zauber natürlich gut geschützt ist. So sehen wir Muggel statt des prächtigen Schlosses mit seinen unzähligen Türmen nur eine alte Ruine mit dem Schild: »Betreten verboten! Einsturzgefahr« … Das wiederum lässt natürlich eine Menge Platz für Spekulationen … Die Wanderung solltet ihr euch auf keinen Fall entgehen lassen!

Glen Nevis

Schon allein die Fahrt zum Ausgangspunkt dieser Wanderung ist bereits ein Highlight, denn sie führt euch von Fort William aus etwa zwölf Kilometer durch das Tal Glen Nevis bis zum Parkplatz der Steall Falls. Am

Anfang des Tals befindet sich auf der linken Seite das Ben Nevis Visitor Centre, in dem ihr aktuelle Informationen zu Wanderrouten und Outdoor-Aktivitäten in der Region bekommt.

Ihr fahrt nun immer am Fluss Nevis entlang durch das idyllische Tal. Vielleicht mag es euch bekannt vorkommen, denn hier wurden Szenen für die beiden Filme *Braveheart* und *Highlander III* gedreht, ebenso wie Landschaftsaufnahmen für die Anfangsszenen von *Harry Potter und der Orden des Phönix*.

Wanderung zu den Steall Falls

Folgt nun der Single-Track-Road immer weiter bis zum Ende der Straße. Achtung: Wenn ihr den ersten großen Parkplatz erreicht, seid ihr noch nicht am hier empfohlenen Ausgangspunkt der Wanderung. Folgt der Straße am besten noch ein Stückchen weiter – sie führt an dieser Stelle links über eine schmale Brücke. Ab hier ist die Straße relativ schmal und es gibt nur noch begrenzte Ausweichbuchten. Fahrt am besten langsam und vorausschauend, um rechtzeitig ausweichen zu können. Die Straße ist eine Sackgasse und endet direkt auf einem Parkplatz. Da die Parkmöglichkeiten begrenzt sind, empfiehlt es sich, möglichst früh am Tag vor Ort zu sein.

Von hier gibt es nur einen Wanderweg, der durch die Nevis Gorge bergauf führt, ihr könnt ihn nicht verfehlen.

Die Wanderung ist als mittelschwer einzustufen, denn es gibt einige Passagen mit sehr steilen und unregelmäßigen Stufen bzw. Felstritten. Hier ist eine gute Trittsicherheit gefordert, Wanderstöcke leisten gute Dienste. Dennoch ist der Weg auch mit wanderwilligen Kindern ab ca. fünf Jahren gut machbar – oft tun sich die Kids an schwierigen Stellen besser als so mancher Erwachsener.

Die Schlucht wird in ihrem Verlauf stetig schmaler. Riesige Felsbrocken scheinen die Schlucht förmlich zu »verstopfen« und tief unten hört man das Geplätscher des Flüsschens. Riskiert hier einen Blick zurück in das Tal – der Ausblick ist fantastisch!

Kaum habt ihr die Schlucht durchquert, lichtet sich der Wald. Das ist der Moment, in dem sich vor euch das liebliche Hochtal mit seinen dramatischen Bergmassiven auftut. Was für eine unfassbar schöne Szenerie!

Drahtseil über den Fluss

Kurz darauf könnt ihr in der Ferne schon einen ersten Blick auf die Steall Falls erhaschen. Den Wasserfall fest im Blick, geht es durch das Tal bis zum Ufer des Flusses Nevis. Auf alle, die noch näher an den Wasserfall

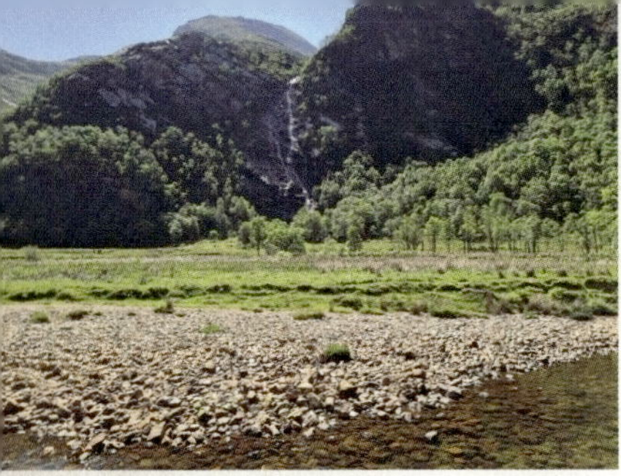

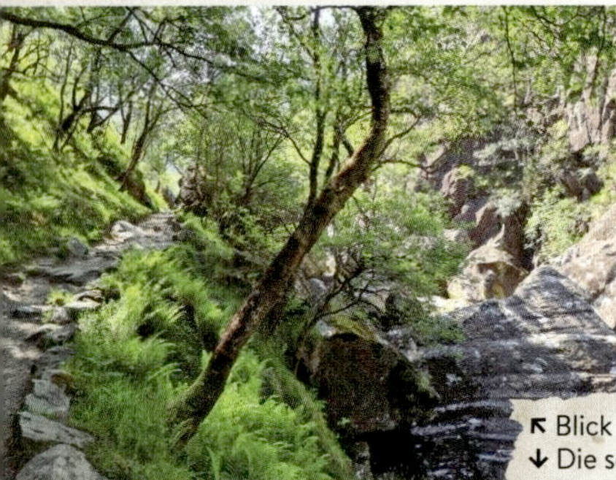

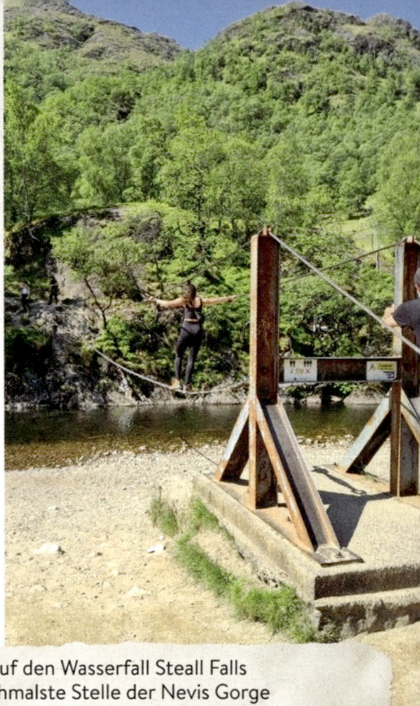

↖ Blick auf den Wasserfall Steall Falls
↓ Die schmalste Stelle der Nevis Gorge
→ Ein Drahtseil führt über den Fluss zum Wasserfall.

heran möchten, wartet hier eine ganz besondere Herausforderung: Die einzige Möglichkeit, den Fluss trockenen Fußes zu überqueren, ist ein Drahtseil in luftiger Höhe. Wenn der Fluss nicht viel Wasser führt, kann man auch hindurchwaten.

Die gute Nachricht für alle, die weder balancieren noch nasse Füße haben wollen –, um den Wasserfall in seiner ganzen Pracht zu sehen, müsst ihr den Fluss nicht überqueren. Ihr könnt ihn auch mit etwas Abstand von der anderen Flussseite aus bewundern.

INFO

Es lohnt sich, dem Weg weiter entlang des Flusses zu folgen, um die schöne Landschaft zu genießen – doch es gibt leider keinen Rundweg. Ihr müsst denselben Weg zum Parkplatz zurückgehen, den ihr auch gekommen seid (Hin- und Rückweg vom Parkplatz bis zur Drahtseilbrücke ca. 5,2 km, 110 Hm, mittelschwer – Proviant und Getränke einpacken – es gibt unterwegs keine Möglichkeit, etwas zu kaufen).

Die Landschaft um Hogwarts II

Die Landschaft dieses außergewöhnlich reizvollen Tals wurde für Dreharbeiten für die meisten der Harry Potter-Filme genutzt. Besonders gut zu erkennen ist sie in *Harry Potter und der Stein der Weisen*: Hogwarts thront in exponierter Lage an den Ausläufern des Ben Nevis, das Quidditch-Stadion schmiegt sich an den Rand des flachen Hochtals und im Hintergrund rauschen die Steall Falls in die Tiefe. Hier fängt Harry auch zum ersten Mal den goldenen Schnatz.

In *Harry Potter und die Kammer des Schreckens* kämpft er während des Quidditch-Spiels gegen Draco Malfoy – und in *Harry Potter und der Halbblutprinz* gibt Hermine Ron Schützenhilfe bei seinem Probespiel.

Für die Dreharbeiten wurden hier jedoch keine Kulissen gebaut, das Quidditch-Stadion wurde digital in die Landschaft eingefügt. Aber mit ein bisschen Fantasie kann man sich schon sehr gut vorstellen, wie die Quidditch-Spieler durch die Landschaft flitzen und Hogwarts auf den Felsen thront.

Madame Hooch's Besenflugstunde

Auch bei Madame Hooch's Besenflugstunden ist die Landschaft im Hintergrund zu sehen – allerdings wurden die Hogwarts-Szenen in diesem Fall in Alnwick Castle in Nordengland (siehe S. 146) gedreht. Mit fast magischer Geschwindigkeit gelangen die Hexen und Zauberer hier von den schottischen Highlands ins englische Northumberland – wenn da nicht Zauberei im Spiel ist …

Schlechtes Wetter

Bei den Dreharbeiten zu *Harry Potter und der Gefangene von Askaban* machte das Wetter der Filmcrew einen Strich durch die Rechnung – Aufnahmen waren schlichtweg nicht möglich und die Crew musste auf das nahegelegene Tal Glen Coe ausweichen.

Das Trimagische Turnier

Das Trimagische Turnier in *Harry Potter und der Feuerkelch* führte die Filmcrew wieder in diese Gegend. Hier hatte Harry die erste Aufgabe des Turniers zu bewältigen, in welcher er das goldene Ei eines Drachens in seinen Besitz bringen musste.

Bei dem See, der in der Szene neben Hogwarts zu sehen ist, handelt es sich allerdings um Loch Shiel (siehe S. 188), der nur wenige Kilometer entfernt an die »Road to the Isles« grenzt und sich in direkter Nachbarschaft zum Glenfinnan-Viadukt befindet.

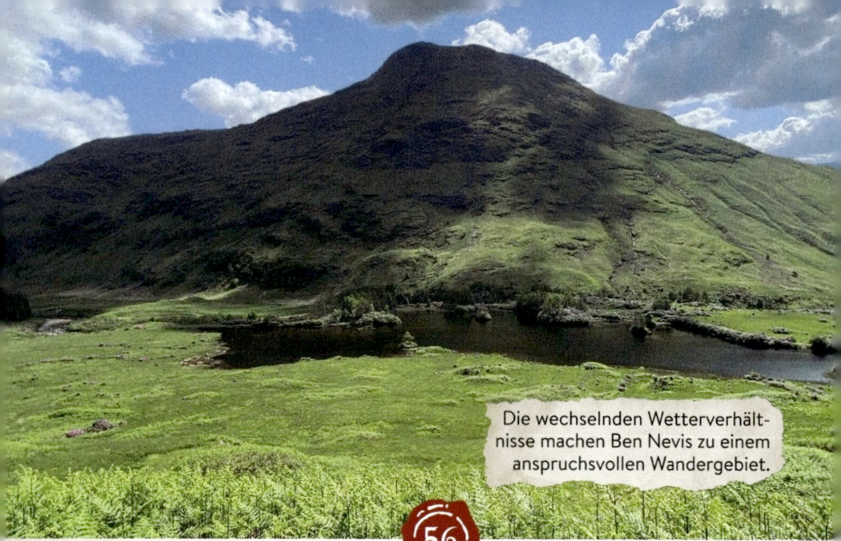

Die wechselnden Wetterverhältnisse machen Ben Nevis zu einem anspruchsvollen Wandergebiet.

56

Ben Nevis

Der mit einer Höhe von 1.345 m höchste Berg Großbritanniens bietet viele Möglichkeiten für Outdoor-Fans. Es gibt zahlreiche Wanderwege in der Region und auch zwei Routen, die auf den Ben Nevis führen. Alle Informationen und passendes Kartenmaterial bekommt ihr im Ben Nevis Visitor Centre *(Visitor Centre, Glen Nevis, Fort William PH33 6ST)*.

Wer lieber die Seilbahn nimmt, gelangt mit der Gondel in 15 Minuten von 100 auf 650 Meter. Oben angekommen, wartet nicht nur ein traumhafter Ausblick, sondern es gibt auch schöne Rundwanderwege, die nicht allzu schwer sind und die man in 45 bis 60 Minuten bewältigen kann.

INFO

Die Gondel fährt i. d. R. zwischen 9.30–16 Uhr (an den Wochenenden bereits ab 9 Uhr, Tagestickets: 24,95 £/Erwachsene, 13 £/Kinder, Biker ab 14,95 £, *(www.nevisrange.co.uk/activities/mountain-gondola)*. In der Wintersaison erwarten die Ski- und Snowboardfans 12 Lifte und 35 verschiedene Abfahrtspisten (Tageskarte: ca. 30 £/Erwachsene, ca. 15 £/Kinder, ca. 70 £/Familien, Öffnungszeiten und weitere Informationen: *www.nevisrange.co.uk/activities/ski-board)*.

57

Loch Linnhe

Fast 50 Kilometer lang ist die Salzwasserbucht Loch Linnhe, die landeinwärts immer schmaler wird und deren Ende sich bei dem Städtchen Fort William befindet.

Es lohnt sich, Loch Linnhe auch einmal vom Wasser aus zu erleben. Auf einer live-moderierten Bootsfahrt könnt ihr nicht nur die beeindruckende Bergkulisse, allen voran den Blick auf den Ben Nevis, bewundern, sondern – je nach Tageszeit – auch den Jacobite Steam Train auf seiner Fahrt zwischen Fort William und Mallaig erspähen.

TIPP

CLAN MACDUFF HOTEL

Das Clan MacDuff Hotel liegt etwas erhöht am Ufer von Loch Linnhe, direkt an der A82. Die Terrasse, das Restaurant und viele Zimmer bieten einen uneingeschränkten Blick auf den See – und abends auf die dort untergehende Sonne. Zum Hotel gehört ein Restaurant, in dem man sehr gut essen kann – oder man genießt einfach den Ausblick bei einem Getränk auf der Terrasse *(Clan MacDuff Hotel, Achintore Road, Fort William, PH33 6RW, DZ/Frühstück ab 165 £/Nacht, www.clanmacduff.co.uk).*

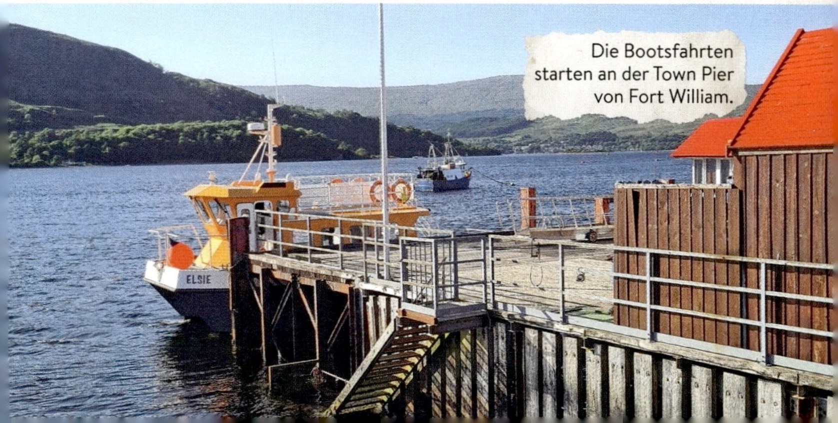

Die Bootsfahrten starten an der Town Pier von Fort William.

TIPP

HIGHLAND SOAP COMPANY & LARDER CAFÉ

Was für eine perfekte Kombination: Im Hauptsitz der Highland Soap Company kann man in den Düften Schottlands schwelgen und die verschiedensten Pflegeprodukte und Duftkreationen aus regionalen Pflanzen testen und kaufen. Gleich nebenan befindet sich das Larder Café, in dem man ein leichtes Mittagessen oder eine gemütliche Teatime genießen kann. Auch hier werden regionale Produkte verwendet. Wer mag, kann hier in einem Workshop seine eigene Seife kreieren und mit nach Hause nehmen. Ein zweistündiger Workshop inklusive eines Kaffees kostet 30 £ und muss vorab gebucht werden – den Blick auf Ben Nevis und die Ruinen des nebenan liegenden Inverlochy Castle gibt's noch obendrauf *(Highland Soap Company, Inverlochy Mains, North Road, Fort William PH33 6TQ, Öffnungszeiten: Mo–Sa 9.00–17.30, So 10–17 Uhr, www.highlandsoaps.com/pages/visitor-centre-and-larder-café).*

Auf einer Insel in der Loch Linnhe lebt eine Seehund- und Kegelrobbenkolonie. Mit etwas Glück könnt ihr unterwegs auch Delfine oder Otter beobachten *(Cruise Loch Linnhe, Fort William Town Pier, PH33 6DZ, eine 2-stündige Tour kostet ab 31,50 £/Erwachsene, ab 21 £/Kinder, www.cruise-lochlinnhe.co.uk).*

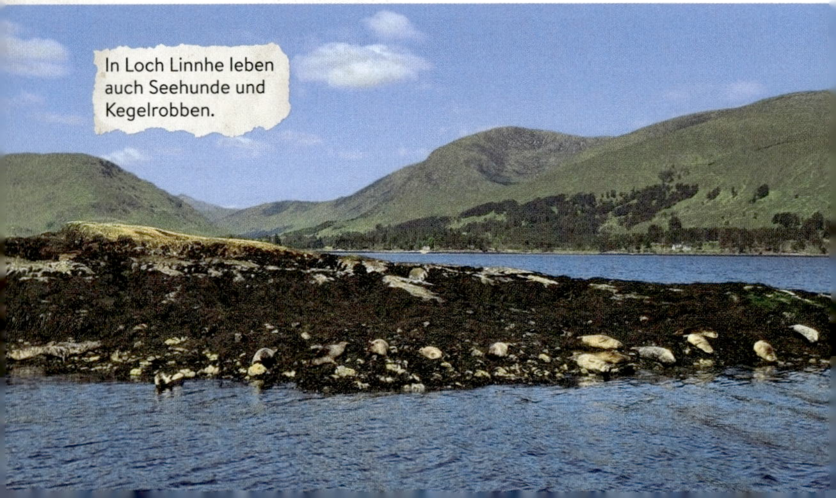

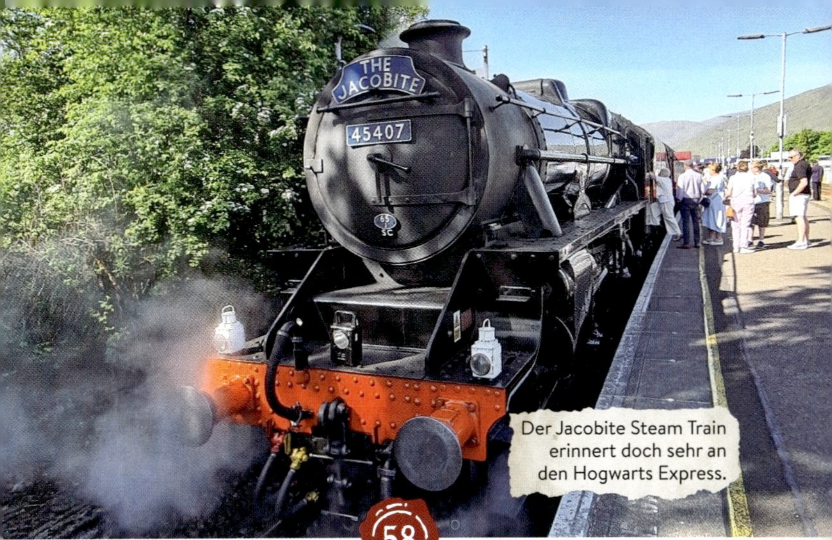

Der Jacobite Steam Train erinnert doch sehr an den Hogwarts Express.

58

Der Jacobite Steam Train

Gemächlich zischt und rattert der historische Jacobite Steam Train aka »The Jacobite« aka Hogwarts Express in den Sommermonaten tagtäglich von Fort William nach Mallaig und wieder zurück – insgesamt 135 Kilometer durch die traumhafte schottische Landschaft. Kein Wunder also, dass diese Zugstrecke oft als eine der schönsten der Welt bezeichnet wird.

Rekordverdächtige Ausblicke

Unterwegs gibt es so manchen Rekordhalter Großbritanniens zu sehen – Ben Nevis, der höchste Berg, Loch Morar, der tiefste Süßwassersee, Loch Nevis, der tiefste Salzwassersee, River Morar, der kürzeste Fluss – doch damit nicht genug: Die mit Abstand berühmteste Attraktion der Bahnstrecke ist das Glenfinnan-Viadukt, das durch die Harry Potter-Filme weltberühmt wurde.

Willkommen im Hogwarts Express

Zwar ist der Jacobite Steam Train, mit dem ihr heute fahren könnt, nicht mehr der originale Hogwarts Express (dieser kann in den Warner Bros. Studios in Leavesden besichtigt werden – siehe S. 64), doch magisches Harry Potter-Feeling kommt unterwegs dennoch auf. Selbstverständlich

TIPP

TIPPS FÜR DIE FAHRT MIT DEM JACOBITE STEAM TRAIN

Kurzfristig Tickets ergattern Die Tickets für den Jacobite Steam Train sind oft schon lange im Voraus ausgebucht. Doch ihr habt auch die Möglichkeit, kurzfristig Tickets zu kaufen, denn i. d. R. werden Tickets für den Verkauf am Bahnhof zurückgehalten. Seid spätestens um 8.00 Uhr am Bahnhof, um ganz vorne in der Warteschlange zu stehen und die Chance auf Tickets zu erhöhen. Solltet ihr leer ausgehen, könnt ihr entweder versuchen, Tickets für die Nachmittagsfahrt zu bekommen oder den »normalen« Zug nach Mallaig nehmen (siehe Tipp unten).

Die beste Aussicht Versucht Tickets für Plätze auf der linken Seite in Fahrtrichtung zu bekommen. Von dort habt ihr die beste Sicht auf Ben Nevis, Loch Linnhe, das Glenfinnan-Viadukt, Loch Shiel sowie auf das Meer und die traumhaften Strände. Die Plätze auf der rechten Seite sind weniger begehrt – dafür sind die Polster bequemer und nicht so durchgesessen.

Günstiger unterwegs Ihr wollt gerne mit der Bahn von Fort William nach Mallaig fahren, aber die Tickets mit dem Jacobite Steam Train sind euch zu teuer? Dann besteht die Möglichkeit, mit dem regulären Zug zu fahren. Der legt die einfache Strecke mehrmals täglich in etwas weniger als 1,5 Stunden zurück – ihr seid damit also schneller und günstiger auf derselben Strecke unterwegs. Die Tickets kosten für die Hin- und Rückfahrt ab 18,30 £/Erwachsene und ab 9,15 £ für Kinder zwischen 5 und 15 Jahren. Die Tickets könnt ihr vorab online buchen oder direkt am Bahnhof in Fort William lösen *(www.scotrail.co.uk/train-times/fort-william-to-mallaig).*

gibt es im Zug einen Souvenir-Shop, der u. a. auch Harry Potter-Artikel verkauft – und unterwegs kommt ein Verkaufswagen vorbei – fast wie in den Filmen!

Auf Potterheads warten unterwegs noch jede Menge weitere spannende Momente. Darunter der Hogwarts-See Loch Shiel sowie Loch Morar, der für Landschaftsaufnahmen genutzt wurde, und die Insel in Loch Eilt, auf der Dumbledores Grab in den Filmen zu finden ist. Die wichtigsten Orte werden jeweils über Lautsprecher anmoderiert, doch leider sind die Ansagen nicht immer verständlich. Daher lohnt sich die Investition in eine Souvenir-Karte, die an Bord verkauft wird und Auskunft über die

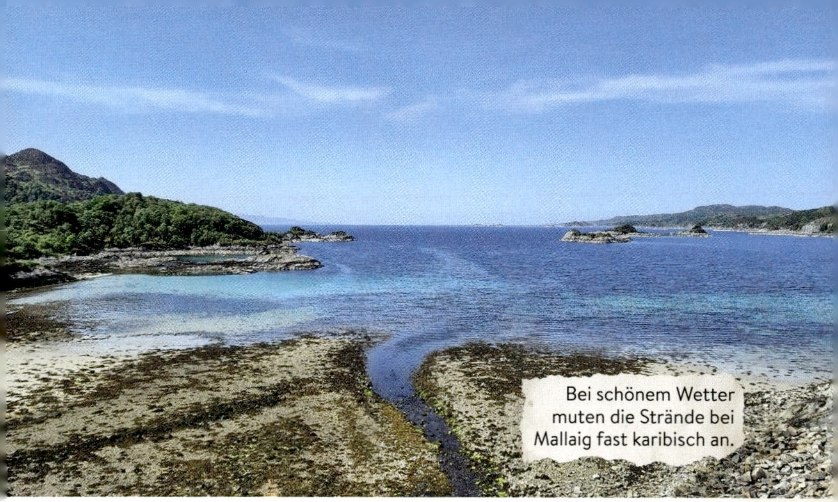

Bei schönem Wetter muten die Strände bei Mallaig fast karibisch an.

Attraktionen am Wegesrand gibt. Unterwegs solltet ihr Ausschau halten, ob ihr vielleicht einen fliegenden Ford Anglia entlang der Strecke entdecken könnt …

Mallaig

Im Küstendorf Mallaig angekommen, haben die Fahrgäste etwa eineinhalb Stunden Aufenthalt, bevor die Fahrt wieder zurück nach Fort William geht. Zeit genug, durch das Dorf zu bummeln, dem örtlichen Zaubershop einen Besuch abzustatten, den geschäftigen Fischereihafen zu inspizieren und gemütlich etwas zu essen.

Rund 2 Stunden und 15 Minuten ist »The Jacobite« von Fort William nach Mallaig mit einem kurzen Aufenthalt am Bahnhof von Glenfinnan unterwegs. Auf dem Rückweg fällt der Zwischenstopp weg und die Fahrzeit ist etwas kürzer.

INFO

In der Regel startet der **Jacobite Steam Train** von Anfang April bis Ende Oktober täglich 10.15 Uhr in Fort William und kehrt um 16.03 Uhr wieder zurück. Von Anfang Mai bis Ende September wird zusätzlich eine Fahrt am Nachmittag angeboten. Sie startet um 12.50 Uhr und endet um 18.52 Uhr. Der Fahrplan kann sich jederzeit ändern, deshalb solltet ihr immer vor dem Start einen Blick auf die Website der West Coast Railways werfen *(www.westcoastrailways.co.uk/jacobite)*. Die Tickets kosten 69 £/Erwachsene und 39 £ für Kinder unter 16 Jahren in der Standard Klasse. In der ersten Klasse 105 £/Erwachsene und 69 £/Kinder.

59

»Road to the Isles«

Die Bahnfahrt von Fort William nach Mallaig durch die traumhafte Landschaft ist eine eindrückliche Erfahrung. Einziges Problem – am liebsten würde man immer mal wieder anhalten, um ein paar Schritte durch die malerische Landschaft zu gehen und sie einfach in aller Ruhe genießen zu können. Solltet ihr mit dem Auto unterwegs sein, ist es eine Überlegung wert, die Strecke eventuell noch ein zweites Mal in Angriff zu nehmen. Hierfür eignet sich eine der wohl schönsten Straßen Schottlands, die A830, auch die »Road to the Isles« gennant.

Unterwegs warten gleich mehrere Harry Potter-Locations, darunter das Glenfinnan-Viadukt, das Glenfinnan Monument, Loch Shiel, Loch Eilt und Loch Morar. Noch dazu die herrlichen Sandstrände von Morar, die bei schönem Wetter fast karibisch anmuten. Dort wurden übrigens auch Szenen für den Film *Highlander* mit Christopher Lambert und Sean Connery gedreht.

Die Fahrt lohnt sich aus so vielen Gründen. Hier unabhängig unterwegs zu sein und die Zeit selbst einteilen zu können, ist ein unschlagbarer Vorteil. Weitere Tipps und Informationen zur »Road to the Isles« sowie traumhafte Übernachtungsangebote privater Vermieter, die oft nicht auf den großen Buchungsportalen inserieren, findet ihr hier: *www.roadtotheisles.com*

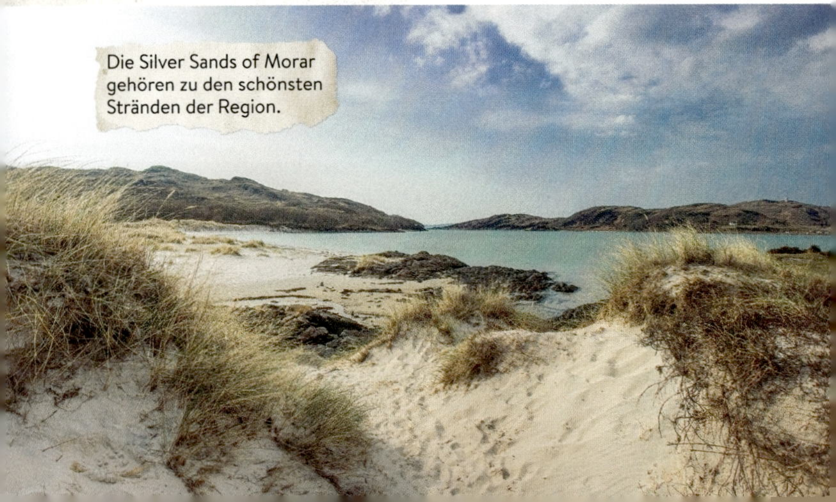

Die Silver Sands of Morar gehören zu den schönsten Stränden der Region.

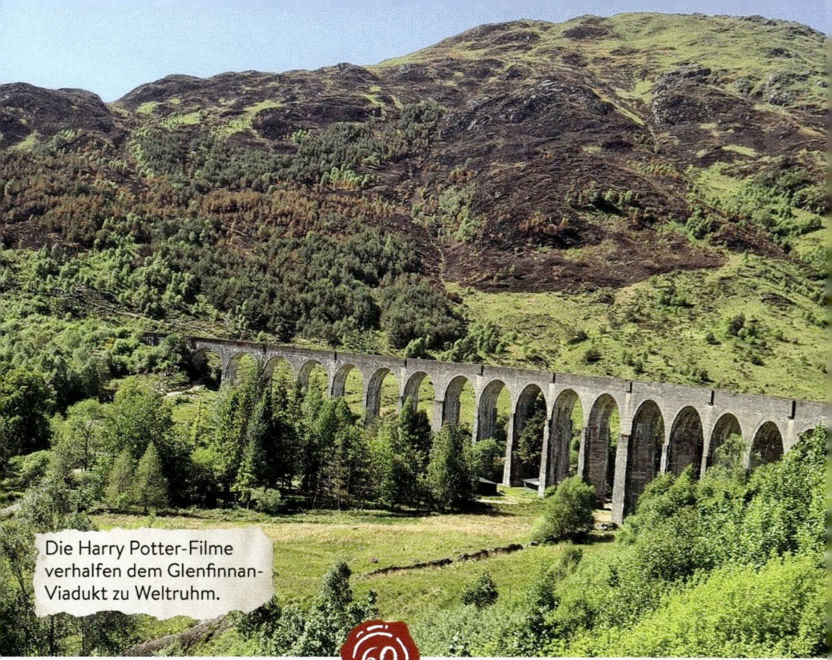

Die Harry Potter-Filme verhalfen dem Glenfinnan-Viadukt zu Weltruhm.

60

Glenfinnan-Viadukt & Glenfinnan Monument

Das imposante, bis zu 30 Meter hohe und 1898 fertiggestellte Glenfinnan-Viadukt mit seinen 21 Bögen gehört zu den bekanntesten Film-Locations der Harry Potter-Filme. Es liegt unweit der A830 und ist von Fort William aus mit dem Auto in etwa 30 Minuten zu erreichen. Die Fahrt hierher lohnt sich gleich doppelt, denn genau nebenan befindet sich der Hogwarts-See Loch Shiel.

Der kostenpflichtige Parkplatz ist beim Visitor Centre untergebracht, dicht neben der Straße in Sichtweite zum Viadukt. Leider gibt es keine andere Möglichkeit, um anzuhalten und das Viadukt zu sehen. Noch dazu sind die Parkmöglichkeiten begrenzt, daher solltet ihr möglichst früh vor Ort sein.

Direkt auf dem Weg zum Viadukt findet ihr Schilder, auf denen die Zeiten notiert sind, zu denen der Jacobite Steam Train das Glenfinnan-Viadukt überquert. In den Sommermonaten passiert das i. d. R. ungefähr um 10.45 Uhr und 13.20 Uhr von Fort William in Richtung Mallaig und ungefähr um 15.10 Uhr und 18.05 Uhr von Mallaig nach Fort William. Wenn ihr das Viadukt von oben betrachten wollt, müsst ihr bei eurer Planung beachten, dass der Weg hinauf zum Aussichtspunkt mindestens 20 bis 30 Minuten dauert – je nachdem, wo ihr stehen möchtet. Empfehlenswert ist der Standort links des Viaduktes in Richtung Glenfinnan.

Auch das Besucherzentrum verfügt über einen Aussichtspunkt, von dem man das Viadukt allerdings nur aus einer größeren Entfernung überblicken kann. Ein reizvoller, etwa 20-minütiger Spaziergang führt vom Bahnhof von Glenfinnan zu einem Aussichtspunkt über dem Glenfinnan-Viadukt.

Das Glenfinnan-Viadukt in den Harry Potter-Filmen

Das Glenfinnan-Viadukt ist in den ersten vier Teilen der Harry Potter-Filme zu sehen. Ganz besonders prominent kommt das Glenfinnan-Viadukt in *Harry Potter und die Kammer des Schreckens* zur Geltung. Nachdem Harry und Ron den Hogwarts Express verpasst haben, folgen sie ihm mit dem fliegenden Ford Anglia der Familie Weasley. Beim Glenfinnan-Viadukt schwenken sie mit einer mehr oder weniger eleganten Linkskurve

↙ Potterheads warten auf den Hogwarts Express.
↓ Die Umgebung lädt zu Spaziergängen ein.
→ Das Glenfinnan Monument am Ufer von Loch Shiel

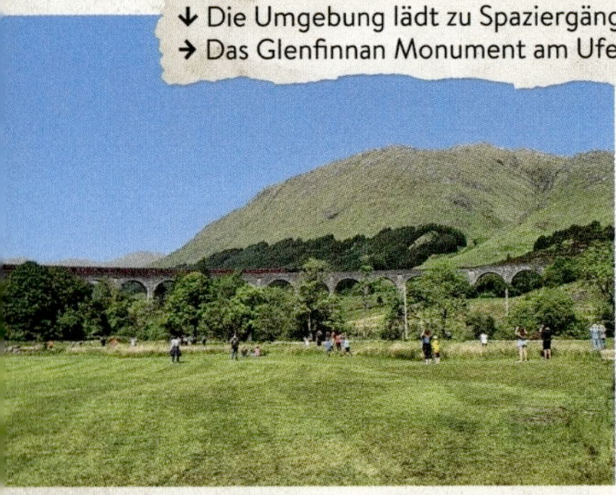

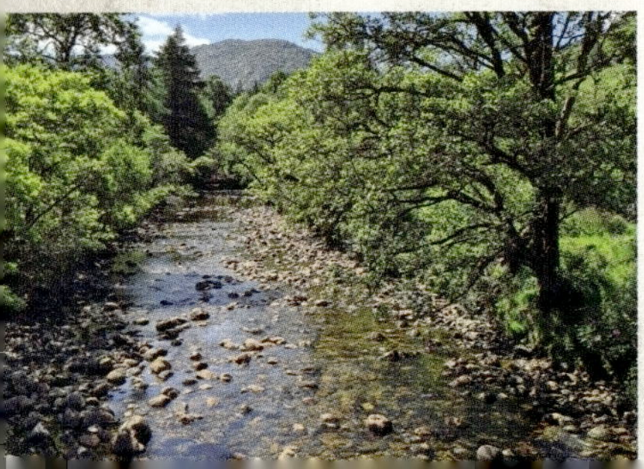

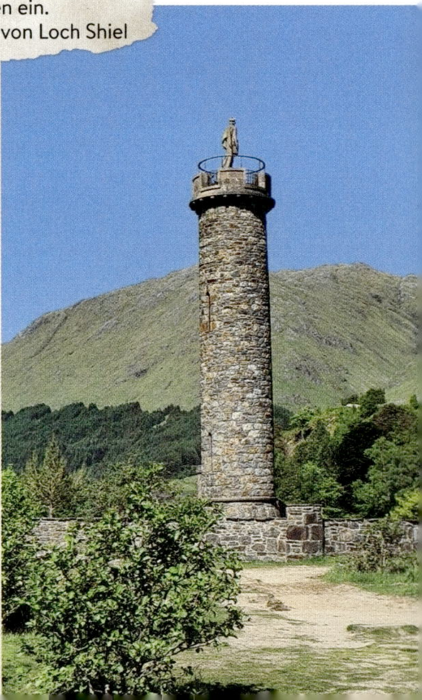

über den Hügel und folgen den Bahnschienen auf dem Glenfinnan-Viadukt, in der Hoffnung, den Hogwarts Express bald zu einzuholen.

Sie hören das Heulen und Rattern der Dampflok und stellen mit Entsetzen fest, dass der Zug direkt hinter ihnen ist. Ron schafft es gerade noch, den Ford Anglia hochzuziehen und die Schienen zu verlassen, doch dabei gerät das fliegende Auto so sehr ins Trudeln, dass sich die Tür öffnet und Harry aus dem Auto fällt. Mit letzter Kraft schafft es Ron, Harry wieder zurück ins Auto zu ziehen.

In *Harry Potter und der Gefangene von Askaban* macht Harry zum ersten Mal Bekanntschaft mit den Dementoren des Gefängnisses. Sie halten den Hogwarts Express bei Dunkelheit auf dem Glenfinnan-Viadukt an und durchsuchen ihn nach Sirius Black. Dabei greifen sie Harry an. Professor Lupin, der zufällig im selben Abteil sitzt, vertreibt schließlich die Dementoren und bietet Harry Schokolade an, um wieder zu Kräften zu kommen.

Glenfinnan Monument

In Glenfinnan ereignete sich einer der Meilensteine der schottischen Geschichte. Hier versammelten sich 1745 – acht Monate vor der verhängnisvollen Schlacht von Culloden – 1.200 Highlander, um Prince Charles Edward Stuart ihre Treue zu schwören. Von Glenfinnan aus zogen sie los, um den britischen Thron für den Stuart-König zurückzuerobern. Die Ausstellung im Besucherzentrum widmet sich der Geschichte von »Bonnie Prince Charlie« und dem verhängnisvollen Jakobiten-Aufstand. Der Eintritt ist frei.

Das 19 Meter hohe Monument am Ufer von Loch Shiel wurde 1815 in Gedenken an die Männer der Clans errichtet, die ihr Leben für die Jakobiten-Aufstände gegeben haben.

Zum Besucherzentrum gehört auch ein kleines Café, in dem Kuchen und kleine Gerichte serviert werden.

INFO

Glenfinnan Monument/Loch Shiel Visitor Center, Glenfinnan, Scotland PH37 4LT, Öffnungszeiten: täglich 9.30–17 Uhr (in den Wintermonaten bis 16 Uhr), Eintritt frei, Parkgebühr: 5 £, eine Anreise ist auch mit dem Zug von Fort William bis Glenfinnan möglich, *www.nts.org.uk/visit/places/glenfinnan-monument*

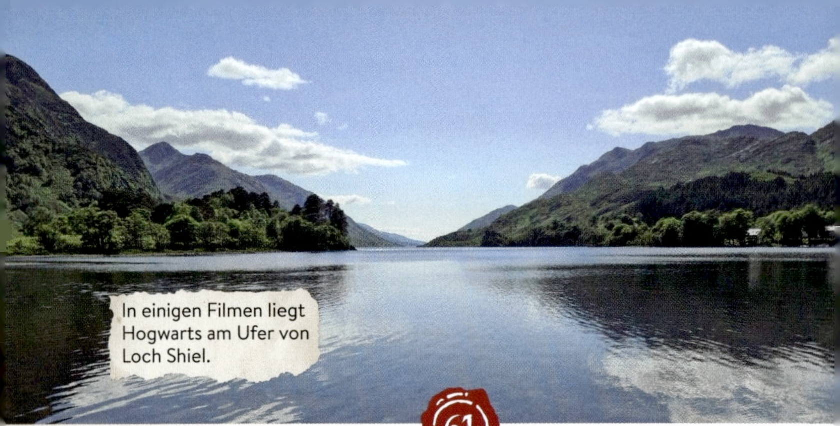

In einigen Filmen liegt Hogwarts am Ufer von Loch Shiel.

61

Loch Shiel

Der etwa 29 Kilometer lange Süßwassersee Loch Shiel ist in den Harry Potter-Filmen oft als der See zu sehen, der Hogwarts zu Füßen liegt – in mehreren Szenen auch mit dem Glenfinnan-Viadukt im Hintergrund. Allerdings sind viele der Szenen aus verschiedenen Landschaften und Hintergründen zusammengesetzt, sodass man die Landschaft um den See auf den ersten Blick oft nicht erkennt.

Besonders oft zu sehen ist Loch Shiel in *Harry Potter und der Feuerkelch*, während Harry die zweite Prüfung für das Trimagische Turnier absolvieren muss. Einige der Szenen wurden jedoch auch in Virginia Water nahe London gedreht und später zusammengeschnitten (siehe S. 54).

In einer berührenden Szene, die jedoch nur als Bonusmaterial verfügbar ist, da sie es nicht in die Filme geschafft hat, blickt Harry mit Hedwig über Loch Shiel, an dessen Ufer Hogwarts zu sehen ist, und fragt: »Who am I Hedwig? What am I?« Die Szene wurde auf dem Hügel hinter dem Besucherzentrum aufgenommen.

INFO

Wenn ihr den See gerne näher erkunden wollt, sei euch eine Bootsfahrt empfohlen. Es werden verschiedene Touren angeboten, die jeweils zwischen einer und sechs Stunden dauern (ab 30 £/Erwachsene, ab 15 £/Kinder, weitere Informationen: *www.highlandcruises.co.uk*).

62

Loch Eilt

Folgt ihr der A830 noch ein Stück weiter, erreicht ihr nach wenigen Minuten den zauberhaft gelegenen Loch Eilt. Auch er diente mehrmals als Filming-Location für Harry Potter-Filme.

Hagrid am Ufer des Sees

In *Harry Potter und der Gefangene von Askaban* sehen wir Hagrid mit hochgekrempelten Hosenbeinen am Seeufer stehen – er lässt Steine über das Wasser springen. Harry und Hermine gesellen sich zu ihm – gerade haben sie erfahren, dass Seidenschnabel hingerichtet werden soll. Im Hintergrund ist Hogwarts zu sehen, das bei der späteren Bearbeitung der Szene eingefügt wurde.

Dumbledores Grab

Die kleine Insel »Eilean Na Mòine« (zu Dt. »Torfinsel«) am westlichen Ende des Sees dürfte euch sofort bekannt vorkommen. Hier befindet sich das Grab von Professor Dumbledore, und ihr erinnert euch sicher an die Szene, in der Voldemort das Grab schändet und den legendären Elderstab

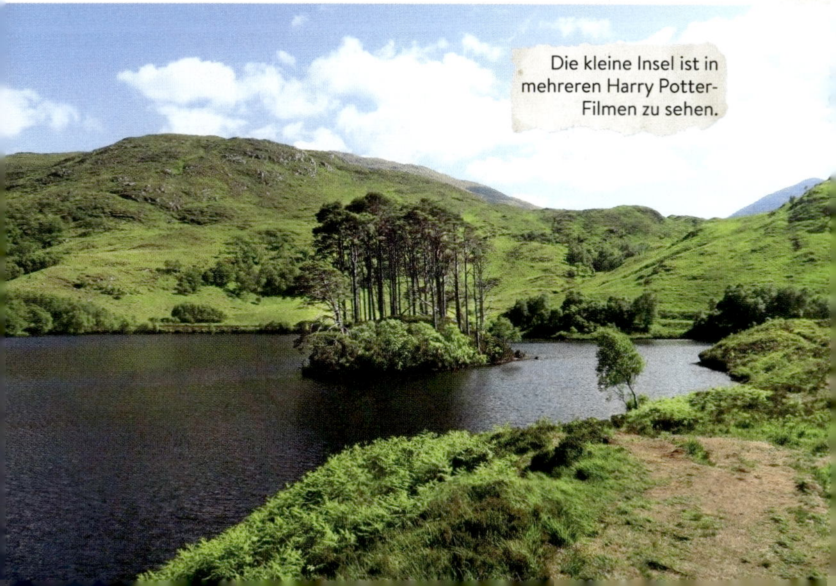

Die kleine Insel ist in mehreren Harry Potter-Filmen zu sehen.

entwendet. Solltet ihr die Umgebung der kleinen Insel anders in Erinnerung haben, ist das kein Wunder. Die Filmemacher »verlegten« die Insel einfach in einen anderen See bzw. verwendeten für die Hintergrundaufnahmen Bilder von Loch Arkaig.

Weder die Insel noch der kleine Parkplatz sind ausgeschildert. Dennoch ist der Ort leicht zu finden. Die Straße führt über die gesamte Länge an Loch Eilt vorbei (nicht zu verwechseln mit dem nahe gelegenen Loch Eil, den ihr – von Fort William kommend – schon zuvor passiert habt). Wenn die Straße eine weite Kurve nach rechts macht, seid ihr schon zu weit gefahren. Kein Problem – nach wenigen Metern bietet sich auf der linken Seite bei einer Einfahrt eine gute Umkehrmöglichkeit. Am besten prüft ihr während der Fahrt auf eurem Navigationsgerät, wann ihr euch dem westlichen Ende des Sees nähert.

Schon von Weitem könnt ihr dann die kleine Insel mit den hohen Bäumen unweit des Ufers sehen. Wenn ihr euch dem Standort nähert, ist der Blick auf den See von Bäumen versperrt. Hier befindet sich am linken Straßenrand eine Haltebucht mit tiefen Schlaglöchern, in der nur wenige Autos Platz finden. Ein kurzer Trampelpfad führt durch die Bäume zum Seeufer. Dort steht ein kleiner Fels, von dem ihr den besten Blick auf »Eilean Na Mòine« habt. Bei nassem Wetter könnte der Pfad ziemlich matschig sein – was ihr bei der Schuhauswahl berücksichtigen solltet.

Arisaig

Wenn ihr der A830 weiter folgt, erreicht ihr nach etwa 15 Minuten Arisaig. Das hübsche Fischerdorf liegt in einer geschützten Bucht inmitten der malerischen Landschaft. Die weißgestrichenen Häuser bieten einen schönen Kontrast zu den grünen Hügeln und dem blauen Meer. Besonders reizvoll ist der Strand, der mal felsig, mal fast weiß ist und bei schönem Wetter karibisches Flair verströmt – das anhält, bis man das Wasser berührt …

← Die Umgebung von Loch Eilt ist traumhaft schön.
→ Die kleine Parkbucht nahe der Insel kann man leicht übersehen.

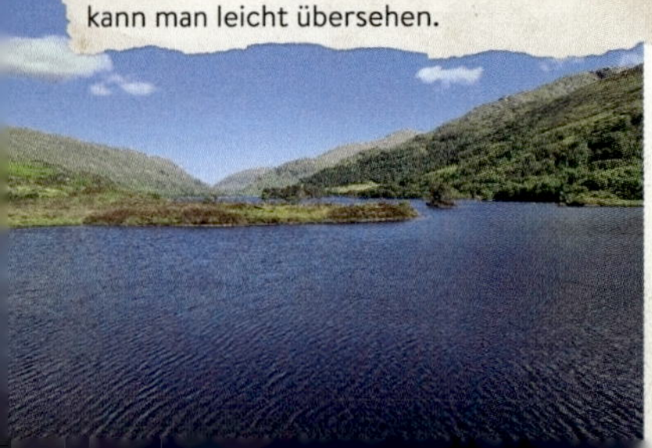

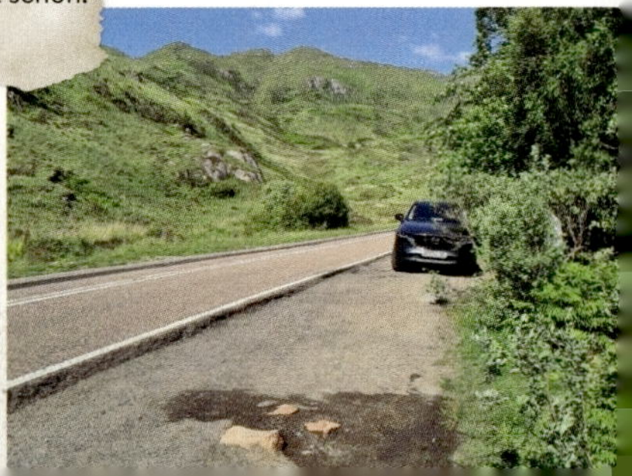

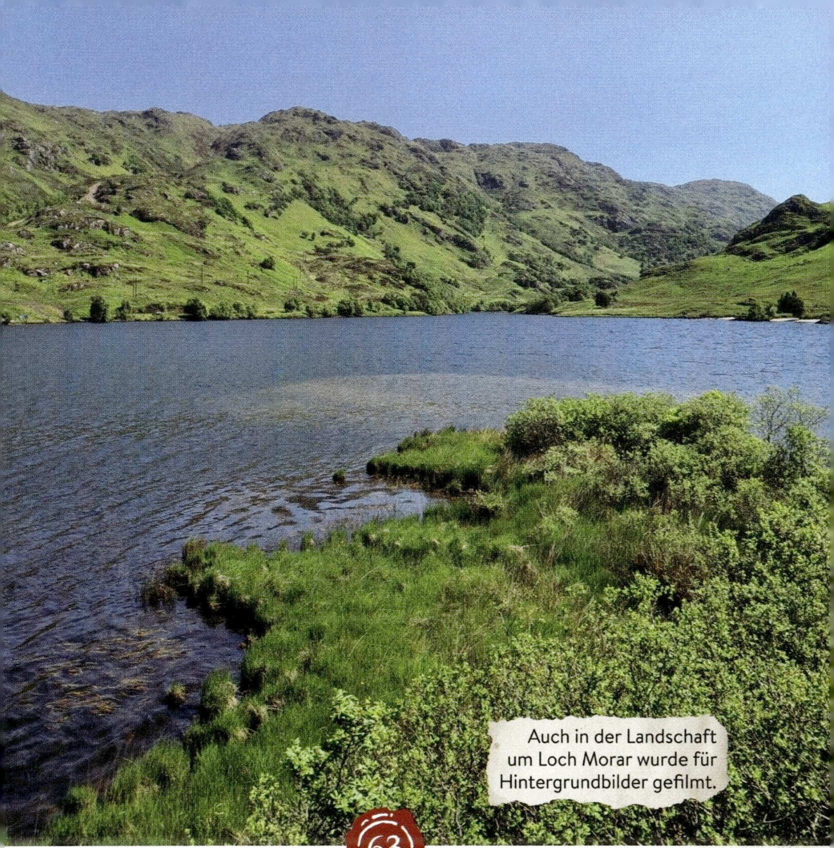

Auch in der Landschaft um Loch Morar wurde für Hintergrundbilder gefilmt.

63

Morar & Loch Morar

Kurz vor Mallaig, dem Ende der »Road to the Isles«, erreicht ihr Morar – ein Dorf zwischen dem Meer und dem, mit einer maximalen Tiefe von 310 Metern, tiefsten Süßwassersee Großbritanniens – Loch Morar.

In erster Linie ist Morar für seine »Silversands Beaches», die traumhaften weißen Sandstrände, bekannt (siehe S. 184), die ihr euch auf keinen Fall entgehen lassen solltet. Besonders bei Ebbe, wenn sich das Wasser komplett aus der Bucht zurückzieht, zeigen sich die Traumstrände in ihrer ganzen Schönheit. Aber auch Loch Morar ist einen Abstecher wert. Hier wurden Landschafts- und Hintergrundaufnahmen für *Harry Potter und der Gefangene von Askaban* gemacht.

64

Loch Arkaig

Etwa 45 Kilometer von Fort William entfernt liegen die Harry Potter-Drehorte am Nordufer des Loch Arkaig. Gedreht wurde hier für den Film *Harry Potter und der Halbblutprinz*, in dem Loch Arkaig im Hintergrund des Astronomie-Turms zu sehen ist. In *Harry Potter und die Heiligtümer des Todes – Teil 1* liegt hier die kleine Insel »Eilean Na Mòine«, auf der Dumbledore seine letzte Ruhe findet. Tatsächlich ist die kleine Insel jedoch in »Loch Eilt« zu finden – und im Film ist eine Kombination aus beiden als Hogwarts-See zu sehen.

Für *Harry Potter und die Heiligtümer des Todes – Teil 2* wurden am Loch Arkaig Szenen der Flucht von Harry, Ron und Hermine auf dem Drachen aus der Zaubererbank Gringotts gedreht. Allerdings sind in derselben Szene auch Bilder von Loch Etive zu sehen. Wie so oft in den Harry Potter-Filmen, entstehen aus den diversen Hintergrund- und Schnittbildern verschiedenster Regionen ganz eigene Landschaften.

Der Weg führt über Gairlochy und Clunes. Dann geht es nach links, immer am Nordufer entlang, bis zum westlichen Ende des Loch Arkaig. Dort endet die Straße an einem Parkplatz, von dem ihr herunter zum Ufer gelangt, wo die Dreharbeiten stattfanden. Doch seid gewarnt – die Single-Track-Road ist nicht gut zu befahren und teils in einem sehr schlechten Zustand. Vor allem die 20 Kilometer entlang des Seeufers sind eine Herausforderung, die man sich gut überlegen sollte.

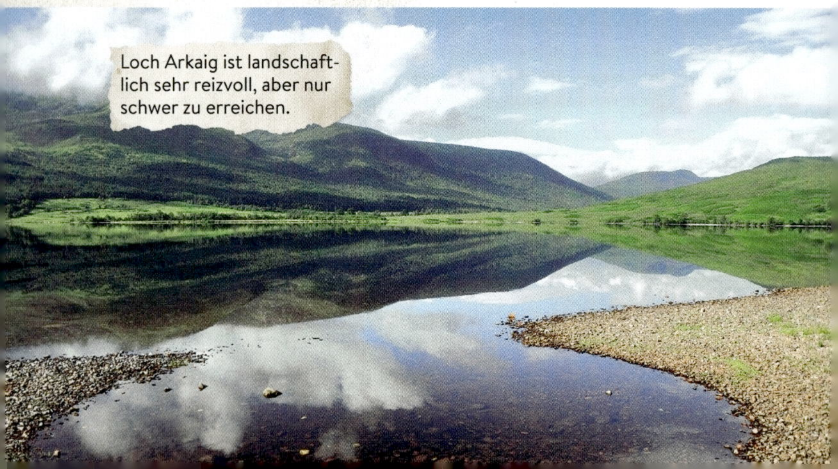

Loch Arkaig ist landschaftlich sehr reizvoll, aber nur schwer zu erreichen.

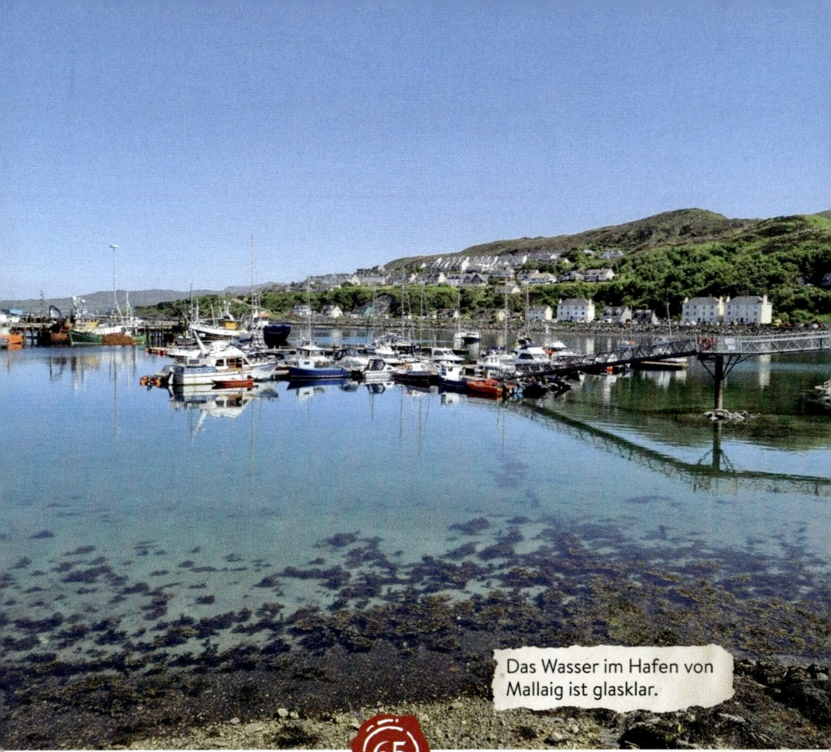

Das Wasser im Hafen von Mallaig ist glasklar.

65

Mallaig & Isle of Skye

Die letzte Station der *Road to the Isles* ist der Küstenort Mallaig (siehe S. 183). Von dort startet die Fähre nach Armadale auf der überwältigend schönen Isle of Skye. Etwa 30 Minuten dauert die Überfahrt durch die landschaftlich beeindruckende Szenerie. Doch die Isle of Skye ist eine Welt für sich und ihr solltet euch genug Zeit nehmen, diese Insel von einzigartiger Schönheit in aller Ruhe zu erkunden –, auch wenn dort keine Dreharbeiten für die Harry Potter-Filme stattgefunden haben. Bucht eure Unterkunft möglichst frühzeitig, da es auf der Insel nur ein begrenztes Angebot gibt. Alternativ ist die Isle of Skye auch über eine Brücke weiter nördlich erreichbar, dann müsst ihr jedoch für eure Anreise die Route über die A82 und die A87 wählen *(weitere Informationen: Fährverbindungen: www.calmac.co.uk, Isle of Skye: www.isleofskye.com, Mallaig: www.roadtotheisles.com).*

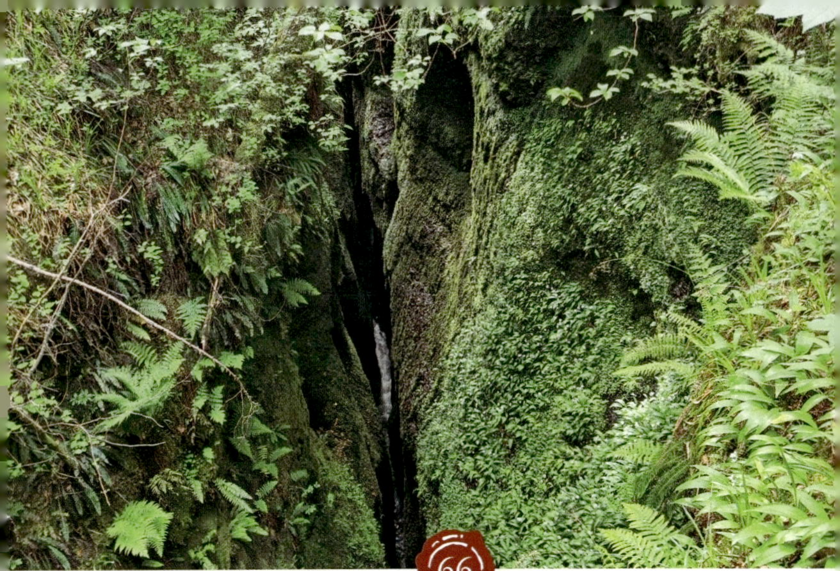

66

Black Rock Gorge

Das Dorf Evanton, das etwa 30 Fahrminuten nördlich von Inverness liegt, befindet sich ein gutes Stück abseits der typischen Touristenpfade. Aber genau das macht den Reiz aus – und noch dazu findet sich hier, versteckt mitten im Wald, ein Harry Potter-Drehort!

Auf der Flucht vor dem Drachen

Im April 2004 war die Filmcrew vor Ort, um Szenen für *Harry Potter und der Feuerkelch* zu drehen. Obwohl die Dreharbeiten zehn Tage andauerten, ist die Black Rock Gorge, eine tiefe und enge Felsspalte, im Film nur kurz zu sehen. Um ehrlich zu sein, muss man schon genau hinsehen, um sie überhaupt zu erkennen. In der Szene, in der Harry in der ersten Aufgabe des Trimagischen Turniers versucht, dem Ungarischen Hornschwanz das goldene Ei abzuluchsen, jagt ihn der furchteinflößende Drache. Harry versteckt sich in den zerklüfteten dunklen Felsen vor ihm – genau diese schwarzen Felsen findet ihr im Waldgebiet bei Evanton.

Rundwanderung zur Schlucht

Die Black Rock Gorge liegt etwa zwei Kilometer von Evanton entfernt – der Weg durch den wildromantischen Wald ist jedoch so reizvoll, dass es sich lohnt, hier eine kleine Wanderung zu unternehmen (insgesamt: 4,2 km, 80 Hm).

Am besten parkt ihr euer Auto auf dem Parkplatz, der sich – von Dingwall kommend – rechts an die Balconie Street anschließt. Er befindet sich gegenüber des Gebrauchtwarengeschäfts »Cornerstone Project« und eines Friseurladens. Dort überquert ihr dann die Balconie St und folgt der Chapel Road, die links an »Cornerstone Project« vorbeiführt. Am Dorfausgang knickt der Weg nach rechts ab und führt in den Wald hinein zu einem sehr schön angelegten Waldspielplatz. Die Beschilderung ist etwas verwirrend, aber im Endeffekt führen von hier aus alle Wege zur Black Rock Gorge. Der kürzeste Weg geht rechts am Spielplatz vorbei und immer geradeaus durch den Wald. Wenn ihr euch bei den zwei folgenden Weggabelungen rechts haltet, erreicht ihr recht bald die Black Rock Gorge.

Schon auf dem Weg mag man an die Existenz von Drachen und anderen wilden Ungeheuern im Wald glauben, denn der Weg führt an zahlreichen entwurzelten Bäumen vorbei. Überhaupt wirkt der wildromantische, naturbelassene Wald wie eine magische Zauberwelt.

Schwindelerregende Schlucht

Die Black Rock Gorge kündigt sich eher durch Geplätscher als durch ihre auffällige Optik an. Erst wenn ihr näherkommt, könnt ihr den tiefen, schmalen Spalt erahnen. Die Schlucht erstreckt sich über fast eineinhalb Kilometer und ist an der tiefsten Stelle 36 Meter tief. Dabei ist sie an einigen Stellen so schmal, dass – alten Überlieferungen zufolge – es schon einigen gelungen sein soll, die Schlucht zu überspringen. Ausprobieren solltet ihr das auf keinen Fall, wobei es auch nicht ganz ungefährlich ist, die Schlucht über eine Brücke zu überqueren – die oberste Brücke ist nämlich wegen Einsturzgefahr gesperrt. Keine Sorge – ein paar Meter weiter unten findet ihr eine zweite Brücke, die auf die andere Seite der Schlucht führt. Die einzige Möglichkeit, die Schlucht überhaupt nur an-

↖ Die enge Schlucht lässt sich nur schwer fotografieren.
← Verschlungene Spazierwege führen durch den Wald bei Evanton.
→ Kinder lieben den schönen Spielplatz im Wald.

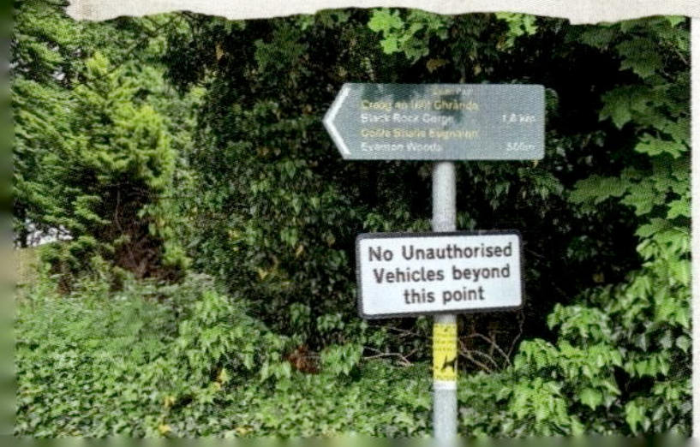

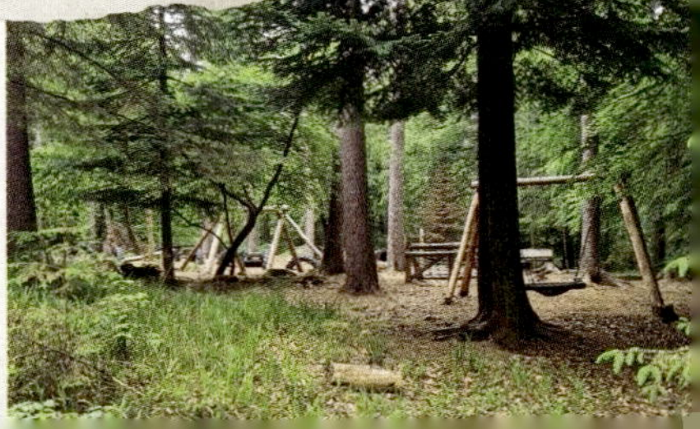

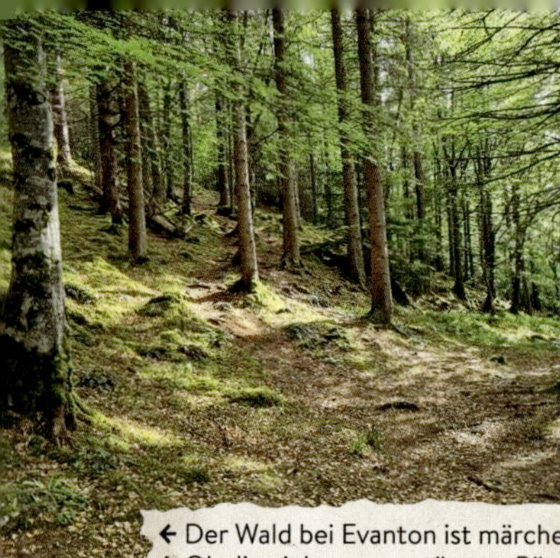
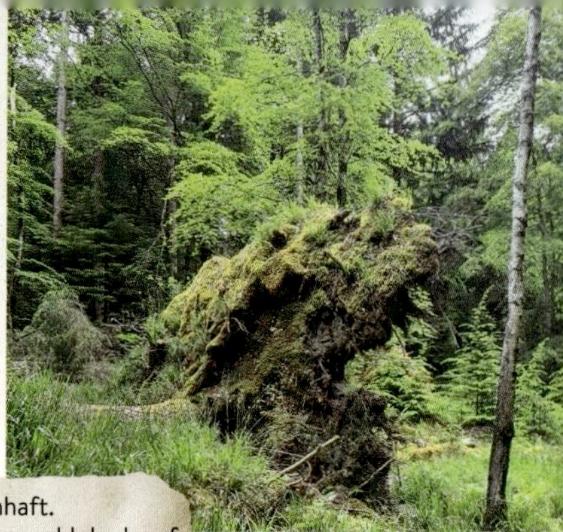

← Der Wald bei Evanton ist märchenhaft.
→ Ob die vielen umgestürzten Bäume wohl doch auf die Anwesenheit von Drachen schließen lassen?
↘ So viele Eulen an einem Ort!

nähernd zu überblicken, habt ihr, wenn ihr mitten auf der Brücke steht. Doch die beeindruckende Schönheit dieser schwindelerregenden Schlucht auf einem Foto festzuhalten, ist fast unmöglich – kein Bild wird dem faszinierenden Naturschauspiel gerecht.

Auf der anderen Seite der Schlucht könnt ihr dem Bachlauf oberhalb noch ein Stück folgen, doch wenn ihr den großen Holzschuppen am Ufer erreicht, müsst ihr den Weg nach links bergauf einschlagen. Dieser führt euch dann zu einer Single-Track-Road, die ihr nach rechts wieder zurück nach Evanton nehmen könnt. Unterwegs habt ihr einen schönen Blick über die Felder bis zum Meer. Seid allerdings vorsichtig und geht an der Seite, denn die Autos fahren hier zum Teil sehr schnell. Solltet ihr die befahrene Straße lieber meiden wollen, sei euch empfohlen, denselben Weg wieder zurückzugehen, oder noch eine kleine Runde durch den Wald zu drehen.

Fyrish Monument

Wenn ihr die Gegend noch ausführlicher erkunden möchtet, solltet ihr einen Abstecher zum 1782 erbauten Fyrish Monument machen. Es wirkt etwas exotisch inmitten der schottischen Landschaft, und tatsächlich ist es einem indischen Bauwerk nachempfunden. Sir Hector Munro, ein Lord aus der Region, der als General in Indien war, ließ es errichten, um Arbeit für die Bevölkerung zu schaffen, sie damit in Lohn und Brot zu halten und die damals herrschende Not zu lindern. Das Monument auf dem Berggipfel könnt ihr im Rahmen einer etwa zweistündigen Rundwanderung erreichen – der Ausblick über die Landschaft rundum ist fantastisch.

67

Scottish Owl Centre

In Whitburn befindet sich das Scottish Owl Centre, das mehr als 140 Eulen mit 50 verschiedenen Arten beherbergt und damit die größte Eulensammlung der Welt ist.

Das Scottish Owl Centre hat sich zur Aufgabe gemacht, zum Artenschutz beizutragen und die Besucher über diese faszinierenden Tiere zu informieren und aufzuklären. Auch wenn sich wahrscheinlich jeder Potterhead eine Hedwig als Haustier wünscht und begeistert über jede Eulenpost wäre – die erste Lektion, die Besucher hier lernen, ist, dass sich eine Eule nicht als Haustier eignet und definitiv kein Kuscheltier ist.

Dennoch ziehen die Eulen die Besucher in ihren Bann – besonders spannend sind die Flugvorführungen – es ist ein unglaubliches Erlebnis, den geräuschlosen Flug der Eulen aus nächster Nähe zu erleben. Noch dazu erfährt man jede Menge über das Leben und Jagdverhalten der Eulen, über ihren Lebensraum und ihre Eigenheiten. Die Vorführungen finden ausschließlich in englischer Sprache statt, und manchmal ist es nicht ganz einfach, den sehr schnell gesprochenen Erläuterungen zu folgen. Dennoch sei allen Eulenfans ein Besuch hier empfohlen. Gleich nebenan befindet sich ein Park mit einem sehr schönen Spielplatz.

INFO

Scottish Owl Centre, Polkemmet Country Park, Whitburn, West Lothian, EH47 0AD, Öffnungszeiten: April–August: 10.30–17 Uhr, Februar, März, September, Oktober: 11.30–16 Uhr, November, Dezember: nur an den Wochenenden 11.30–14 Uhr, Eintritt: 9,50 £/Erwachsene, 7,50 £/Kinder, 32 £/Familien, *www.scottishowlcentre.com*

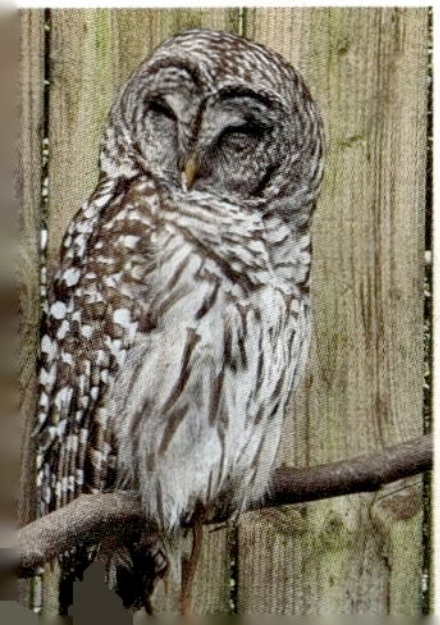

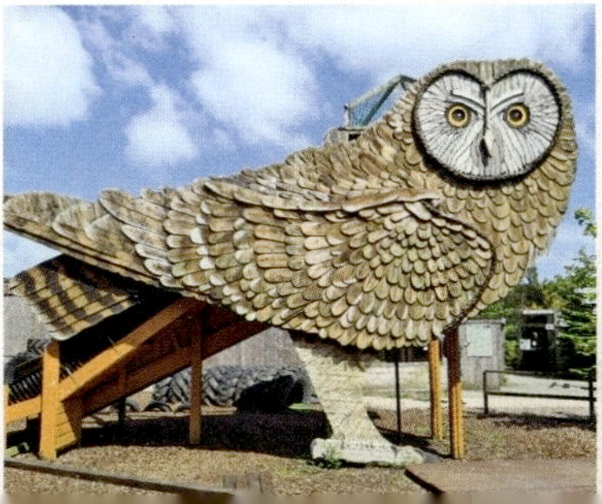

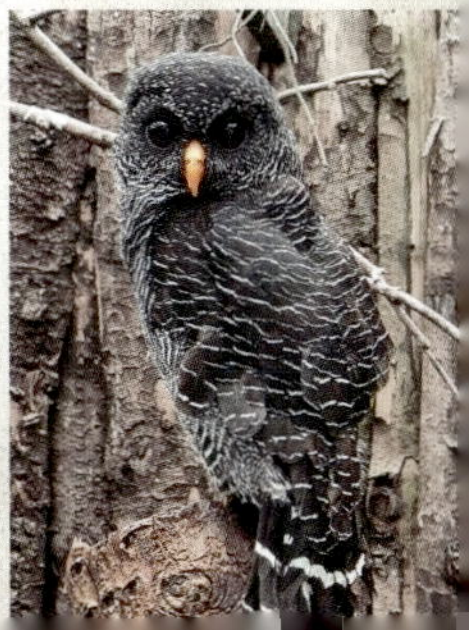

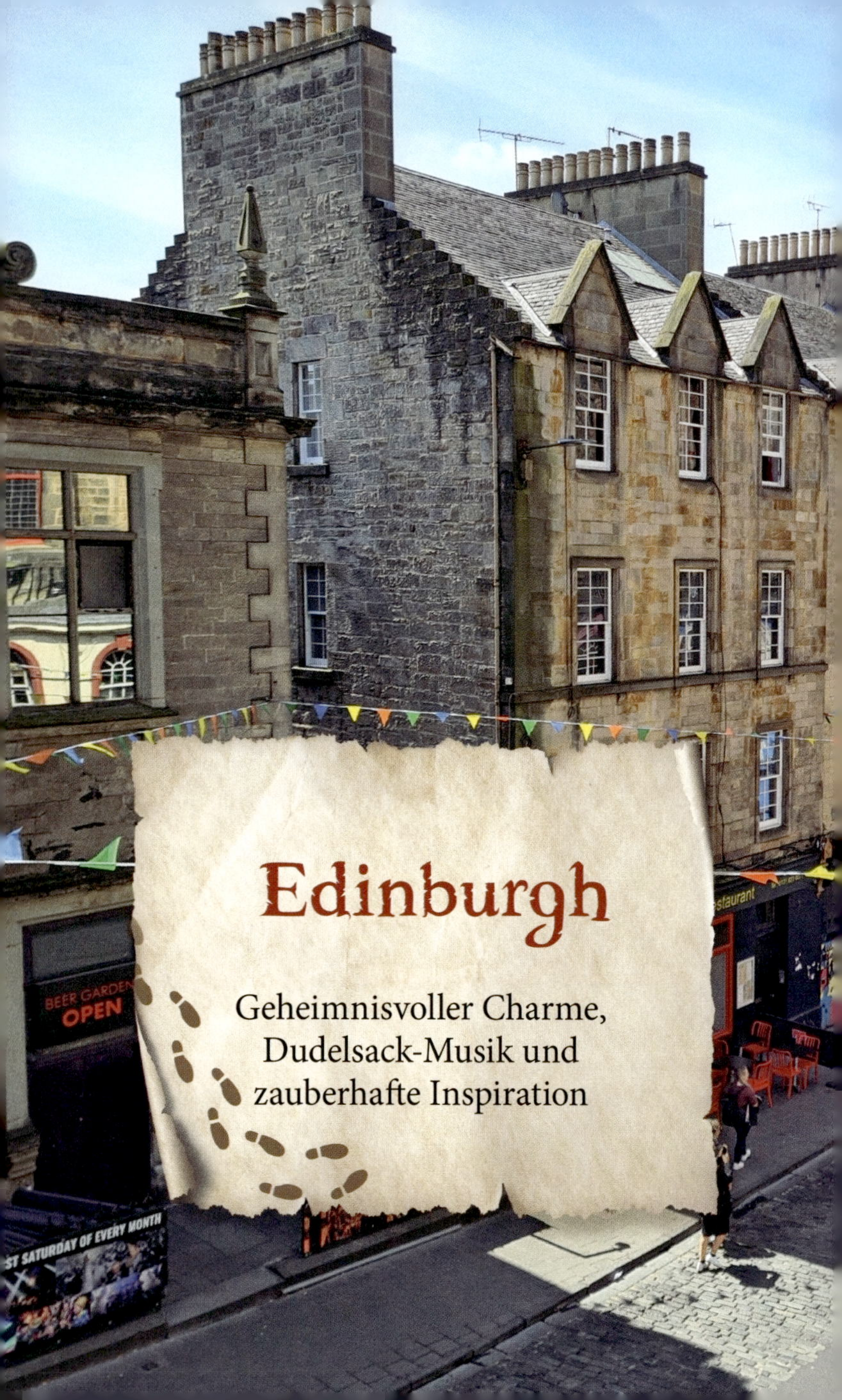

Edinburgh

Geheimnisvoller Charme,
Dudelsack-Musik und
zauberhafte Inspiration

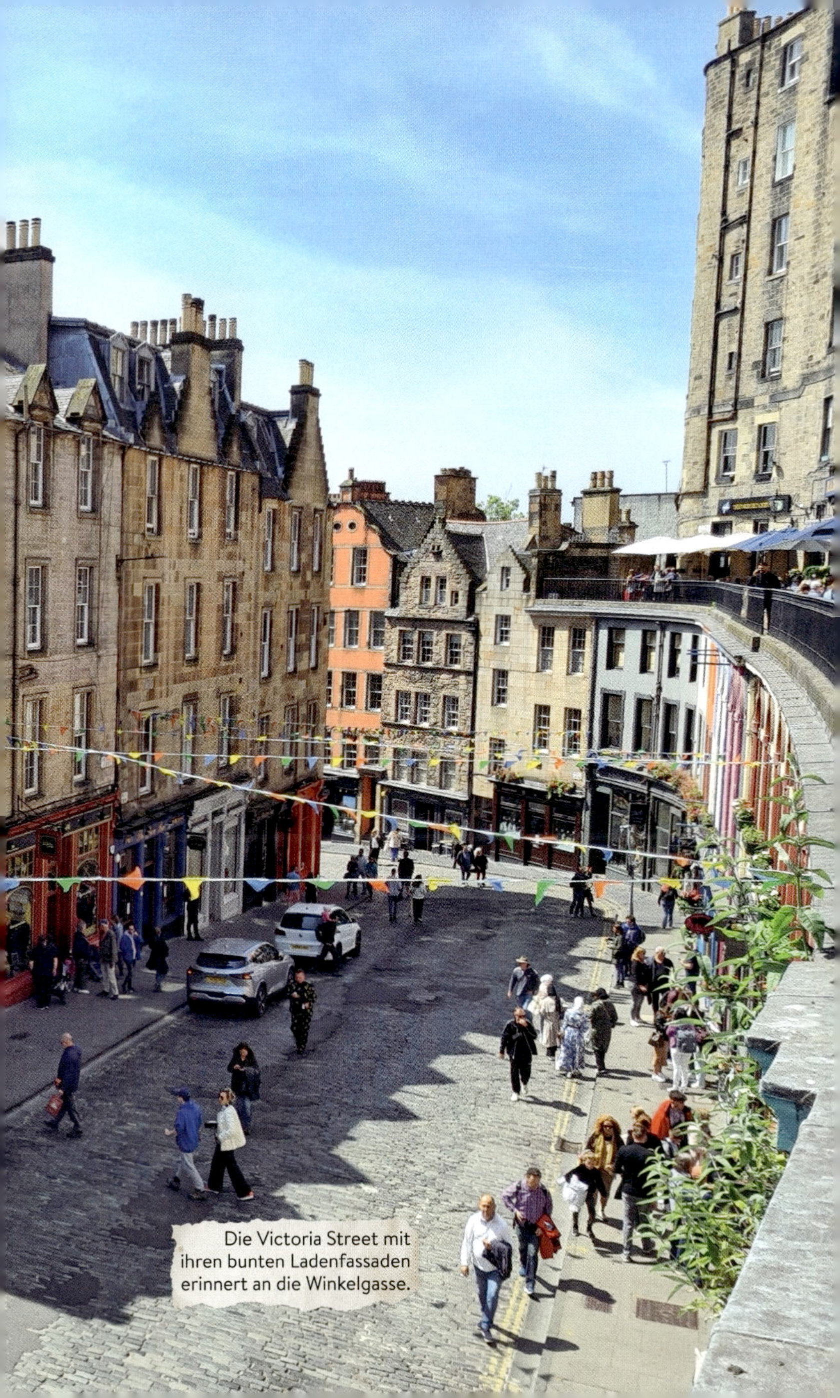

Die Victoria Street mit ihren bunten Ladenfassaden erinnert an die Winkelgasse.

Alte Gassen, geheimnisvolle unterirdische Gänge, unzählige Pubs sowie die stets präsente Musik in der Altstadt – keine Frage, das mittelalterliche Edinburgh, das sich über mehrere Hügel erstreckt und das Meer fest im Blick hat, bietet viele magische Momente. Sicher hat diese besondere Atmosphäre auch Joanne K. Rowlings Fantasie beflügelt – und so wird immer wieder kräftig spekuliert, welches Gebäude, welche Gasse oder welcher Name als Impuls für die magische Welt diente. Nehmt euch Zeit, diese einzigartige Stadt zu erkunden, und lasst ihre Faszination auf euch wirken.

Magisch

WEIL

Edinburgh gilt als der Geburtsort von Harry Potter – hier fand die Autorin jede Menge Inspiration und schrieb einen großen Teil ihrer berühmten Romane. Die Hauptstadt Schottlands bietet eine wunderbare Mischung aus quirligem Stadtleben, mittelalterlicher Geschichte, Kultur und Kulinarik.

DIE 3 MUST DOS:

Victoria Street ⋆ Greyfriars Kirkyard ⋆ Royal Mile

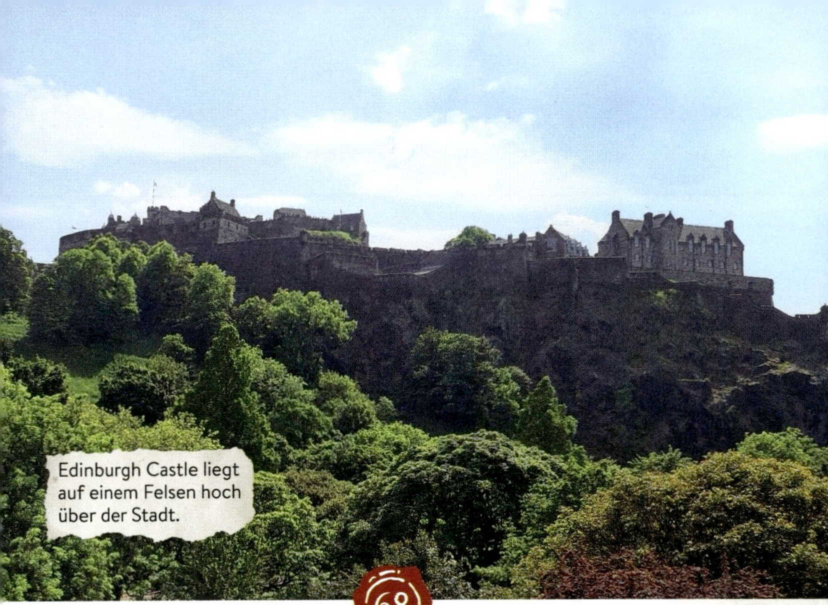
Edinburgh Castle liegt auf einem Felsen hoch über der Stadt.

68

Edinburgh Castle

Majestätisch thront Edinburgh Castle auf einer vulkanischen Felsformation über der Stadt. Der »Castle Rock« besteht aus Dolerit und entstand – ebenso wie der benachbarte Berg »Arthur's Seat« – vor über 340 Millionen Jahren aus erkaltetem Lavagestein. Zu drei Seiten fällt der Fels fast senkrecht ab und war damit vermutlich schon im 7. Jahrhundert ein idealer Ort für den Bau einer Festung. Das älteste erhaltene Gebäude der heutigen Burg, die St Margaret's Chapel, stammt aus dem 12. Jahrhundert.

Die Burg kann auf eine äußerst bewegte Geschichte zurückblicken, die in einer immersiven Ausstellung im Argyle Tower eindrucksvoll dargestellt wird. Zu den weiteren Sehenswürdigkeiten der Burg gehören die »Great Hall« mit ihrer beeindruckenden hölzernen Deckenkonstruktion, die königlichen Gemächer, der »Stone of Destiny«, die schottischen Kronjuwelen und die berühmte »One o'Clock Gun«, die seit 1861 täglich – außer sonntags, an Karfreitag und an Weihnachten – um exakt 13 Uhr abgefeuert wird *(Edinburgh Castle, Castlehill, Edinburgh EH1 2NG, Öffnungszeiten: täglich ab 9.30–18 Uhr, April–Oktober bis 17 Uhr, Eintritt: 19,50 £/Erwachsene, 11,40 £/Kinder (7–15 Jahre), www.edinburghcastle.scot).*

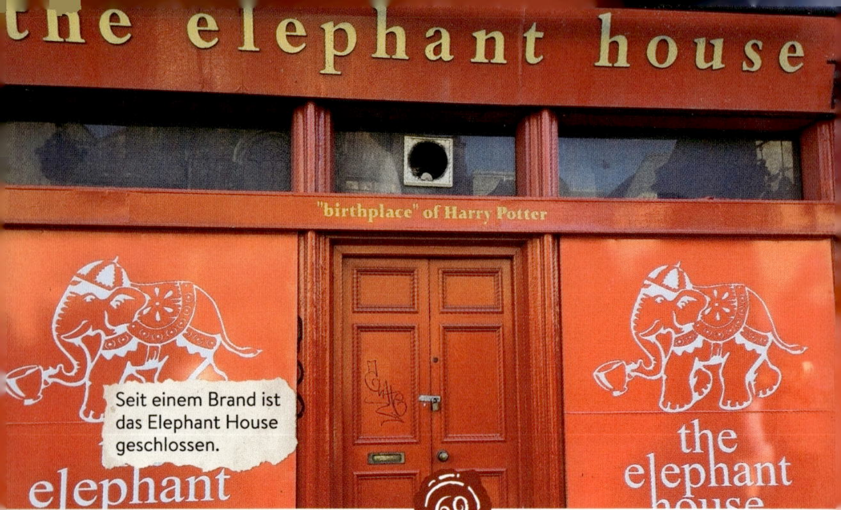

Seit einem Brand ist das Elephant House geschlossen.

69

The Elephant House

Über dem Eingang zu dem kleinen Café mit der roten Fassade prangt der Schriftzug: »Der Geburtsort von Harry Potter«. Tatsächlich hatte das Café noch gar nicht eröffnet, als Joanne K. Rowling den ersten Teil der Harry Potter-Bücher schrieb. Allerdings verbrachte die Autorin viel Zeit in diesem Café, als sie den zweiten und dritten Teil der Reihe aufs Papier brachte.

Aufgrund eines Brandes im August 2021 musste das Café schließen und bis heute (Stand 2024) ist unklar, ob und wann es wieder öffnen wird. Nach dem Feuer wurde bekannt, dass der Tisch, an dem Joanne K. Rowling zum Schreiben gesessen hatte, den Brand – mit einigen Blessuren – überstanden hat. Dennoch lässt sich im Moment nur die ramponierte Außenfassade des Cafés besichtigen.

Teile von *Harry Potter und der Stein der Weisen* schrieb die Autorin im ehemaligen Nicolson's Café, in dessen Räumlichkeiten sich später das Spoon Café befand *(6 A Nicolson St, Edinburgh EH8 9DH)*. Dieses musste jedoch 2020 während der Corona-Pandemie ebenfalls schließen.

Ein kleiner Blick auf die andere Straßenseite schräg gegenüber offenbart einen bekannten Namen – das McGonagall Gin & Whisky Emporium … Bevor ihr aber nun ins Spekulieren verfallt, lest noch ein bisschen weiter bis zum Greyfriars Kirkyard *(The Elephant House, 21 George IV Bridge, Edinburgh EH1 1EN, www.elephanthouse.biz)*.

70

Victoria Street & Cockburn Street

Dass die Victoria Street in Edinburgh als Inspiration für die Winkelgasse diente, wie oft behauptet wird, dementierte Joanne K. Rowling selbst in einem Twitter-Post im Juli 2022. Sie schrieb damals: »Ich fürchte, es gibt keine reale Straße, die als Vorlage für die Winkelgasse diente. Die Idee kam mir einfach so in den Kopf. 99 Prozent der Straßen, von denen behauptet wird, dass sie als Inspiration dienten, habe ich nie gesehen, und ich hatte auch Victoria Street nie gesehen, als ich die Winkelgasse kreierte (Inzwischen kenne ich sie natürlich, weil sie sich in Edinburgh, wo ich lebe, befindet).«

Dennoch solltet ihr die zauberhafte Straße mit ihren bunten Häusern und den hübschen Geschäften unbedingt besuchen, wenn ihr in Edinburgh seid. Hier findet ihr zahlreiche Läden, die Harry Potter-Souvenirs führen. Allen voran Museum Context, das eine riesige Auswahl an Merchandise bietet und in der obersten Etage sogar einen Foto-Spot für Potterheads eingerichtet hat *(40 Victoria Street, Edinburgh, EH1 2JW)*. Eine weitere Filiale findet ihr in der – ebenso sehenswerten – Cockburn Street *(24–44 Cockburn St, Edinburgh EH1 2PB, www.museumcontext.com)*.

In der Victoria Street herrscht tagsüber geschäftiges Treiben.

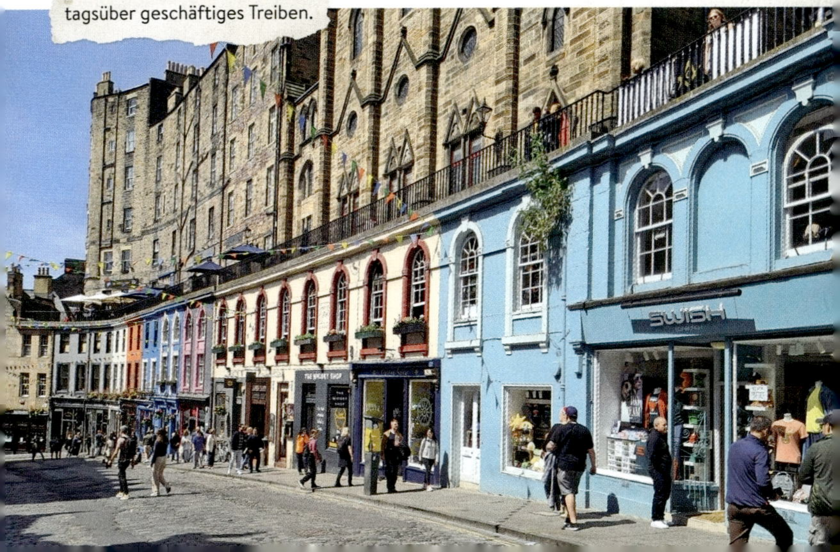

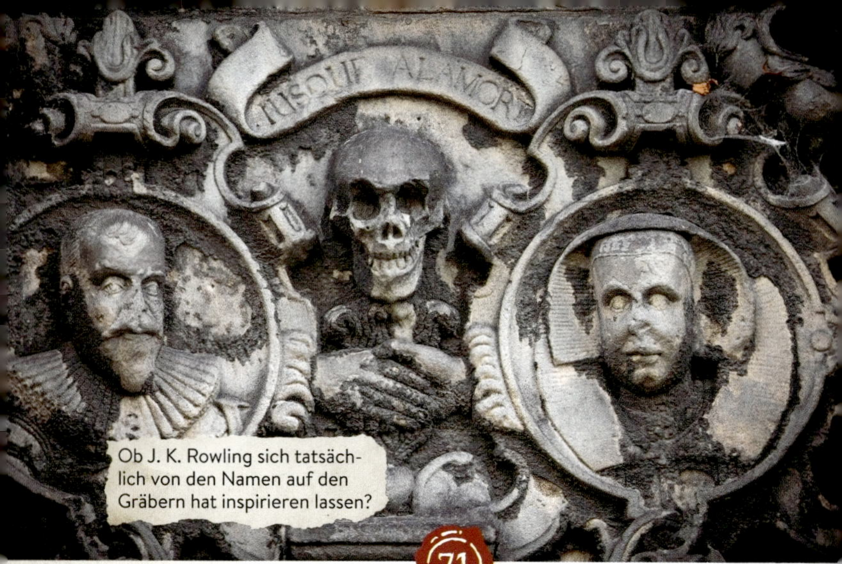

Ob J. K. Rowling sich tatsächlich von den Namen auf den Gräbern hat inspirieren lassen?

71

Greyfriars Kirkyard

Nur wenige Minuten vom Elephant House entfernt, befindet sich der alte Friedhof Greyfriars Kirkyard aus dem 16. Jahrhundert. Seinen Namen verdankt der Friedhof dem ehemaligen Franziskanerkloster, das sich hier befand, und dessen Mönche graue Kutten trugen. Der Name *Kirk* ist ein altes dänisches Wort für Kirche.

Gut möglich, dass Joanne K. Rowling hier des Öfteren vorbeikam, während sie an der Harry Potter-Reihe schrieb, und so hört man häufig die Vermutung, dass sie sich bezüglich der Namenswahl ihrer Romanfiguren von den Namen auf den Gräbern des Greyfriars Kirkyard inspirieren ließ. Im Büro der Kirche kann man sogar eine Liste der Gräber erstehen, die in Zusammenhang mit den Harry Potter-Bücher stehen sollen.

Wenn man den Tweet von Joanne K. Rowling bezüglich der Victoria Street (siehe S. 203) weiter deutet, wird klar, dass die Namen vieler ihrer Protagonisten vermutlich schon vor ihrer Zeit in Edinburgh feststanden. Bezüglich des Namens Potter erzählte sie in einem Interview, dass sie sich vom Namen einer Familie in der Nachbarschaft während ihrer Kindheit in Bristol inspirieren ließ (siehe S. 30).

In einem Radiointerview 1999 erzählte die Autorin jedoch, sie hätte sich sehr wohl durch Namen von Orten, Karten, Straßen, alten Büchern oder Heiligen sowie von Menschen, die sie kennenlernte, inspirieren lassen. Sie meinte auch, dass ihr der Name McGonagall des sehr, sehr schlechten schottischen Dichters gut gefiel – und da haben wir doch tatsächlich eine Verbindung zum Greyfriars Kirkyard, denn genau hier befindet sich dessen Grab.

Der Weg zum Grab

Ihr gelangt zu dem Grab, wenn ihr vom Eingang des Friedhofs, der sich hinter dem Pub Greyfriars Bobby befindet, dem Weg links etwas oberhalb an der Kirche folgt. Bei der Wegkreuzung hinter der Kirche seht ihr einen bogenförmigen Mauerdurchgang vor euch. Wenn ihr hindurch geht, findet ihr die Gedenktafel für William McGonagall ganz am Ende des Weges auf der linken Seite.

Wenn ihr dann ein kurzes Stück zurücklauft und vor dem Torbogen dem Weg nach links folgt, seht ihr nach wenigen Metern das Grab von Elizabeth Moodie auf der rechten Seite – ob es hier wohl eine Verbindung zu Mad-Eye Moodie gibt? Ganz in der Nähe befindet sich auch das Grab von Anne Potter, was zwar eine Verbindung vermuten ließe, jedoch, wie weiter oben beschrieben, wohl nicht die Namenspatin der Familie Potter aus den Büchern ist. Ob der Name Cruikshanks auf einem der Gräber als Inspiration für Hermines Katze »Krummbein« (engl. Crookshanks) diente? Oder sich der Name Margaret Louisa Scrymgeour Wedderburn als Rufus Scrimgeour in den Büchern in abgewandelter Form wiederfindet? War das Grab mit dem Namen Charles Black wohl eine Inspiration für Sirius Black? Die Namen auf den Gräbern und Gedenktafeln des Greyfriars Kirkyard lassen wahrhaft viel Platz für Spekulationen.

Das Grab von Voldemort?

Das – von Potterheads – meistbesuchte Grab auf dem alten Friedhof ist sicherlich das von Thomas Riddell, das nicht nur an ihn, sondern auch an seinen gleichnamigen Sohn erinnert. Dass sein Grab mehr als 200 Jahre später so berühmt sein und zur Pilgerstätte von Fans eines fiktiven Zauberschülers werden würde, konnte der 1806 im Alter von 72 Jahren Verstorbene freilich nicht ahnen. Zum Grab von Thomas Riddell gelangt ihr, wenn ihr dem Weg weiter folgt und am Ende nach rechts abbiegt. Die Grabtafel befindet sich direkt an der alten Stadtmauer.

Bei aller Liebe zu den Harry Potter-Büchern und -Filmen sollte man nicht vergessen, dass es sich hier um einen realen Friedhof handelt und sich entsprechend rücksichtsvoll benehmen – und vor allem die Wege nicht verlassen.

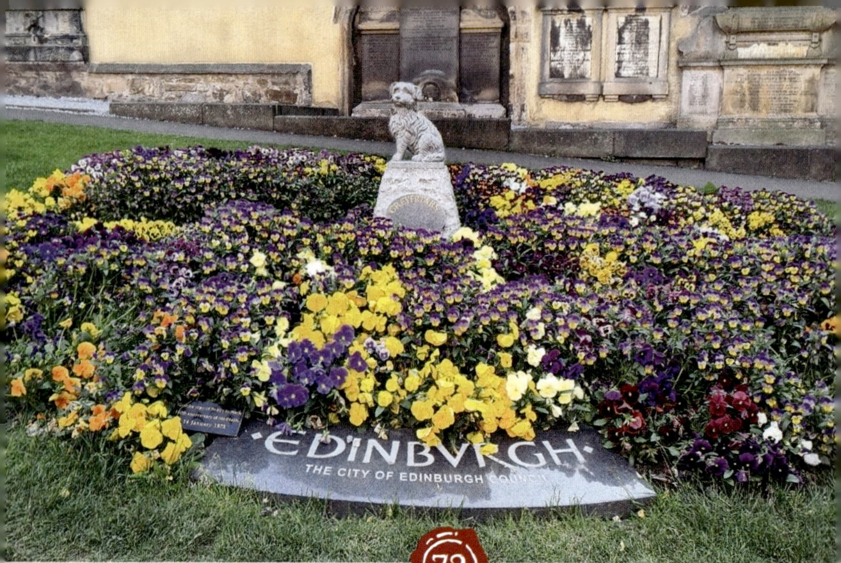

72

Greyfriars Bobby

Das berühmteste Grab des Friedhofs gehört keinem Menschen, sondern einem kleinen Hund namens Bobby. Seine Statue findet ihr schon, bevor ihr den Friedhof erreicht, an der Abzweigung zur Straße Candlemaker Row gegenüber von dem schick herausgeputzten Pub Greyfriars Bobby. Die Schnauze der Hunde-Statue ist blank poliert, denn viele Besucher erhoffen sich Glück davon, wenn sie diese einmal berühren.

Ihr ahnt es vielleicht schon – hinter diesem ganz besonderen Grab verbirgt sich eine ganz besonders rührselige Geschichte. Bei Bobby handelte es sich um den Skye Terrier von John Grey, einem Nachtwächter der Polizei von Edinburgh. Die beiden waren unzertrennlich, doch im Februar 1858 starb John Grey an Tuberkulose und wurde auf dem Greyfriars Kirkyard begraben. Es wird erzählt, dass sein treuer Hund Bobby ihn um 14 Jahre überlebte und den Rest seines Lebens auf Greys Grab weilte. Es gab viele Versuche, ihn von dort wegzulocken, doch er kehrte immer wieder zurück. Schließlich hatten die Friedhofsgärtner und -wärter ein Einsehen. Sie bauten ihm eine Schutzhütte und fütterten ihn. Der Hund verbrachte jede Nacht am Grab seines Herrchens, selbst bei widrigsten Wetterbedingungen. Als er 1872 starb, wurde er vor der Kirche in einem ungeweihten Bereich begraben – ganz in der Nähe seines Herrchens. Es ist zu einer liebenswerten Tradition geworden, kleine Stöckchen »zum Spielen« für Bobby vor seinem Grab abzulegen.

Der meistbespukte Friedhof der Welt

Greyfriars Kirkyard wird oft auch als der »meistbespukte Friedhof der Welt« bezeichnet. Es heißt, dass ein obdachloser Mann in einer eisigen Nacht im Jahr 1998 auf dem Friedhof Schutz suchte. Er kroch durch eine Öffnung und fand sich im »Black Mausoleum« der Familie Mackenzie wieder. Dort fand er die Särge in der Familiengruft und fiel durch ein Loch in eine unterirdische Kammer voller jahrhundertealter Knochen. Die Legende besagt, dass nicht nur er in dieser Nacht die Gruft verließ. Seither treibt der bösartige Mackenzie-Poltergeist hier sein Unwesen. Es wird erzählt, dass Besucher von Begegnungen mit dem Poltergeist und daraus resultierenden Kratz-, Schürf- und sogar Bisswunden berichteten.

Ein gefundenes Fressen für die Veranstalter der zahlreichen Spuk- und Geisterführungen durch Edinburgh, die nun noch eine weitere gruselige Geschichte mit vermarkten können.

INFO

Greyfriars Kirkyard, 26A Candlemaker Row, Edinburgh EH1 2QQ, der Friedhof ist in der Regel an Wochentagen von 11–16 Uhr für Besucher geöffnet. Die Öffnungszeiten können auch kurzfristig variieren, die aktuellen Zeiten sind auf der Website einsehbar: www.greyfriarskirk.com

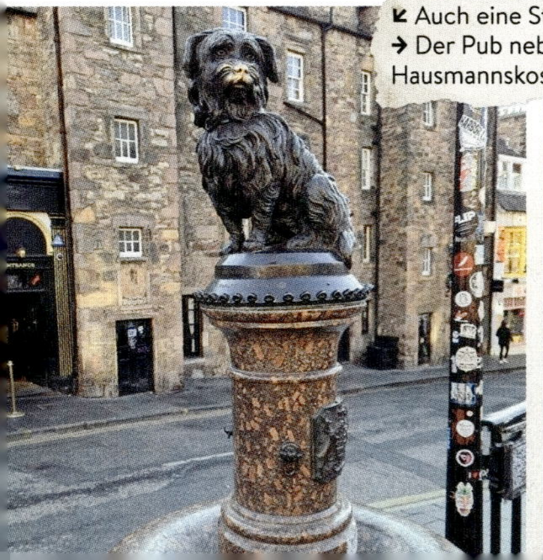

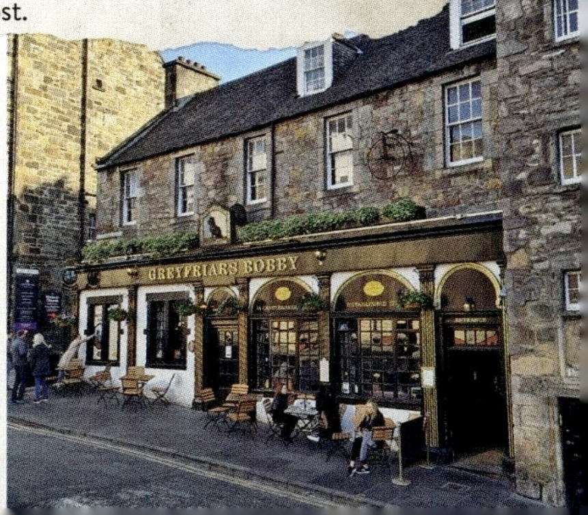

↖ Die Gedenkstätte für Greyfriars Bobby
↙ Auch eine Statue ist dem treuen Hund gewidmet.
→ Der Pub nebenan versorgt euch mit schottischer Hausmannskost.

73

J. K. Rowlings Handabdrücke

Die vermutlich berühmteste Straße Edinburghs, die Royal Mile, führt vom Edinburgh Castle hinab zum Holyrood Palace, der offiziellen Residenz des britischen Königs in Schottland. Entlang der Straße reihen sich zahlreiche Shops, Restaurants und diverse Touristenattraktionen aneinander.

Direkt vor dem Rathaus, in dem der Stadtrat seit 1811 seinen Sitz hat, findet ihr die im Boden eingelassenen Handabdrücke von Joanne K. Rowling *(City Chambers, 253 High St, Edinburgh EH1 1YJ).*

In unmittelbarer Nähe befinden sich auch mehrere Brunnen, darunter »The Netherbow Wellhead«, die älteste Zisterne der Stadt, sowie unweit des Schlosses die »Witches Well«, ein Denkmal für die wegen Hexerei angeklagten und auf dem Scheiterhaufen verbrannten Frauen.

↙ Auf der Royal Mile gibt es viel zu entdecken.
↓ Die Handabdrücke von J. K. Rowling
→ Der älteste erhaltene Brunnen der Stadt

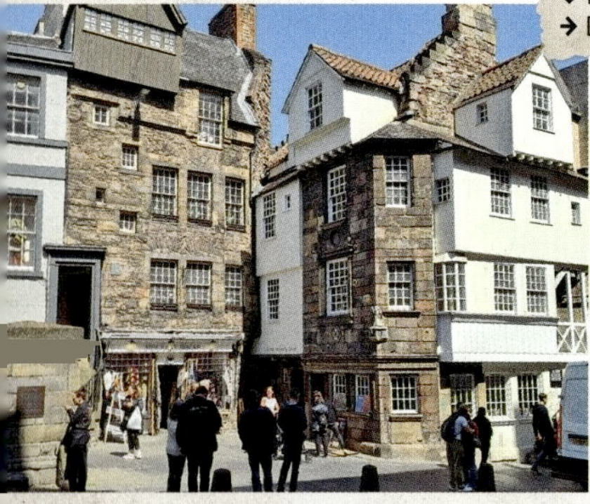

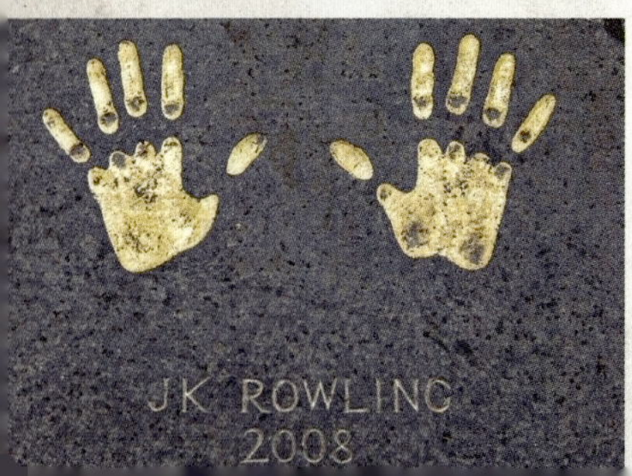

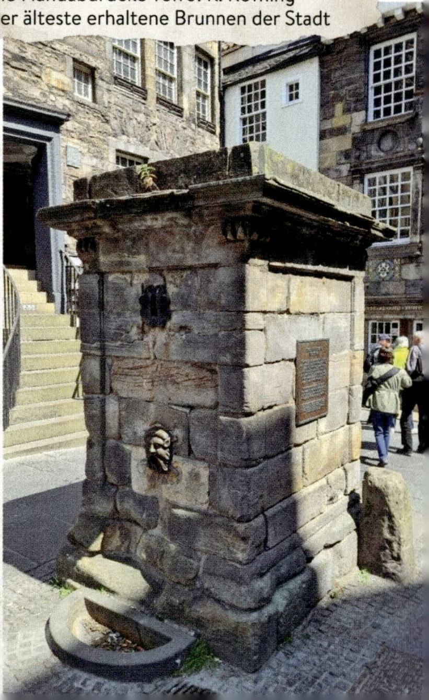

TIPP

MARY KING'S CLOSE

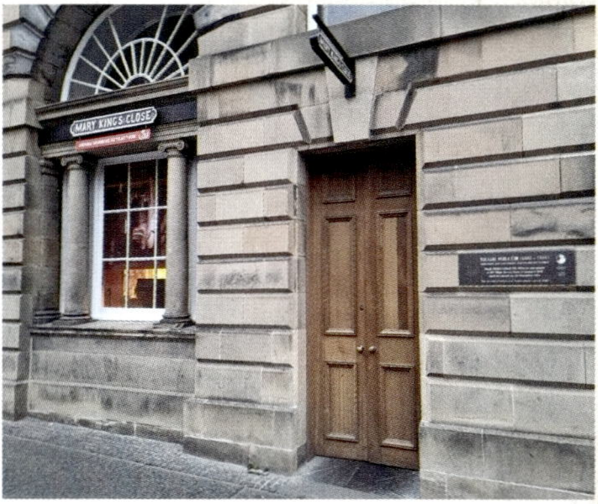

In Edinburgh finden sich unzählige geheime Gänge und überraschende Entdeckungen. Einen guten Eindruck von der Geschichte Edinburghs und dem Leben der Menschen in den schmalen, dunklen Gassen vermittelt eine Führung namens »The Real Mary King's Close«. Versteckt unter der Royal Mile ist Mary King's Close eine Ansammlung von Straßen, Häusern und Gängen, die einen Einblick in das Leben in der Stadt Edinburgh im 17. Jahrhundert geben – Spukgeschichten gibt es hier, wie überall in Edinburgh, gleich mit dazu. Den Eingang findet ihr gegenüber der St Giles Cathedral in der High Street *(The Real Mary King's Close, 2 Warriston's Close, High Street, Edinburgh EH1 1PG, Preise: 22,50 £/Erwachsene, ab 16 £/Kinder (5–15 Jahre), i. d. R. täglich 9–22 Uhr; es empfiehlt sich, vorab einen Zeit-Slot zu reservieren, www.realmarykingsclose.com).*

ARTISAN ROAST NEW TOWN

Nur ein Detail – aber auf jeden Fall ein kleiner Moment zum Schmunzeln: Als humorvolle Antwort auf das Schild über dem Eingang von The Elephant House (siehe S. 202) brachten die Besitzer des Cafés Artisan Roast ein Schild mit der Aufschrift: »J. K. Rowling Never Wrote Here« an. Diese wiederum entdeckte das Schild und kritzelte darunter: »And I never will«. Die Autorin äußerte sich dazu auf Twitter: »Ich sah das Schild, als ich dort vor einigen Jahren war, und es brachte mich zum Lachen. Ich überlege, ob ich nicht eines Tages dort schreiben sollte, sodass sie es berichtigen müssen in ›... bis auf dieses eine Mal‹« *(Artisan Roast New Town, 57 Broughton St, Edinburgh EH1 3RJ).*

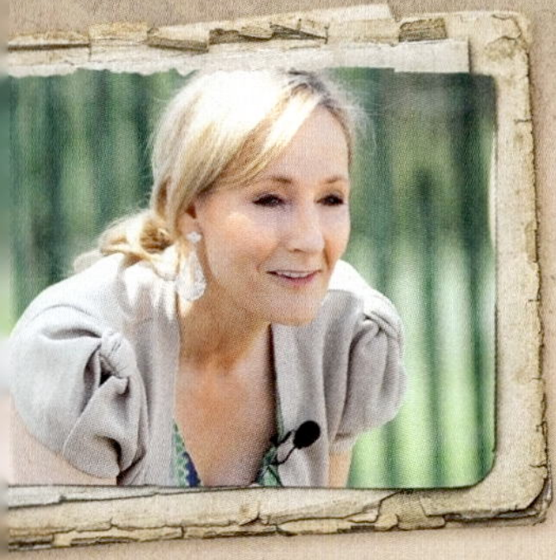

J. K. Rowling – Die größte aller Hexen!

Sie hat die Welt der Bücher mit ihren Geschichten über den jungen Zauberer wahrlich aus den Angeln gehoben. Über zehn Jahre hinweg veröffentlichte Joanne K. Rowling sieben Harry Potter-Bücher und verzauberte damit mehrere Millionen Leserinnen und Leser.

Die Entstehung von Harry Potter

Joanne K. Rowling kam 1965 nahe Bristol in England zur Welt und erfand schon als junges Mädchen Geschichten für ihre kleine Schwester. Nach eigenen Angaben sei ihr die Idee für Harry Potter während einer Zugfahrt in England 1990 gekommen. Den ersten Teil vollendete sie schon fünf Jahre später, doch veröffentlicht wurde *Der Stein der Weisen* erst zwei Jahre danach. Zwar legte J. K. Rowling ihr Manuskript vielen Verlagen vor, doch keiner sah großes Potenzial in der Geschichte über den jungen Zauberer. Nach großen Schwierigkeiten fand sie schlussendlich mit Bloomsbury einen Verlag, der am 26. Juni 1997 eine erste Auflage von 500 Exemplaren auf den Markt brachte. Dennoch wurde ihr geraten, sich einen zusätzlichen Job zu suchen, da Kinderbücher nicht sehr profitabel seien – und ihren Namen durch ein neutrales Kürzel zu ersetzen, wodurch aus Joanne Rowling »J. K. Rowling« wurde. Angeblich würden weibliche Autorinnen die Leserschaft abschrecken und die Kürzel den Namen männlicher machen …

Spätestens der dritte Teil, der in einer Auflage von mehreren Millionen Exemplaren gedruckt wurde, ließ ahnen, welche Ausmaße das Potter-Universum noch annehmen könnte. 2007 kam dann der letzte der sieben Bände auf den Markt. Obwohl die Filmrechte von den Warner Bros. Studios gekauft wurden, behielt es sich J. K. Rowling vor, eigenen Einfluss auf die Drehbücher zu nehmen. Die Harry Potter-Bücher wurden mittlerweile in 80 verschiedene Sprachen übersetzt. Innerhalb von wenigen Jahren schrieb sich Rowling mit ihren magischen Geschichten zur Multimillionärin. Man findet die erfolgreiche Autorin sogar im Guinness-Buch der Weltrekorde wieder, als erste Autorin, die (in Dollar gerechnet) zur Milliardärin wurde.

Und J. K. Rowling sorgt stetig für neuen Content. So existiert schon seit einer Weile die Website »Pottermore«, die vor Kurzem in »Wizarding World« umbenannt wurde. Dort erscheinen noch heute Artikel und Updates über die magische Welt, die teilweise von Rowling selbst verfasst werden. So schreibt sie über aktuelle Quidditch-Meisterschaften, News und Hintergrundgeschichten, die es nicht in die sieben Bücher geschafft haben.

Harry Potter und Joanne K. Rowling

In ihren Werken finden sich viele Parallelen zu J. K. Rowlings Leben und einschlägigen Ereignissen darin. Zum einen habe sie den Tod ihrer Mutter in den magischen Geschichten verarbeitet, was sich besonders in Harrys Situation mit seinen Eltern und der Suche nach seinen Wurzeln wiederfindet. Auch sollen wohl die Dementoren, die alles Glück aufsaugen, und andere Wesen symbolisch für die Depressionen und psychischen Erkrankungen stehen, mit welchen die Autorin zu kämpfen hatte.

Einer der wichtigsten Orte in Harry Potter ist außerdem der Bahnhof King's Cross. Dort beginnt die Reise von Harry zu der magischen Schule Hogwarts und immer wieder wird der Bahnhof symbolisch in der Handlung aufgegriffen. Auch hier sind wieder Parallelen zur realen Welt erkennbar. So sollen sich Rowlings Eltern dort kennengelernt haben und die Zugfahrt, auf der die Idee für die Bücher entstand, soll dort geendet haben. Viele sind der Meinung, dass sich Rowling in der Figur von Harry Potter wiedererkennen lässt, was nicht nur wegen des Schicksals der Eltern anzunehmen ist, sondern auch, da der junge Zauberer den gleichen Geburtstag hat wie sie selbst. Laut anderen Quellen soll sie sich zudem in dem Charakter und Aussehen von Hermine Granger verewigt haben.

Weitere Werke und Filme

Auch die Bücher *Phantastische Tierwesen und wo sie zu finden sind* – ebenfalls opulent verfilmt –, *Quidditch im Wandel der Zeiten* und *Die Märchen von Beedle dem Barden* spielen im Potter-Universum. Übrigens plant Warner Bros. eine Neuverfilmung der Romane. Über einen Zeitraum von zehn Jahren soll zu jedem der sieben Harry Potter-Bücher eine Serienstaffel entstehen. Wir sind gespannt! Abgesehen von all den magischen Wesen und Geschichten, die Rowling zum Leben erweckt hat, verfasst sie parallel auch andere Bücher wie den Krimi *Ein plötzlicher Todesfall* und das Kinderbuch *Der Ickabog.* Einige ihrer Bücher erscheinen unter dem Pseudonym Robert Galbraith, um sich thematisch von Harry Potter zu distanzieren.

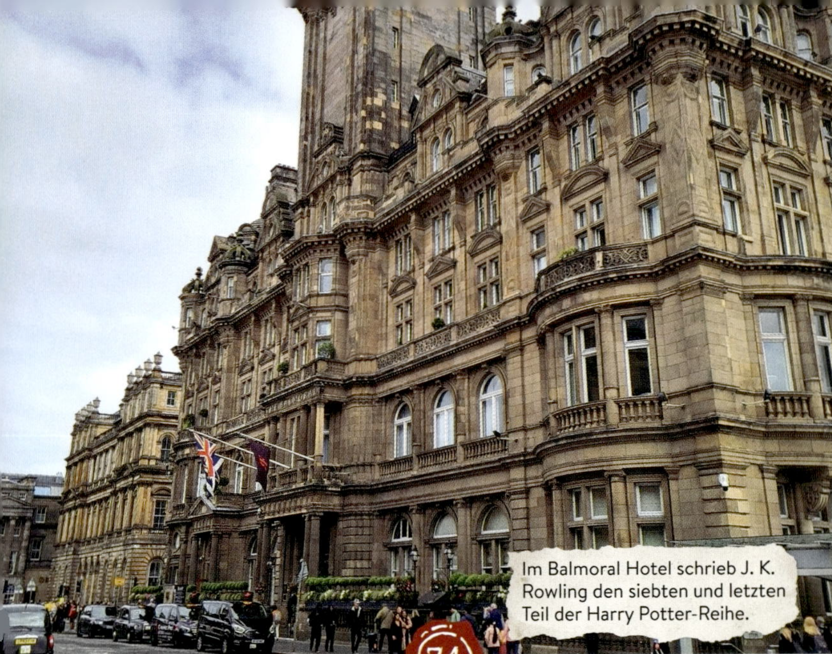

Im Balmoral Hotel schrieb J. K. Rowling den siebten und letzten Teil der Harry Potter-Reihe.

74

Balmoral Hotel

Hinter der viktorianischen Fassade des altehrwürdigen Luxushotels Balmoral beendete Joanne K. Rowling die Harry Potter-Reihe. Hier mietete sie Anfang 2007 die Suite mit der Nummer 552, um in Ruhe das siebte und letzte Buch *Harry Potter und die Heiligtümer des Todes* fertigschreiben zu können.

In einem Interview erzählte die Autorin einmal, dass sie, nachdem sie den letzten Satz geschrieben hatte, in Tränen ausbrach und gar nicht mehr aufhören konnte zu weinen. Diese Emotionen können alle Potterheads wohl nur zu gut nachvollziehen, denn ähnlich fühlten vermutlich viele, nachdem sie die letzten Sätze der Buchreihe gelesen hatten.

Bis heute erinnert das 5-Sterne-Hotel an diesen besonderen Moment. Die Suite 552 wurde zur »J.K. Rowling Suite« und verbindet elegante Designelemente mit magischen Details. So werden die Gäste am Eingang mit einem Türklopfer in Eulenform begrüßt und finden auch in der Suite einige Überraschungen, darunter eine von J. K. Rowling signierte Hermes-Marmorbüste.

Stilvoller und luxuriöser kann man in Edinburgh kaum übernachten, und so hat die vermutlich berühmteste Hotelsuite der schottischen Hauptstadt ihren Preis. Ab 2090 £ kostet eine Übernachtung für zwei Personen in der 55 Quadratmeter großen Suite – immerhin inklusive Frühstück *(Balmoral Hotel, 1 Princes St, Edinburgh EH2 2EQ, www.roccofortehotels.com/hotels-and-resorts/the-balmoral-hotel).*

TIPP

THE CAULDRON

Eine magische Tea Time oder einen Kurs im Brauen von Zaubertränken (in Form von kreativen Cocktails) gefällig? Dann seid ihr in der Edinburgher Filiale von The Cauldron genau richtig. Beides solltet ihr auf jeden Fall vorab buchen *(The Cauldron, 57a Frederick St, Edinburgh EH2 1LH, ab 43,77 £, www.thecauldron.io/edinburgh).*

THE POTIONS CAULDRON APOTHECARY

Keine Zeit zum Selberbrauen? Macht nichts, in der Potions Cauldron Apothecary werdet ihr garantiert fündig – magische Tränke für jede Gelegenheit reihen sich in den Regalen dicht aneinander. Wenn man die Flaschen mit dem zauberhaften Gebräu vorsichtig schüttelt, erwacht die Magie zum Leben – wer kann da schon widerstehen? *(The Potions Cauldron Apothecary, 116a Rose St, Edinburgh EH2 3JF, Mo–Fr: 11–18 Uhr, Sa 10–19 Uhr, So 11–18 Uhr, www.thepotionscauldron.com/edinburgh)*

← Ein Laden voller Zaubertränke und anderer magischer Dinge
→ Wer mag, kann selbst magische Cocktails brauen.

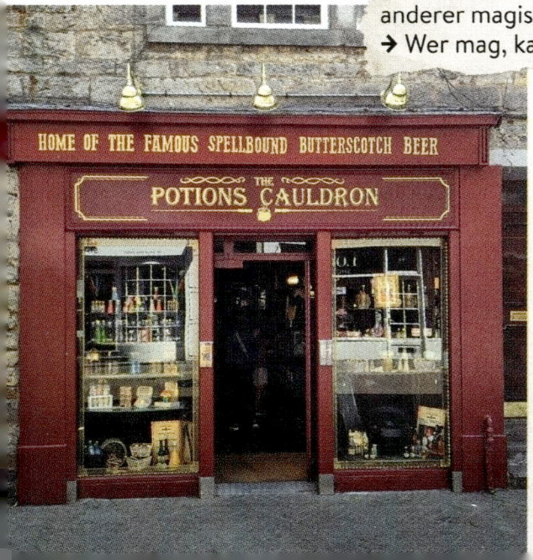

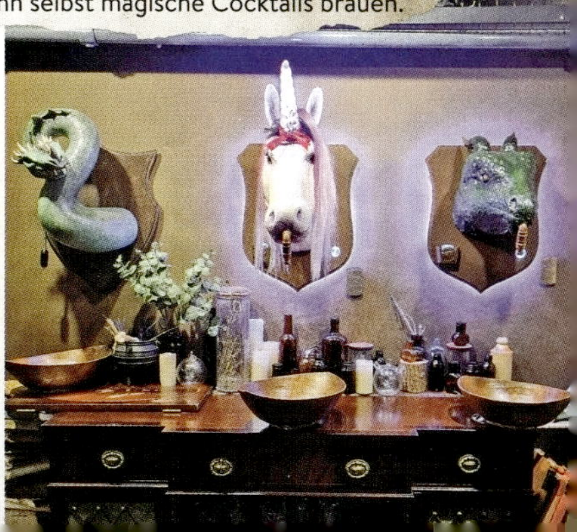

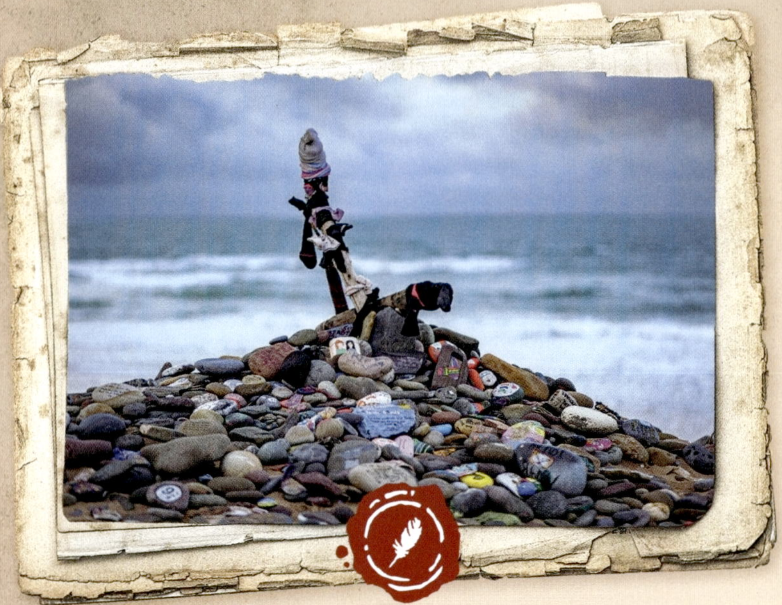

Weitere fantastische Erlebnisse und wo sie zu finden sind

Wales: Shell Cottage und Dobbys Grab

Die weitläufige Dünenlandschaft des – vor allem bei Surfern beliebten – Strandes Freshwater West im walisischen Pembrokeshire diente im Mai 2010 als Kulisse für das Shell Cottage von Bill Weasley und Fleur Delacour und auch für das Grab von Hauself Dobby. Das Shell Cottage ist in beiden Teilen von *Harry Potter und die Heiligtümer des Todes* zu sehen. In den Büchern findet sich beides am Rande des fiktiven Ortes Tinworth in Cornwall, England.

Während das Shell Cottage nach den Dreharbeiten wieder abgebaut wurde, halten die Potterheads die Erinnerung an Dobby weiterhin aufrecht. Über Jahre legten sie hier vor allem Kieselsteine und Socken auf dem fiktiven Grab ab, was schließlich überhandnahm und zu großem Unmut bei Anwohnern und Naturschützern führte. Nach langen Diskussionen einigte man sich auf einen Kompromiss: Das

›Grab‹ darf bleiben, aber die Fans dürfen nichts mehr niederlegen.

Plant für den Besuch am Strand von Freshwater West ruhig etwas mehr Zeit ein – die Dünenlandschaft ist traumhaft und es lohnt sich, hier etwas länger zu verweilen. Um Dobbys Grab zu besuchen, müsst ihr das Auto abstellen und dem Weg zum Strand hinab folgen. Das Parkplatzangebot ist überschaubar. Es gibt zwei Parkplätze und auch Parkmöglichkeiten entlang der Straße. Den kürzesten Weg habt ihr vom etwas nördlicher gelegenen Parkplatz. Folgt dem Pfad zum Strand; das ›Grab‹ befindet sich unweit des Lifeguard-Häuschens.

Irland: Cliffs of Moher

Für *Harry Potter und der Halbblutprinz* wurde auch eine Szene in Irland gefilmt. Auf der Suche nach Voldemorts Horkruxen sehen wir Dumbledore und Harry auf einem Felsen inmitten des tosenden Meeres stehen. Sie blicken auf eine mächtige dunkle Felswand, in der sich die Öffnung zu einer großen Höhle befindet. Bei der atemberaubenden Kulisse handelt es sich um die Cliffs of Moher im County Clare an der irischen Westküste. Den Felsen im Meer sucht man hier jedoch vergebens. Der Lemon Rock befindet sich in Wirklichkeit ganz im Südwesten von Irland, in direkter Nachbarschaft zu den Skellig Islands, die auch als Drehort für die Star Wars-Filme »Das Erwachen der Macht« und »Die letzten Jedi« dienten. Mithilfe der CGI-Technik wurden die Drehorte für den Film zusammengefügt. In Wirklichkeit standen Dumbledore und Harry übrigens nie auf dem Lemon Rock – auch hier wurde mit Filmzauber nachgeholfen.

Die bis zu 210 Meter hohen Cliffs of Moher erstrecken sich über eine Länge von fast 14 Kilometern. Der Weg oberhalb der Klippen eröffnet fantastische Ausblicke. Die Öffnungszeiten variieren, ebenso wie die Eintrittspreise, nach Tages- bzw. Jahreszeit. Aktuelle Informationen: www.cliffsofmoher.ie. Besonders spektakulär ist eine Bootsfahrt entlang der Klippen. Die Boote der beiden Anbieter starten in Doolin, das mit seinen bunten Cottages einen zauberhaften Anblick bietet *(www.cliffsofmohercruises.ie und www.doolinferry.com).*

Norwegen: Hogwarts Express in Winterlandschaft

Für *Harry Potter und der Halbblutprinz* wurden auch Szenen in Norwegen gedreht. So wurde sichergestellt, dass der Hogwarts Express durch eine tief verschneite Landschaft fahren konnte. Als Kulisse diente die Strecke der Raumabahn in der Nähe von Bjorli. In einem Museumszug des norwegischen Eisenbahnclubs sehen wir Harry und Ron, die sich über den unbrechbaren Fluch von Professor Snape unterhalten.

The Wizarding World of Harry Potter – Universal Orlando Resort

Nirgendwo lässt es sich besser in die magische Welt von Harry Potter eintauchen als in der Wizarding World of Harry Potter im Universal Orlando Resort in Florida. Sie verteilt sich auf die beiden Parks Universal Studios Florida™, wo ihr die Winkelgasse und Gringotts findet, sowie Universal's Islands of Adventure™, wo Hogwarts und Hogsmeade nachgebaut wurden. Der Hogwarts Express verbindet die beiden Bereiche.

Auf euch warten unglaubliche Abenteuer – bummelt durch die Winkelgasse und durch Hogsmeade, erkundet Hogwarts auf einem wilden Besenflug, begebt euch mit Hagrid auf eine rasante Fahrt durch den Verbotenen Wald oder erlebt die dramatische Flucht aus Gringotts hautnah mit. Verpasst auf keinen Fall die Fahrt mit dem Hogwarts Express – am besten in beide Richtungen, denn die Fahrten unterscheiden sich.

Wer sich einen ›echten‹ Zauberstab kauft, kann in beiden Bereichen selbst zaubern und so manche Überraschung erleben. Probiert den Kürbissaft und das Butterbier und entdeckt die riesige Merchandise-Auswahl.

Tipps für euren Besuch

1. Um den gesamten Harry Potter-Bereich an einem Tag sehen bzw. die Fahrt mit dem Hogwarts Express von einem Park zum anderen machen zu können, benötigt ihr ein Park-to-Park-Ticket!
2. Vor allem in den Schulferien und an den Wochenenden kann es zu langen Wartezeiten kommen. Um diese zu umgehen, gibt es Express-Pässe. Der Universal Express Pass berechtigt jeweils einmal pro teilnehmender Attraktion den bevorzugten Zutritt, der Universal Express Unlimited gilt dagegen so oft man möchte (bei teilnehmenden Attraktionen). Die Express-Pässe gelten nicht für »Hagrid's Magical Creatures Motorbike Adventure«.
3. Wenn ihr in einem der Premier Partner Hotels von Universal in Orlando übernachtet, ist ein Express Pass Unlimited pro Person im Übernachtungspreis inklusive und ihr habt eine Stunde vor der offiziellen Öffnungszeit Zugang zu den Universal Parks, die sich in unmittelbarer Nähe zu den Hotels befinden. Es lohnt sich, diese Option für euch durchzurechnen.
4. Auch für ein kleineres Budget bietet Universal passende Übernachtungsmöglichkeiten. Wer in den günstigeren Universal Hotels übernachtet, hat ebenfalls eine Stunde vor der offiziellen Öffnung Zugang zu den Parks und kann mit einem kostenlosen Shuttle-Bus zu den Parks fahren. Bei diesen Universal Hotels könnt ihr zudem deutlich günstiger parken als bei den Parks.

5. Nehmt möglichst wenig Gepäck mit in den Park. Bei einigen Attraktionen müsst ihr eure Taschen zwingend in Gepäckfächern einschließen. Am besten nehmt ihr eine kleine Bauchtasche mit. Über die beiden Parks verteilt gibt es zahlreiche kostenlose Trinkbrunnen.
6. Verschafft euch schon vor eurem Besuch einen Überblick über den Park und wählt die Attraktionen aus, die ihr unbedingt erleben möchtet. Seid eine halbe Stunde vor Öffnung am Parkeingang und nutzt die etwas kühleren Morgenstunden. Geht direkt zu einem der Harry Potter-Bereiche, denn sie gehören zu den meistbesuchten Attraktionen der Parks. Ladet euch die Universal Orlando Resort App auf das Handy, in der u. a. die aktuellen Wartezeiten für jede Attraktion angezeigt werden. Verfolgt schon in den Tagen zuvor die Länge der Wartezeiten und plant euren Besuch entsprechend.
7. Bevor ihr euch auf das Butterbier stürzt, kauft vielleicht erst mal nur einen Becher für alle und probiert, ob es euch schmeckt. Die extrem süße Rezeptur ist vermutlich nicht jedermanns Sache. Dasselbe gilt für die gefrorene Variante.

Die Tagestickets kosten ab 119 $/Erwachsene, ab 114 $/Kinder, die Park-to-Park-Tickets für einen Tag ab 174 $, Kinder ab 169 $. Express-Pässe ab 104,99 $. Alle Preise zzgl. Steuern und Gebühren, www.universalorlando.com.

Harry Potter und das verwunschene Kind in Hamburg

Zauberhaftes mitten in der Muggelstadt Hamburg im Mehr! Theater am Großmarkt: In der Show *Harry Potter und das verwunschene Kind* geht die Geschichte des berühmten Zauberlehrlings genau da weiter, wo Magie Wirklichkeit wird – live auf der Bühne. Neunzehn Jahre nachdem sie die Welt der Hexen und Zauberer gerettet haben, kehren Harry, Ron und Hermine zurück nach Hogwarts – dieses Mal zusammen mit ihren Kindern, einer mutigen neuen Generation, die sich schon bald in einem epischen Kampf gegen die dunklen Mächte beweisen muss. Es entwickelt sich ein atemberaubendes Rennen durch die Zeit. Ob Muggel oder Potterhead – es erwartet euch eine spektakuläre Zaubershow, faszinierende Spezialeffekte und ein unvergesslich magisches Erlebnis *(Die Show dauert 3,5 Stunden inkl. Pause. Altersempfehlung: ab 8 Jahren. Tickets gibt es ab 59,90 Euro. Weitere Infos zur Show und Tickets gibt es unter: www.harry-potter-theater.de).*

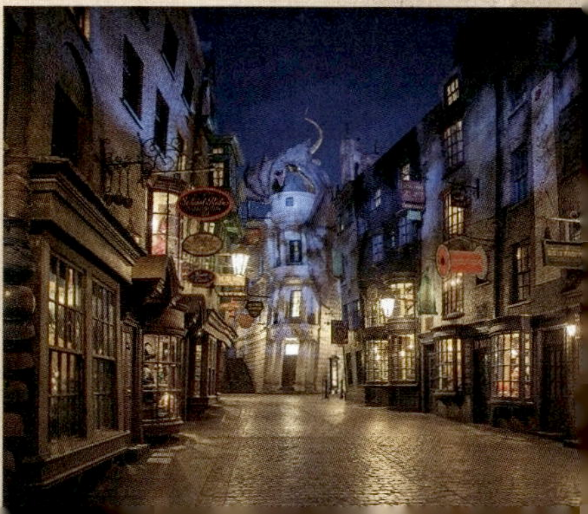

Register

101 House at the End 132

A
Abbots Langley 68
Alnwick 146
Alnwick Castle 146
Alnwick Garden 152
Ampney Curcis 39
Aragog 59, 172
Arisaig 190
Ashridge Wood 19
Australia House 96
Avebury 23
Avebury Manor 23

B
Balmoral Hotel 212
Banksy 33
Bath 25
Beachy Head 19 f.
Belle Tout Lighthouse 21
Ben Nevis 178, 181
Besenflugstunde 147, 150, 177
Big Ben 108
Black Park Country Park 58
Black Rock Gorge 194
Blenheim Palace 41
Bodleian Library 45
Borough Market 116
Bourne Wood 53
Bourton-on-the-Water 39
Bracknell 61
Bristol 30
Bristol Blue Glass 30
Broadway 40
Brydges Place 106
Buachaille Etive Mòr 164
Buckingham Palace 112
Budleigh Babberton 28

C
Castle Combe 38
Cecil Court 105
Charing Cross Road 103
Clachaig Gully 170
Clachaig Inn 172
Claremont Square 86
Cliffs of Moher, Irland 215
Cockburn Street 203
Cotswolds 38
Covered Market 44

D
Dartford Crossing 71, 125
De Vere House 73
Dementoren 55, 162
Derbyshire 123
Divinity School 45
Dobby 25
Dobbys Grab 214
Doe Lea 123
Downing Street 10 113
Dracula 137
Dragonfly Labyrinth 40
Dumbledores Grab 189
Durham 140
Durham Castle 143
Durham Cathedral 141 f.

E
Edinburgh Castle 201
Elephant House 202
Elternhaus, Harry Potter 27
Elternhaus, Hermine 63

F
Fahrender Ritter 69, 116
Ford Anglia 149
Fort William 173, 182, 184
Fuchsbau 69

G
Georgian House Hotel 115
Gleis 9 ¾ 81 ff.
Glen Coe 163 ff.
Glen Etive 167 f.
Glen Nevis 174
Glencoe Village 166
Glenfinnan Monument 184 ff.
Glenfinnan-Viadukt 181, 184 f.
Gloucester 35
Gloucester Cathedral 34
Gloucester Docks 35
Goathland 133, 135
Godric's Hollow 72
Goodwin's Court 104

Gordale Beck 128
Gordale Scar 128
Grassington Moor 129
Great Newport Street 103
Great Scotland Yard 114
Greifer 169
Greyfriars Bobby 206
Greyfriars Kirkyard 204
Grimmauld Place 86
Grindelwald 24
Gringotts 96
Gryffindor-Gemeinschaftsraum 35
Gypsy Lane 69

H

Hagrids Hütte 59, 170
Halley House 46
Hampstead Garden Suburb 63
Hardwick Hall 123 f.
Harry Potter and the Cursed Child 107
Harry Potter und der Feuerkelch 19, 47, 55 f., 93, 171, 188, 194
Harry Potter und der Gefangene von Askaban 54, 69, 110, 116, 170, 177, 187, 189, 191
Harry Potter und der Halbblutprinz 35, 62, 92, 94, 103, 162, 171 f., 192, 215 f.
Harry Potter und der Orden des Phönix 41, 84, 86, 95, 108 f., 113, 169
Harry Potter und der Stein der Weisen 27, 35, 84, 90, 96, 148, 171, 177
Harry Potter und die Heiligtümer des Todes 53, 60, 63, 71, 84, 100, 103, 110, 115, 124, 127, 129, 162, 169, 192
Harry Potter und die Kammer des Schreckens 84 f., 149, 171, 177, 187
Harry Potter-Skulptur 101
Harry Potter-Souvenirs 43, 83
Harry Potter-Touren London 117
Haus von Xenophilius und Luna Lovegood 129
Highlands 161
Hogsmeade 59, 134
Hogwarts 146, 148, 155, 174
Hogwarts-Express 76, 162, 181, 216
Hogwarts Speisesaal 43
Horace Slughorn 28
House of MinaLima 97 f.

I

Isle of Skye 193

J

Jacobite Steam Train 181 ff., 185
James Cook Memorial Museum 136
James Potter 41
Janet's Foss 128
Joanne K. Rowling 208, 210 f.

K

King's Cross 76, 81, 130
Klassenzimmer, Prof. McGonagall 142
Klassenzimmer, Prof. Quirrell 26
Klassenzimmer, Prof. Snape 26
Klassenzimmer, Prof. Trelawny 93

L

Lacock 24
Lacock Abbey 24 f.
Lambeth Bridge 110
Lavenham 72
Leadenhall Market 90
LeakyCon 75
Leavesden 68
Leicester Square 101
Leptis Magna Ruine 54
Lilidorei 153
Little Whinging 61, 68
Liverpool 125
Loch Achtriochtan 165
Loch Arkaig 54, 192
Loch Eilt 184, 188, 190
Loch Etive 167 f.
Loch Linnhe 179 f.
Loch Morar 181, 184, 191
Loch Shiel 54, 56, 184, 187 f.
Loch Tulla 161 f.
London 79 f.
London Zoo 88 f.
Lumley Castle 145

M

Madame Hooch 177
Malfoy Manor 123 f.
Malham 126
Malham Cove 126 f.
Mallaig 183 f., 193
Martins Heron 61
Mary King's Close 209
Maulende Myrte 36
Millennium Bridge 94
Muggel-Café 100
MuggleNet-Live 75

N
North Shire 139
North York Moors National Park 133
North Yorkshire 126
Northumberland 146

O
Ottery St Catchpole 70
Oxford 42

P
Palace Theatre 107
Peitschende Weide 149
Piccadilly Circus 99 f.
Potterheads 74 ff., 118
Privet Drive 68

Q
Queensway Tunnel 125
Quidditch 148, 154 ff., 166
Quidditch-Weltmeisterschaft 19

R
Radcliffe Square 44
Rannoch Moor 162
Rentier 39

S
Scottish Owl Centre 197
Seidenschnabel 54, 59, 171
Seven Sisters 19, 21
Severus Snape 41
Shaftsbury Avenue 99
Shell Cottage, Wales 214
Sign of the Angel 28
Skyfall Road 167
Snowshill 40
Spiegel Nerhegeb 26
SS Great Britain 33
St Mary's 138
St Pancras 85
St Paul's Cathedral 92
Steal Falls 174 f.
Stonehenge 22
Surbiton Railway Station 62
Swinley Forest 60

T
Tate Modern 95
Teufelsschlinge 23
The Cauldron 87, 213
The Crown in Ampney Crucis 39
The Enchantment Chamber 132
The Hole in Wand 132
The Lister Arms 128
The Magic Corner 145
The Potion Cauldron York 131
The Slaughters 39
The Shambles 130
The Turf Tavern 47
Thestrale 171
Trafalgar Square 102
Trimagisches Turnier 177, 188
Troll 36
Tropfender Kessel 91, 118

U
Universal Orlando Resort, Florida 216

V
Verbotener Wald 58
Victoria Street 203
Virginia Water 54

W
Warner Bros. Studios 64 ff.
Westminster 108
Westminster Abbey 111
Westminster Bridge 109
Westminster Underground Station 108
Whitburn 197
Whitby 136
Whitby Abbey 137 f.
Whitby Goth Weekend 139
Wiltshire 124
Windsor Castle 57
Windsor Great Park 57
Winkelgasse 90, 103, 131
Wizarding World 75

Y
York 130
Yorkshire Dales 126 f.

Z
Zaubereiministerium 114
Zentaur Firenze 59

Bildnachweis

Alle Bilder stammen von der Autorin, mit Ausnahme von:

S. 4: Shutterstock / Vidmachok; S. 7 r. u.: shutterstock / Helen Hotson; S. 8 o.: mauritius images / age fotostock, m. l.: mauritius images / Rick Buettner / Alamy / Alamy Stock Photos, m. r.: Alexander Brendan, u.: Network Rail; S. 9 o. l.: shutterstock / Kraft_Stoff, m.: shutterstock / RuslanKphoto; S. 12: Christian Kaufmann; S. 16/17: Kevin Lewis; S. 22: English Heritage; S. 24: mauritius images / Michael Warwick / Alamy / Alamy Stock Photos; S. 26: mauritius images: l. o.: Sherry Epley / Alamy / Alamy Stock Photos, l. u.: Urbanbuzz / Alamy / Alamy Stock Photos, r.: Ian Murray / imageBROKER; S. 27: mauritius images / Martin Fowler / Alamy / Alamy Stock Photos; S. 29: mauritius images: o.: NJphoto / Alamy / Alamy Stock Photos, u.: Mr Standfast / Alamy / Alamy Stock Photos; S. 34, 36: Kevin Lewis; S. 41: shutterstock / ChristianZscheile; S. 45 r. o.: Bodleian Libraries, University of Oxford; S. 48 l. o.: New College, University of Oxford, l. u.: shutterstock / e X p o s e, r.: shutterstock / Julien Jean Zayatz; S. 50/51, 57: Doug Harding; S. 60: shutterstock / Lottie Ashley; S. 65–67: Warner Bros. Studio Tour London – The Making of Harry Potter' © TM & © Warner Bros. Entertainment Inc. Harry Potter Publishing Rights © JKR; S. 72: shutterstock / chrisdorney; S. 73: shutterstock / Andy333; S. 74, 75, 77: ©2021 Universal Orlando. All Rights Reserved.; S. 82, 83: Network Rail; S. 89: London Zoo; S. 94: Shutterstock / niepo; S. 100: shutterstock / lunamarina; S. 110: shutterstock / Alessio Putzu; S. 120/121: shutterstock / albinoni; S. 123: shutterstock / Snowshill; S. 124: shutterstock / Wirestock Creators; S. 125: shutterstock / Toby Howard; S. 128: mauritius images / Loop Images / Kim Kirby; S. 129: shutterstock / albinoni; S. 136: shutterstock / Aahil PhotoGraphy; S. 138: Neal Rylatt; S. 140, 142: Durham Cathedral; S. 144 r. o.: Durham Castle; S. 145 l.: Visit County Durham, r.: Lumley Castle Hotel; S. 158/159: shutterstock / Pajor Pawel; S. 161: shutterstock / kawhia; S. 164: shutterstock / Helen Hotson; S. 166 r.: Leo Gerstenecker; S. 170: shutterstock / Atmosphere1; S. 172: shutterstock / D MacDonald; S. 173: shutterstock / ambenvalee; S. 184: shutterstock / Fabian Junge; S. 192: shutterstock / Another Viewpoint; S. 204: Forever Edinburgh; S. 208 l. u.: shutterstock / chrisdorney; S. 210: Flickr: Daniel Ogren (100405_EasterEggRoll_683); S. 214: shutterstock / Wirestock Creators; S. 217: ©2021 Universal Orlando. All Rights Reserved.

Umschlagvorderseite: Bild o. l.: Shutterstock / Trismegist san; o. m.: Adobe Stock / DRN Studio; o. r.Adobe Stock / chrisdorney; Bild unten: Adobe Stock / N
Umschlagrückseite: Adobe Stock / Alexandra Radzivilo

Impressum

Verantwortlich: Maren Langendorff
Redaktion: Pamela Scholz
Korrektorat: The Wordworms – Klumb GbR
Layout: Nina Andritzky
Umschlaggestaltung: Regina Degenkolbe
Repro: LUDWIG:media
Kartografie: Kartographie Huber, Heike Block
Herstellung: Alexander Knoll
Printed in Poland by CGS Printing

»Potterhead approved« durch Katharina Köhler (Instagram: @kathis.wizardry)

★★★★★

Sind Sie mit diesem Titel zufrieden? Dann würden wir uns über ihre Weiterempfehlung freuen.
Erzählen Sie es im Freundeskreis, berichten Sie ihrem Buchhändler, oder bewerten Sie bei Onlinekauf. Und wenn Sie Kritik, Korrekturen, Aktualisierungen haben, freuen wir uns über Ihre Nachricht an Bruckmann Verlag GmbH, Postfach 40 02 09, D-08702 München oder per E-Mail an lektorat@verlagshaus.de

Unser komplettes Programm finden Sie unter

www.bruckmann.de

In diesem Buch wird aus Gründen der besseren Lesbarkeit das generische Maskulinum verwendet. Weibliche und anderweitige Geschlechteridentitäten werden dabei ausdrücklich mitgemeint, soweit es für die Aussage erforderlich ist.

Die Deutsche Nationalbibliothek verzeichnet diese Publikation in der Deutschen Nationalbibliografie; detaillierte bibliografische Daten sind im Internet über http://dnb.d-nb.de abrufbar.

ISBN: 978-3-7343-2749-0

Antje Gerstenecker ist freie Autorin, Mutter von zwei Kindern und schreibt den Reiseblog www.meehr-erleben.de. Zusammen mit ihrer Familie ist sie seit Jahren regelmäßig in Großbritannien unterwegs, gerne auch auf den Spuren von Harry Potter. Die ganze Familie liebt die Bücher, Filme und Hörbücher. Zu diesem Buch steuerte ihre Tochter **Annina** die Special-Texte bei.